梯次循进教育

田征 著

图书在版编目（CIP）数据

梯次循进教育 / 田征著 .—北京：商务印书馆，2020

ISBN 978－7－100－18981－1

Ⅰ. ①梯…　Ⅱ. ①田…　Ⅲ. ①教育研究　Ⅳ. ① G40-03

中国版本图书馆 CIP 数据核字（2020）第 167165 号

梯次循进教育

田征 著

商 务 印 书 馆 出 版

（北京王府井大街 36 号　邮政编码 100710）

商 务 印 书 馆 发 行

北京顶佳世纪印刷有限公司印刷

ISBN 978－7－100－18981－1

2020 年 9 月第 1 版　　　　开本 710×1000　1/16

2020 年 9 月北京第 1 次印刷　　印张 20½

定价：58.00 元

前　言

心的方向

开卷言教育，萦绕在我心间的仍是问题以及由问题所引发的思考。

世界在变化，中国在发展，教育在前行。中国教育的辉煌成就，其显著标志在于为十多亿人民提供了更好更公平的教育，这是令世界瞩目的。这种文明贡献，不仅是中国的，也是世界的。同时，我们也清楚地看到，中国教育在发展的同时，也出现了一些不容忽视的问题，而且有些问题是特别具有挑战性的。

中国属于发展中国家，我们说中国经济、中国社会最大的担心是什么？最为关切的又是什么？毫无疑问，就是教育，就是科技。

“中国梦”的根基是教育，关键是人才，核心是科技，动力是创新。新时代发展的新技术革命、新制造革命、新能源革命、新品牌革命和高精尖科技拥有、最尖端设备拥有、最尖端材料拥有、最尖端工艺拥有，全赖以体制机制保障，全在于教育、人才、科技和创新发展要素的集聚发力与能量激活。

立足中国，放眼世界，站在时代发展的风口浪尖，面向未来，审视全球教育发展的总趋势，不难发现，我国教育独立自主、独立思考、独立研究的创造和教育科研体系还有待进一步形成，多出人才、出好人才、培养拔尖创新人才的教育基础环境还有待优化。

当下我们教育的环境和业态，还存在许多不尽如人意的地方，诸如：

教育对人的个性潜质、潜能的开发环境和培优土壤的改良还不够完善。

面对教育发展的制约因素，人们在现实中无奈的消极应对态度，以及自觉不自觉的功利行为，不知斩断了多少天赋之才未来事业的出路与理想。

教育服务于人的生命价值取向缺乏长远规划，人们热衷于“跃门槛”地盲目择校，导致“中小学生拼命，大学生松懈”的非理性状态。

教育质量唯“分数”和“升学率”的社会意识认同和行为追捧，导致“差异公平、共享差别”的素质教育推进艰难。

……

理性教育评价的实践尴尬与行动乏力等现象和问题，需要认真研究且亟待以深层次的思考及措施来解决。

带着解决教育问题的积极思考，我们的教育实践探索，始终定位在促使每个人各得其所地适宜发展的立足点和培植教育生态和美发展的价值点上，旨在让每一个教育发展对象寻找到真正的自我。

我们说，教育本心真善美境界的充分彰显，教育环境社会化大教育生态的积极建设，教育质量个体生命价值的本真追求，教育发展个性、多样、多元、自化的路径选择，教育执中致和的智慧培养等的目的趋向、行动趋同，已成为当今教育发展的大趋势。教育工作者只有梯次循进、共享差别，才能实现万物并育、生态和美的教育理想。

教育发展是一个潜移默化的过程，人才成长是一个长线浸润的过程。为教需要的是爱心、信心、恒心和耐心，讲求的是愿守、职守和坚守，急躁不可取，虚荣难建功。

梯次循进教育行动研究，我们数十年如一日，怀揣着初心，坚定地走着自己的路。

作为一个耕读子弟，农民淳朴的人生情感和勤劳的生活态度，在我骨子里已注入了乐天知命、感业自奋的品性。从教为师，是我心志向往的选择；为国育人，是我躬身笃行的取向。履职教育三十多个春秋，先从业于基层学校教学和管理，后到县、市教育行政管理部门工作，经历了基础教育较大范围的实践体验过程。一路走来，我一直在问自己：教育的目的是什么？受教者又是为了什么？这时候，宋代教育家张载之语总是涌上心头：

“为天地立心，为生民立命，为往圣继绝学，为万世开太平。”

对于教育，我当时并没有多么高远的识见。我只知道，人本各不同，因材而教之，适合孩子的教育就是好教育。自然界以物种的多样性维持生态的平衡，社会对人才需求的多样性决定了教育的多元化发展方向。诚如陶行知先生所言：“你的教鞭下有瓦特，你的冷眼里有牛顿，你的讥笑中有爱迪生。你别忙着把他们赶跑。你可不要等到坐火轮、点电灯、学微积分，才认识他们是你当年的小学生。”在教育实践中，我认识到人本生态差异性决定了教育教学方法的个性化选择，深知“人像树木一样，要使他们尽量长上去，不能勉强都长得一样高，应当是：立脚点上求平等，于出头处谋自由”。

20 世纪 80 年代，通过班主任的教学工作和班级管理实践，我摸索出了以学生为主体的课堂教学实践“互动互感”规程；在班级管理中，提出了“观念引领—目标导向—分类助进—多元激励—主体生成”的“五步行法”。对于学校管理工作实践，我以为，让每个人各司其职、各尽所能的管理，才是人尽其才的活性管理。一所学校犹如一驾马车，人人发力，才能行高致远。在综合领导班子成员和广大教职工的观点和意见后，我坚定了变模糊管理为量化管理，坚持定性与定量相结合，让数据和事实说话的发展思路，形成了科学评价工作绩效和价值的“教育教学目标管理积分制”。这一刚性的管理制度与人文化的柔性诱导有机和谐的统一，科学有效地推进和深化了学校的管理改革，使白村中学成为全县的“一面旗帜”，成为“白鹿原上的一颗明珠”，成为全市的“一所名校”，有人称其为“白村现象”。

到了 20 世纪 90 年代，作为一名县教育局教育科科长、副局长，我意识到了教育公平基于差异公平，只有关注教育生态差异，使每一所学校在原有基础上得到提高，才是教育管理评价的着眼点、立足点和出发点。于是，我主持制定了蓝田县《教育教学质量等级目标管理制》方案，积极引领，旨在让每一所学校积极主动地拓展属于自己的“最近发展区”，以实现生态发展目标。

进入 21 世纪，在总结近 20 年实践经验的基础上，基于道家“道法自然”的哲学思想和儒家孔子“有教无类”“因材施教”的教育思想，并受国际教育“多元评价”“增值性评价”“全人教育”“差点理论”等的启发，经过系统深入的思考，我构建并推出了“教育教学梯次式动态目标管理评价”体系和实施方案，并不断实践，不断检验，不断生成，最终形成《素质教育梯次发展管理评价实践研究》一书，于2008年4月在教育科学出版社出版。

2008年4月27日至28日，“全国农村教育发展与管理研讨会”在西安召开，专题推介“梯次循进教育”创新经验。期间，与会代表到蓝田进行了实地考察，许多与会的国内著名专家和学者从理论与实践的视角，对蓝田的改革创新做法给予了很高的评价。“西安会议”使“蓝田实践”“蓝田经验”“蓝田现象”在全国许多地方广为借鉴应用且持续发酵。梯次循进理念和实践由此享誉全国。

随后的10余年间，在市级、省级工作岗位上，我结合新的工作实际，在基础教育领域较大范围的长期实践探索与研究中，坚持一切从实际出发，以先进文化引领发展，以改革创新优化发展，宣导梯次管理、梯次评价、梯次论质、梯次激励，不断深化教育内涵发展，促进教育和美发展，同时也使得梯次循进教育体系和理念日益完善，《中国基础教育解困路径探索——梯次循进教育行动研究》一书，于2014年10月由教育科学出版社和陕西人民教育出版社联合出版。《知道》一书，于2020年9月由陕西人民教育出版社出版。

孔子云：“言以足志，文以足言。不言，谁知其志。言之无文，行而不远。”在我国基础教育政策与现实各种复杂因素交织在一起的境遇下，一种强烈的责任感，驱使着我撰写出探索的经历，以传播真实的体验，让那些做了亦好、悟来亦真的实践做法和认知，给人们一些启示和借鉴，权且慰藉一位普通教育工作者的朴素情怀，这便是我倾注心力撰写这部书的初衷和期望。

本书在上述已出版的三部作品的基础上，经过系统梳理，跨越时序发展，基于理论体系，以长期的教育实践为经线，以真切的教育感悟为纬线，对“梯次循进教育理论”的研究成果进行了系统的论述和揭示。

阐释了本论倡导的“以人为本，差异公平，把人当宝贵的人，看每个人有才、有用、有作为；因人育化，原点驱动，把人当有个性的人，让每个人可能、可为、可发展；发现智能，创新自信，把人当自觉发展的人，使每个人自主、自由、自奋发；共享差别，生态和美，尊重不同境遇的人，给每个人应心、应性、应自然。尊重差异，仁爱于心，彰显‘我好、你好、他好’的真诚；合作探究，同频共振，创设‘主动、能动、灵动’的情境；激发动力，因材而笃，催生‘潜能、力能、效能’的智慧；守正自化，美美与共，涵养‘和人、和事、和社会’的品格”的发展理念。从而揭示“以人为本、差异公平、原点驱动、因人育化、分类助进、效能激励、相宜惠人、和美发展”的梯次循进教育内核。

解析了梯次循进教育体系包含的“母概念命题意义”“实施原则”“六大系统”“互动互感规程”“七环教学”“五步行法”“六要素管评”“四环控制”“三维导式”“跨区联评”“三活效能”“样本特性”等基本构架、模式系统和实操工具的功能和效用，并对以生态化建构创意为特征的新的教育文化体系形态进行了初步表达。

揭示了梯次循进教育的基本思想元素，即把教育做在生命成长的发展点上，让每个人寻找到真正发展的自我。

我们说，一切生命成长，其发展点是不同的，各有各的阶位点和价值点。基于人本生态的差异，我们在长期的基层探索实践中，极力将“梯次循进”的发展点聚焦于自我教育、自我实现上，让每个人在各优其优、各好其好、各得其所的基础上适宜发展。

“发展点”本是一个哲学命题。可以这样以为，人和事物的发展过程，其运动轨迹总是按照一定的规律，由原有发展阶位向着新的阶位不断地跃迁进步的。在这个不断循环演进的过程中，关注人和事物发展的“点位”和“点值”变化，客观认识点位，正确评判点值，激发人们各美其美、美美与共地和顺发展至关重要。

梯次循进教育发展点的探研，集中体现为寻找人本生态的本原智能点，选准教与学的取向点，进而内驱可能发展的动力，舒展自主发展的潜能；发现人本生态的个体特质点，明确教与学的着力点，进而激发可为发展的活力，叠加自由发展的势能；关注人本生态的个性差异点，聚焦教与学的生长点，进而提升可发展的能力，求取自奋发的作为。

梯次循进教育实践活动体现为一个“认识本原点——寻找目标点——观察动力点——助力生成点”的管控过程，同时也反映为一个“研定基础点——设计取向点——诊断进步点——激励增值点”的探索研究过程。

梯次循进教育研究始终关注人和事物生命成长的发展点。激发生命活力的梯次循进过程，是沿着一个发展点到另一个发展点，以点连线，以点成面地拾级而上的发展轨迹，由一个“最近发展区”向着另一个新的“最近发展区”不断循环而进的运动过程。

好的教育，就是能使每一个人都找到自信的自我、自主的自我、创新的自我、进步的自我、发展的自我、成功的自我、幸福的自我！

心的方向，自在不移。四十余载春秋，伴随着我国改革开放的时代步伐，坚定地走自己的路，我心向真，我心向善，我心向美，敬畏科学，忠于事业，求索不已，使得原创性本土化、实用型的梯次循进教育文化体系形态自成一格。

面向未来，我们将把推进教育改革创新探索研究的关注点和着力点，自始至终放在关注每一个学生、每一个教师、每一所学校、每一位校长、每一个地区发展的自主创新和自我实现的取向点和发展点上，不断追求教育生态和美发展。

目录

第一章　梯次循进教育的创立背景

第一节　中国基础教育面临的问题和思考

梯次循进教育研究，是基于教育生态、教育人本、教育公平发展的实践方法论的积极探索，它关注的是服务个体生命本真价值实现的创知创行，是改变育人方式的革故立新，是助益教育科学发展的人本自发动力激活驱动，对于破解素质教育困境，提高管理评价水平，完善教学质量取向，追求教育本心境界，还原教育生态本真发展，促进教育生态和美发展和引领教育未来发展都具有积极而深远的意义。

一、改革开放以来中国基础教育重大政策的演变历程

历史长河中，总有那么一些年份意义久远；人生旅程中，总有那么几段时光记忆永恒。

时代、时空变化的机缘往往决定着一个人事业发展的走势。1976 年，我的家乡蓝田县孟村镇中云村小学缺一位教师，大概由于我在一次村民会议上的发言博得了乡党们的一致认可和夸奖，村委会干部们推荐我当上了村小学民办教师。就这样，那年 9 月，我走进学校，迈上讲台，开始了我的教书生涯。

1977 年，是一个具有时代意义的历史年份。改革开放开始酝酿，变革首先从教育开始，教育事业因国家实施人才战略而得到重视。这一年恢复了高考，实行全国统一招生的制度。当年 5 月，邓小平在题为《尊重知识 尊重人才》的讲话中明确指示："抓科技必须同时抓教育。从小学抓起，

一直到中学、大学。我希望从现在开始做起，五年小见成效，十年中见成效，十五年二十年大见成效。办教育要两条腿走路，既注意普及，又注意提高。”

1977年9月，国家教育部在北京召开了全国高等教育学校招生工作会议，决定当年恢复高考，由此，中止多年的高考制度得以重新施行。在国家的号召下，人们纷纷以饱满的热情积极准备，踊跃报名应考。据统计，1977年12月，恢复高考的第一年，全国共有570多万人参加了高考。当年录取的新生中，叔侄同堂、夫妻同堂、兄妹同堂的场景真是“旷世奇观”。从人才建设抓起，这是我国改革开放、拨乱反正的开始。

高考制度的恢复是我国教育事业恢复正常、迈向新发展的一个突破口，这项教育变革对于民族兴旺、国家命运、经济建设和民众前途来讲，均具有广泛而深远的影响。它重新确立了教育人才选拔制度，点燃了国民激情，改变了国家风貌，使得知识文化的重要地位在人们心目中再度被树立起来，让全社会的发展活力畅通无阻地迸发，人们的精神状态空前兴奋，无不受到鼓舞，莘莘学子更是欢呼雀跃，竞相展示才学。我国教育事业的发展道路、模式和内涵，得以健康而快速地向前发展。

当时，作为民办教师的我，欣喜万状，改革的光芒照亮了自己的人生道路。于是，我以满腔热情投身到高考复习中。1977年高考，我被录取至陕西大荔师范语文专业班进行深造，融入了实现中华民族伟大复兴的时代潮流中。忆起那两年的学习生活，坦率地讲，我心有准备，行为目标，自然也成就了我教育人生的发展基础。

1978年12月18日至22日，中国共产党第十一届中央委员会第三次全体会议在北京隆重举行。邓小平同志发表了《解放思想，实事求是，团结一致向前看》的重要讲话，会议做出了改革开放的重大决策。随着会议的召开，中国开始实行对内改革和对外开放的政策。在世界的东方，一场扭转中国经济社会发展方向，影响重大深远的划时代变革号角连营，万众冲锋。

改革开放的伟大壮举从转变中国农业经济发展方式开始，逐步扩展和深入各个领域，使得中国各行各业开始向世界看齐，并渐渐实现现代化建设与发展。中国国民的思想和行为方式又一次大范围、深层次地受到世界各国文化的深刻影响，发生了日新月异的变化。

国外丰富的文化大量、快速、持续涌入中国并影响着国民，最能直观感受到的改变是，中国人千篇一律的着装被外来的奇光异彩点染得异彩纷呈，思想意识开始多元化。中国的教育事业悄然于新的历史起点上，开始融合发达国家教育文化的构成元素，在自身源远流长的发展基础上，不断地趋向多元化和个性化。教育事业发展的内涵和外延都急剧地发生着变化，以崭新的风貌迈向新时代。

十一届三中全会召开后，以经济建设为中心的国家战略得到确立，社会主义现代化建设和发展对于各级各类人才的需求紧迫而巨大，为了解决这一十分紧迫而又极为重要的问题，改革开放总设计师邓小平同志，从国家发展的全局出发，以高远的战略眼光和切实可行的具体方案与措施，使全社会开始重视和支持教育事业的发展。增加教师工资，建立施行了中小学教师职称评定制度等。此外，如“特级教师”“优秀教师”等荣誉称号也陆续地授予先进教育工作者，教师的社会地位和福利待遇逐渐得到提高和改善。

1983 年 10 月 1 日，邓小平同志为北京景山学校题词：“教育要面向现代化，面向世界，面向未来。”从此，“三个面向”成为新时期中国教育事业发展的指向。中国教育事业在“三个面向”的引领下，发生了一轮又一轮的改革，在新的发展变化中不断趋向健康。

1985 年 5 月 15 日至 20 日，中共中央、国务院在北京召开全国教育工作会议。邓小平同志在会议上发表了《要把教育工作认真抓起来》的重要讲话。他郑重指出：“我们国家，国力的强弱、经济发展后劲的大小，越来越取决于劳动者的素质，取决于知识分子的数量和质量。一个十亿人口的大国，教育搞上去了，人才资源的巨大优势是任何国家比不了的。”这一年，国家规定，每年的 9 月 10 日为教师节，教师的社会地位得到了普遍提高，尊师重教蔚然成风，极大地激发了广大教师的工作积极性。

1985 年 5 月 27 日，中共中央颁布《关于教育体制改革的决定》（简称

《决定》)。《决定》提出:“今后事情成败的一个重要关键在于人才，而要解决人才问题，就必须使教育事业在经济发展的基础上有一个大的发展。”对于教育如何发展、如何改革的问题,《决定》指出:“必须从教育体制入手，有系统地进行改革。”同时,《决定》指出:“教育必须为社会主义建设服务，社会主义建设必须依靠教育。”这进一步明确了教育在改革开放伟大进程和社会建设蓝图中所占的重要地位。

1985 年召开的足以载入史册的全国教育工作会议，为我国教育事业的发展方向和工作重点指明了航向，标明了时限，规定了质量。国家教育方针和政策如同和煦的春风，拂遍大江南北，暖透长城内外，让教育事业的发展如逢春的枯木，迎来了可以转衰为盛、茁壮成长的良好时节，教育面临着可以实现大发展、大作为的绝好战略机遇。

1986 年，全国人民代表大会颁布了《中华人民共和国义务教育法》。这一法律的颁布和实施，使得我国的基础教育尤其是义务教育的改革与发展走上了法制的轨道，基础教育的发展进入了有法可依的局面。

1993 年，中共中央、国务院颁布《中国教育改革和发展纲要》，明确了到 2000 年中国基础教育的发展方向和基本方针。

1999 年，国务院批转了教育部制定的《面向 21 世纪教育振兴行动计划》，这一计划是教育战线落实“科教兴国”伟大战略的具体举措，是在落实《中华人民共和国教育法》及《中国教育改革和发展纲要》基础上提出的跨世纪教育改革和发展的施工蓝图。

1999 年 6 月，中共中央、国务院做出《关于深化教育改革，全面推进素质教育的决定》，对基础教育的发展进行了全面部署。

2001 年，国务院颁布《关于基础教育改革与发展的决定》，重点对农村基础教育管理体制进行了规定。

2005 年，教育部发布《关于进一步推进义务教育均衡发展的若干意见》，加大了对农村学校和薄弱学校的支持力度，义务教育均衡发展政策在实践中得到落实。

2010 年，国家颁布了《国家中长期教育改革和发展规划纲要（2010—

2020 年)》，对基础教育的未来发展进行了更加全面、明确的规定。

党的十八大、十九大的召开以及全国教育大会的召开，对中国基础教育的发展提出了新的目标和要求。

总之，改革开放以来，我国基础教育的重大政策具有一系列重要的演变，颁布的一系列重要的法规和文件，有力地指导了基础教育的改革和发展。

二、社会大环境下的教育发展思索

作为一名人民教师，面对我国教育发展的新形势，我的内心充满了发展教育事业的激情。我学习国家的教育方针，研究国内外的教育理论，推进教育实践创新，积极应和着时代发展的节律。

20 世纪 80 年代，蓝田县努力恢复正常的教育秩序，重点普及初等教育，注重抓教育教学质量，致力于让学校工作回归到教育生态本真的发展规律上来。

当时，蓝田调整中小学布点，整顿教师队伍，教育发展进入了新时期。蓝田教育在国家实行“三级办学，分工管理体制”下，高扬“人民教育人民办，办好教育为人民”的发展旗帜，坚持县办高中、乡办初中、村办小学，发动群众集资办学，改善办学条件。那个时代，人民群众兴办教育的热情空前高涨。许多村民拿出自家养鸡下蛋、养猪出栏卖得的钱，以及为女儿办嫁妆的钱、给老人买棺柩的钱，将其捐献出来盖学校、办教育，这样的民风、民情，感人至深，令人叹止。1984 年，全县已普及了初等教育。1989 年，全县有小学 395 所，学生 68018 人，教工 3297 人；中学 65 所（其中高中 7 所，高职中 2 所），学生 25043 人，教工 2406 人，和中华人民共和国成立之初相比，在校学生人数增长了 46 倍，教职工人数增长了 9.3 倍。

尽管一切都在改变着，但客观来讲，这一时期蓝田教育硬件基础和软件条件还较为落后，具体表现为教学设施设备匮乏、课程体系不健全、师资队伍水平较低、管理评价方式落后等。办学资源匮乏，没有较好的教室、桌椅。课程体系不健全，课程开设不齐全，且有虚设。师资水平差，教师队伍大部分是“文化大革命”时期及稍后进入学校的教师，授课能力和水平有所不足，而新补充进编制内的教师则经验欠缺。管理评价水平落后，管理机制不健全，评价方法单一，评价标准上唯考分论质。这些主要问题，影响着蓝田教育健康、快速的发展。

穷则思变长精神，勇于作为创大业。蓝田教育领域的探索者们，意气风发地迈向改革创新发展的新征程。

站在新的历史起点审视发展，我国基础教育的挑战与机遇同在，困难与希望并存。梯次循进教育行动研究，伴随着改革开放一路走来。我们30多年的探求过程，留下了改革创新的坚实足迹，也反映出教育职业生涯中求真、求善、求美的情感态度与价值追求。放眼全球，纵观教育发展的总趋势和新要求，中国基础教育发展还待返璞归真、与时俱进。

（一）中国基础教育面临的挑战和机遇

当前，我国基础教育的发展与社会主义现代化建设不相适应的矛盾仍十分突出，具体表现在以下几个方面：基础教育发展的现实任务与公共财政投入严重不足；人民群众对优质教育的迫切需求与优质教育资源不足；推进教育公平的时代要求与资源配置明显不均，弱势教育群体大量存在；城市学校同农村学校、优质学校同薄弱学校之间仍存在较大差异；“应试教育”的影响在一些地方、学校还相当深刻和普遍；以学生学科成绩作为评价学生单一标准的现象普遍存在；学生科学素养、创新意识和创造能力的培养等，与民族振兴、国力竞争、人才培养、信息和技术革命以及知识经济时代的需要存在较大差距；等等。

在面临挑战和困难的同时，我国的基础教育也迎来了巨大的发展机遇。党的十八大指出，教育是中华民族振兴和社会进步的基石，要坚持教育优先发展，全面实施素质教育，深化教育领域综合改革，大力促进教育公平。中国融入全球经济发展并担当重要角色，为基础教育改革发展搭建了新的平台。我国对外开放进一步扩大，国际教育改革发展潮流必将对中国教育产生全面、广泛而深刻的影响。经济社会和文化发展对人才素质的要求将进一步推进教育目标、结构、内容和方式的改革，教育公平、教育民主等理念将进一步得到强化。我国基础教育现代化正在走向新的阶段，新一轮基础教育课程改革抓住深化素质教育的核心问题和关键环节，为新世纪基础教育改革发展注入了新活力。素质教育已经实现基础性突破，基础教育必将迸发出前所未有的生机和活力。

（二）20 世纪 90 年代初我国基础教育发展的态势

20 世纪 70 年代末到 80 年代末，10 年的改革开放，我国的教育事业不断走向新的发展阶段。教育综合改革有力地推动着其发展方式的创新，促使“传统教育”向“现代教育”转型，积极探索具有中国特色的新的国民素质教育体系。

当时光的巨轮驶入 20 世纪 90 年代，随着我国政治、经济、教育等领域综合改革的深化，进一步解放思想、实事求是、创新发展已成为新时代改革的显著特征。

1991 年春，县教育局选调我到教育局工作并担任教育科科长，从此，我的教育研究由基层教育教学和学校管理转向县域教育行政管理的实践探索。

20 世纪 90 年代初期，国家贯彻落实改革开放政策的进程步入新的阶段，经济建设的步伐更加稳健，国民经济发展有序推进，社会大分工的持续加剧带来的职业种类新增、能力要求提高促使人力资源市场对新型人才的需求日益旺盛，国家综合建设对教育事业发展提出了更新、更高的要求。

把科学技术和教育事业放在优先发展的战略地位，使经济建设转到依靠科技进步和提高劳动者素质的轨道上来，是我国社会主义建设指导思想上的一个重要发展历程。确立教育的战略地位，对我国现代化建设至关重要。从根本上说，教育是社会主义现代化的基础工程，也是促进国民经济持续、稳定、协调发展的重要保证。

能否在 20 世纪 90 年代改变教育事业落后于社会主义现代化建设需要的状况，不仅关系到 20 世纪末我国现代化建设的第二步战略目标的实现，还关系到 21 世纪我国的建设大业。我们要面向现代化、面向世界、面向未来，坚持“教育必须为社会主义建设服务，社会主义建设必须依靠教育”

的指导思想，振奋精神，埋头苦干，把教育工作提高到一个新水平，为提高全民族素质、促进经济建设和社会进步做出更大的贡献。

20世纪90年代初，中共中央、国务院发布了《中国教育改革和发展纲要》，提出“推动应试教育向全面提高全民族素质的教育转轨”的要求，素质教育成为20世纪90年代及其后教育发展长期的核心主题与任务。在素质教育思想理念的指引下，我国教育无论在理论研究、实践探索还是协作机制等方面都有了较大的进展。

在这一背景下，陕西省和西安市两级党委、政府立足于省情和市情，对国家政策进行了正确积极的贯彻落实，经济社会改革发展取得了很大成效，各项事业的发展基础和发展潜力都以新的表现形式和待开掘方式呈现于世。我们取得了不可小觑的成绩，然而，如果将视野放宽至全国范围，不难发现，陕西作为一个西部省份，综合实力与沿海等发达地区相比仍存在一定差距，这种差距既表现在地理和资源条件方面，也表现在思维意识、文化特征等方面。具体到教育方面，则是在拥有领先全国的高等教育的同时，我们的基础教育事业发展仍然不能令人感到满意。

基础教育决定高等教育的内涵质量和育人水平，从战略角度讲，绝不能够忽视。我们不能断言20世纪90年代陕西省的基础教育全部都存在内涵实力不足的问题，但至少在许多贫困地区，这一现象客观地影响着适龄儿童向着理想状态成长，蓝田县在这一点上表现得尤其突出。

蓝田教育的发展态势与经济形势呈现出诸多不协调的因素，教育综合水平与西安市其他区县相比，更为落后，总体上已不能适应时代需求和自身发展的需要，亟须加速发展，不断改善“硬环境”，提升“软实力”，使办学条件基本符合标准，教育教学质量不断提高，并要积极构建起科学、高效的管理评价激励机制，以推动教育事业的发展，获得量的突破和质的飞跃。

三、基于描绘“穷县教育”崛起蓝图的实地调研

1991年春，我任蓝田县教育局教育科科长，四年后担任副局长。在此

期间，立足新的发展视野，怀抱新的发展愿望，为彻底摸清教育发展存在的实际问题，我们坚持深入基层开展调研活动，逐一和各校校长、骨干教师进行交流研讨，基本掌握了影响蓝田教育发展的主要问题。

（一）教育管理方式粗放，工作作风不实

从县教育局的角度来看，还没有形成一整套比较科学、全面、系统的教学管理评价体系来有效地指导全局工作，县教育局的宏观指导作用、教育评估的正确导向作用发挥得还不够充分。教育局讲得多，但实际调查研究不够，抓落实力度不够。基层乡校在教育教学管理、教研教改等方面好的做法不少，但缺乏有效的经验总结。一些乡镇教育组抓教学工作软弱无力，没有清晰的思路，缺乏有效的手段。调研发现，个别乡镇的教育干部对全乡的教学工作全年都没有进行过一次全面检查，有人工作了几年，却从未去过本辖区一些偏僻的学校。个别乡镇的个别学校任意变更课时，周五学生提前离校，教师提前离岗。乡镇中心小学的教学辐射作用普遍发挥得不够到位。

（二）师资队伍整体水平较低，教学方法陈旧

统观全县，中小学教师岗位合格率整体不达标。相比较而言，小学比初中稍强，初中比高中稍强。特别是初中教师的岗位合格率与“普九”达标要求差距较大。初中作为基础教育的中间阶段，显得十分薄弱。面对新大纲、新教学计划和新教材的实施，教师传统的教法显得很难适应，明显滞后，使得教师叫苦连天，总感觉课时紧张，任务繁重，甚至有些学科的任课教师说连爬带滚也难以完成任务。这不仅是因为教师水平较低，教学教法也存在问题。从县乡整体教研教改的情况看，学研不够，能力不强，水平偏低，成果不佳，导学助学缺乏适切指导。

（三）常规管理措施乏力，教学工作抓得不实

规章制度制定得多，实行得少，让人看得多，实用得少。换句话讲，推进工作讲得多，检查少，研究差；宏观要求多，微观管理弱；静态管理看似较实，动态管理实际很虚；注重终结管理，忽视过程管理。相当一部分学校没有把质量形成过程中诸如备课、上课、作业批改、辅导、测试、考评这些重要环节真正有效地衔接起来，更没有将工作绩效与教师的职称评定、奖励、待遇等切身利益挂起钩来，致使学校教学质量平平，难以提升，更谈不上长足发展。县教育局通过对全县中小学的教学工作进行常规检查，发现一些乡校问题确实不少，譬如开学两个多月，有的中学高一年级布置了两次作文，教师都没有批阅。相当一部分学校体、音、美、史、地、劳技等课程的教案简而不实，个别教师压根就没有教案，上课“照书念、半堂转”，也没有认真地进行作业设计，更谈不上实施个性化的教学。

（四）求学动力不足，生源流失严重

随着经济发展形势的变化，人民群众的生存和发展观念也相应地发生了较大变化。受商品经济等综合因素的影响，人们似乎不再将接受教育视为成就孩子的唯一出路，一些贫困家庭让孩子过早外出打工挣钱，从而导致部分学生流失，这种现象呈现出有增无减的态势。

按全国义务教育学段人数在总人数中所占平均比例理论值计算，全县 60 万人口，义务教育学段总人数大约 90000 人，每个年级的学生数在 10000 左右，然而从几年初三毕业人数看，尽管逐年回升，但始终在 5000 人左右徘徊（其中不含在外地读书的学生人数）。

（五）农村高中办学难

普通高中办学条件差，困扰因素多，经费投入少，升学压力大。县城高中与农村高中反差日趋增大，突出表现在生源问题上，原因且不深究，现实情况是农村中学生源短缺支撑难，县城中学生源过剩管理难。这不仅造成了人、财、物的极大浪费，而且使蓝田教育应有的发展潜能受到一定的抑制。

统观蓝田教育的发展态势，我们不难看出，在办学指导思想上，一度忽视思想品德教育的现象虽然有所改变，但思想品德、人文情怀教育薄弱的状况尚未得到根本扭转；基础教育仍然比较薄弱，教育管理水平较低，加之个别乡校领导管理不力，教育质量、办学效益亟待提高；教育投入仍然不足，办学经费紧张，严重影响教学质量和师生生活；教师工资待遇低，住房短缺，一些地方青年教师队伍不够稳定，人才流向不合理。

只有积极正视、冷静分析和深入研究并解决好这些问题，我们的教育才能够展现出勃勃生机，如期完成“普六”“普九”的目标任务，推进蓝田教育步入发展的快车道。

四、建构适应时代发展的教育质量监测保障体系

在对发展现状进行分析把握的基础上，蓝田县教育局制定了“八五”期间教育发展的目标任务：努力改变贫穷落后的校舍面貌，推进蓝田基础教育快速发展，使所有孩子都能上学并完成九年义务教育。蓝田教育人，严格依照相关法律、法规，认真执行国家的教育方针和政策，遵循教育发展规律，在贫穷落后的县域经济发展基础上，克服各种困难，努力完成普及六年义务教育和九年义务教育的艰巨任务。县里通过多渠道投资，基本改变了中小学设施落后的状况，为蓝田教育的发展奠定了良好的基础。

在推进教育内涵发展方面，我们立足于蓝田的地域特点和现实发展基础，以创新的精神和严谨的态度深入思考发展问题，积极探求差异性发展路径。为了促进教育快速发展，最大化地催生校长、教师和学生等各类对象的发展活力，推动每个处于不同梯阶层次上的发展对象实现最近发展区内的积极自主发展，我们学习借鉴了世界范围内科学的教育教学理论和先进的管理理论，不断完善20世纪80年代学校“教育教学目标管理积分制”管理评价机制，总结成功的经验和方法，积极思考并谋划构建让每一所学校都能自主发展的新的县域教育质量监测保障体系，朝着县域教育新的发展目标迈进。

21世纪初的西安基础教育，同样面临着发展不均衡、教育管理与评价体系不健全的问题，这些都影响着教育的全面、协调、可持续发展。

第二节　扎根中国与融通中外的研究原则

教育改革创新的全球视野、国际认同、民族文化、中国特色的人本发展取向，什么时候都不能动摇。

梯次循进教育的实践经验，体现了扎根中国与融通中外相结合、问题导向与目标导向相结合、个体进致与群体竞合相结合的实践方向、原则、路径和方法。

教育实践与创新，唯有坚定的发展自信和正确的改革方向，方能行深致远，充满希望。

一、中国基础教育的实践探索与世界教育发展趋势相向而行

基础教育作为造就高素质人才和提高国民素质的奠基工程，是教育发展和文化传承的基础，是关系民族整体素质和国家发展振兴的伟大事业。在世界范围的教育管理评价改革中，建立促进人全面发展的评价体系，正在成为各国政府强化控制监督、努力提高教育质量的关注点和着力点。建立有效、合理、科学的考核评估体系，使评价成为提高教育质量、完善教育监控体系、促进学生健康发展的必要手段，是世界各国积极探索的基本方向。

当今国际教育中出现的“增值性评价”“全人教育”和“差点理论”等发展理论，代表了全球教育改革发展的新成果和新方向，是一大批实践者和研究者长时期历经艰辛的经验总结，也是当今人类文化实践的优秀成果。这些理论虽然产生于西方，但根植于时代潮流的自觉实践探索中，在东西方均不乏一批有责任心和使命感的实践者，他们在各自的环境中不谋而合的做法和探索，如同人类历史上许多重要的文化成果和历史事件在东西方同时代出现一样，其蕴含的实质惊人相似、同向而行。从此前的表述不难看出，梯次循进教育与上述理论存在着实质上的一致、方法上的相通和目标上的契合。

20 世纪风靡英国和美国的增值性评价（Value-added evaluation）体系，源于 1966 年詹姆斯·科尔曼向美国国会提交的《关于教育机会平等性的报告》，简称《科尔曼报告》（Coleman Report）。该报告虽然没有直接提出学校效能的增值性评价问题，但其研究结论却引发了世界范围内对学校效能和区域教育质量的争论，催生了学校效能增值性评价的出现。英国政府于

20世纪90年代接受了增值性评价法，于2002年在全英格兰和威尔士推行学校效能的增值性评价模式，于2004年和2005年试行，2006年运用多线性模型全面推广学校效能的“多元”增值性评价。通过对教育增值的分析，得到影响学校效能的重要特征变量，从而为教育改革提供了依据和参照。随着增值性评价理论的完善以及高级统计技术和相应软件的发展，这一评价方法也逐步在其他国家和地区得以推广和实施。

全人教育是20世纪70年代从北美兴起的一种以促进人的整体发展为主要目的的教育思潮。美国的隆·米勒（Ron Miller）首先提出“全人教育”的概念，他创办了“全人教育出版社”，发行了《全人教育评论》，即后来的《交锋：寻求生命意义与社会公正的教育》。马斯洛提出的“人的发展不仅包括知识和智力，而且包括情感、志向、态度、价值观、创造力、人际关系等。教育的目的在于人的整体发展，在于促进主观能动性的充分发挥和内在潜能的充分实现”等观点和理念，为全人教育做了进一步诠释。罗杰斯关于教育要培养“完整的人”（The whole man）——“躯体、心智、情感、精神、心灵、力量融会一体”的人，“他们既用情感的方式也用认知的方式行事”——这一主张为全人教育做了更为深刻的注解。这一思潮在世界各国的广泛传播，对各级各类教育产生了重要影响，掀起了一场世界性的全人教育改革运动。

“差点理论”诞生并风行于芬兰，引发了芬兰的教育改革，并培养了一大批高素质人才，提升了芬兰的国家竞争力。达沃斯经济论坛的《全球竞争力报告（2006—2007）》显示，芬兰的国家竞争力在全球125个国家和地区中名列第二，而此前连续三年排名第一。“差点理论”是芬兰的教育工作者普遍认可并在实践中加以落实的理念。这一理论认为“条条大路通罗马”，教育者通过关注学生个体的纵向发展，促使学生自我激励、自我反思，最终使学生个体得以自主发展。其核心在于教育者要尊重学生个体的情商、智商、能力以及思维等方面的差异，使学生个体得到全面、充分发展的教育追求，即“尊重差异、理解差距，研究差点、共享差别”，使每个学生都能够实现人生理想，但因为禀赋、个性等差异，他们会选择不同的路径、不同的速度迈向这个目标。教育首先要认可这种发展阶段上存在的差异，进而为孩子量身定做适合自己的教育方式和教学模式。

二、顺应时代发展趋势的学校管理评价机制改革创新行动

在加快提升管理水平和教学质量的目标趋动下，积极传承、借鉴、吸纳古今中外先进文化和管理理念，是我们构建新型学校管理制度的必然选择。

中国优秀传统教育文化的民族文化根基，是推动改革创新的深厚沃土，学之不尽，用之不竭。

万事开头难。管理学校要出实招、见实效，首先必须找准切入点和突破点。古人云“欲善其事，先利其器”“临渊羡鱼，不如退而结网”。这两句话对我们着手进行教育教学管理评价机制改革的启发在于，要构建起一套具有科学性、可行性、高效性、激励性的管理评价制度，必须学习大量教育学、管理学的理论和专著，为制度设计和机制构建奠定坚实的理论基础。

这一时期，邓小平提出的“教育要面向现代化，面向世界，面向未来”，对我们把握教育管理评价机制建设的总方向起到了重要影响。我多次重温党的十一届三中全会以来有关教育的方针、政策和规章制度，写下了许多学习笔记和心得体会。之后的很长时间里，我十分注重学习国外先进的教育思想和管理理论，陆续阅读了《学校管理》《学校民主管理》，以及美国哈佛企业管理丛书《企业管理百科全书》等管理论著，并认真研习“戴明循环理论”（PDCA）。戴明循环，又叫PDCA循环，是美国质量管理专家戴明博士提出的管理思想，它是全面质量管理所应遵循的科学程序。

白村中学的“教育教学目标管理积分制”是当代世界先进企业管理理论启示中国化、本土化的产物，是我们在改革创新学校管理评价机制过程中，学习借鉴美国质量管理专家戴明博士的“戴明循环理论”和日本质量管理专家石川馨教授的“品管圈”（QCC）理论后产生的管评制度。这一过程可概括为：深刻反思，分析类比，移植嫁接，有机融入。

从融会贯通、触类旁通的角度来讲，戴明循环对我们的学校管理改革是颇有启迪意义的。戴明循环“PDCA”的含义是：

P（Plan）计划：确定方针、目标，制订活动计划；

D（Do）执行：具体运作，实现计划；

C（Check）检查：总结计划执行情况，辨析对错，明确效果，查找问题；

A（Act）行动（或处理）：处理总结检查结果，肯定成功经验并将之标准化，总结失败教训。未解决的问题在下一循环中完成。

戴明循环，具有周而复始、大环带小环、阶梯式上升等实施特征。

如何将戴明循环理论有效导入学校教育教学管理评价中？我们先来看看学校教育管理和课堂教学的主要环节。教育管理主要环节：计划；组织实施；督查督导；总结评比。课堂教学主要环节：制订教学计划；备课、上课；布置作业、批阅作业；考试。这两个层面与戴明循环理论的“P（Plan）—计划、D（Do）—执行、C（Check）—检查、A（Act）—行动（或处理）”四个环节非常类似。

对于如何将PDCA循环理论导入教学管理中去，我们的观点是：根据PDCA循环的第一个特点——“大环套小环，小环保大环，推动大循环”来讲，学校各层面的工作环节均与之类似。大环套小环：学校制度套班级制度和教师工作制度，班级制度和教师工作制度套学生管理制度。小环保大环：学生管理制度保班级制度和教师工作制度，班级制度和教师工作制度保学校制度。推动大循环：各层级的制度得到有效执行，学校日常工作即能实现整体良性循环。根据这一特点，学校各项制度将管理方法和环节形象化，也就是将管理意念和行为由抽象化变为具体化，使操作明确、简易、高效。

根据PDCA循环的第二个特点——“不断前进、不断提高”来讲，学校每一个管理周期就是一个大环的循环周期，也是大环之内各小环的若干个循环周期。同时进行的一个大环的循环周期与各小环的若干个循环周期共同促使学校教学质量和教育发展水平不断前进、不断提高。

梯次循进教育

掌握其要义后，我们对企业质量管理和学校教育管理有了更加清晰和明确的认识，质量管理的全部过程，是管理循环的持续运转。要准确地发现问题、解决问题，有效地提高教育质量，必须运用 PDCA 循环的科学程序。教育管理活动首先要对学生提出目标，即：经过教育学习活动之后，学生的学习质量和综合素质要提高到什么标准；学生的不良习惯和错误的学习方法能改正多少；教师的教学方法如何趋向高效化；要实现这些理想，就必须制订计划；制订的计划既要包括目标，也要包括达到这个目标所必须采取的策略；计划制订好之后，需要定期检验和检查，关注是否达到了理想效果；通过全盘的检查，找出存在的问题和问题产生的缘由；在此基础上，总结正面的经验和负面的教训，形成有效管理评价运行机制。

引入戴明循环理论只是学校管理改革的基础，要取得更高、更好的质量效益，就必须在管理手段和工具等方面系统设计，并狠抓落实。

一个偶然的机会，我接触到了《日本的质量管理》[①] 一书。通读全书后，我深刻理解了质量管理专家石川馨教授的管理思想。石川馨，品管圈（QCC，Quality Control Circles）理论之父，日本著名质量管理专家，因果图的发明者，日本质量管理小组（QC 小组）的奠基人之一，是将国外先进质量管理理论和方法与本国实践相结合的专家。其先进之处在于，提出发展“要抓真正的质量”，真正的质量是以消费者的满意度为标准来衡量产品的质量水平；确保质量长期稳步提升，必须依据调查行为和调查结果确定质量标准，基于此实施标准化和过程控制；开展质量管理诊断，并应用现代统计方法，以数据量化记录员工的实际工作表现，为激励或惩罚提供充分可靠的决策依据；等等。

石川馨教授的管理思想，令人深受启发。首先，管理工作存在共性，企业管理和学校管理在某些方面可以互通。其次，教育活动过程控制要围绕着质量提升运转。再次，学校全体教职工都应积极发扬主人翁精神，主动参与管理活动，以提高教育发展水平为核心目标，坚持从人性的角度和

① 中国科学技术情报研究所编，《日本的质量管理》，北京：科学技术文献出版社，1979 年。

人的自身发展规律出发，对教师的思想政治、职业道德、业务能力、教学过程、教学成果、培训进修等环节进行量化管理，全面、系统地评价教师。同时，尊重学生的个性差异，用积分制（数据形象化）对各个教学单位（年级、班级）和学校全员的工作活动实施适宜的全过程量化管理。

戴明循环的“四个阶段”“八个步骤”和“七种工具”，以及品管圈理论提出的持续改进工作质量，利用质量控制概念和技术提升工作水平，同时使每个人参与进去等独特方法，对我们产生了积极启示，为制定“教育教学目标管理积分制”提供了一定的理论支撑，构成了白村初级中学新型教育管理机制的思想。

1985年年初，学校编制了《白村初级中学中期教育教学改革与管理规划（1985—1987）》，制定了三年内把学校建设成为全县教学质量一流的发展目标。我们提出了以改革求质量、向管理要质量、靠教师保质量的管理要求。制定了“三年三步走”的实施步骤：第一年创安村乡教学质量一流水平，第二年接近全县教学质量一流学校的水平，第三年达到全县教学质量一流学校水平。

白村中学学校教育与管理的积极探索和成功经验，更加坚定了我们的创新自信，增强了面向未来的勇气。

第二章　梯次循进教育的思想基础

第一节　“道法自然”的哲学启迪

自然界的生态以物种的多样性维持着生态系统的动态化平衡，社会对人才需求的多样性决定了教育的多元化发展方向，人本生态的差异性决定了教育教学方法的个性化选择，共享差别、生态和美的发展观决定了教育管理评价的梯次对待和增值研判。

《道德经》蕴含着人类生存与发展的终极智慧，因此也是我们思索教育理念的重要研习之本。《道德经》里有一个至为重要的短句子——“道法自然”。“道”，我们可以把它理解为宇宙运行的总规律和基本法则；“自然”，就是自然而然的意思。“道法自然”四个字中，最重要的是“法”，法本身是一种规范，一种标准，在这里是动词，是以某种事物为规范、标准而行动的意思，也就是参照、依据、效仿的意思。道这个无处不在的规律，要遵循“自然而然”的法则。“道法自然”前边还有内容，连起来是“人法地，地法天，天法道，道法自然”，也就是人效法大地，大地效法苍天，苍天效法道，道效法自然。

人类各项事业要发展，必须依循自然法则。所有自然现象，都蕴含着自然法则。干任何事，先要充分认识行业规律。大家知道，许多仿生科技成就，就是认识和运用自然规律而取得的结果。比如，飞机的发明与制造，是效仿鸟类的躯体特征并运用空气动力学的成果，直升机则是效仿蜻蜓飞行特征的结果。换个角度看，从探寻暗藏在物质中的规律角度讲，人类是由于发现了原子裂变的原理和爱因斯坦著名的质能方程式才制造出了原子弹，从而创造了历史。由此可见，充分认识自然的奥秘，是改造自然的前提。也就是说，认识行业规律是头等大事。那么，教育事业要实现科学发展、永续发展，首先要深刻地认识教育规律，我们干了半辈子教育工作，但可能并不是完全按照教育规律办事。可以说，只有深刻理性地认识教育教学的规律，工作才会正相向地高起点、高效率、高质量的运行和发展，实践取向和价值追求才会真正拥有大境界、大格局和大发展，教育生态才会和美发展。

教育规律，实质上是认识人、开发人、挖掘人、塑造人的规律。要全面、深入、科学地认识人，就应当把人看作独一无二的人，把人当宝贵的人，认为每个人都有才、有用、有作为。这是梯次循进教育的第一层理念。这里讲的梯次循进教育的概念，本身涵盖着实现全面发展的方法论。

梯次，本义为阶梯层次，它既表示静态之形状，也表示动态之形状。梯次的引申义是在同一时间、同一地域或环境中，处于不同发展位次、不同发展基础上的客观对象状况，比喻人和事物的差异性状态。

举个例子来说，一个国家中的每个民族、每个地区的地理环境、自然条件、文化形态、风俗习惯、人员素质、产业结构、发展状况等方面都存在差异，如果对各个地区的同类事项进行比较，就必然表现为一个高低不等、前后有别、差别各异的“梯次”发展状况。

从学校的角度讲，一个地区的所有中小学，每所学校的办学条件、师资队伍、生源基础、管理水平、教科研力量等方面都存在差异，其中，同类学校之间的差异，在总体上客观地表现出一个不等不齐、先后有序的“梯次”状态；从学生的角度讲，一个班里的每个学生，在道德修养、天赋条件、性格特征、心智状态、爱好特长、学习能力等方面也都存在发展的处前、处中、处后的差异。那么，把学校或学生从一个点放大到一个平面上看，就呈现为一个有高有低、有前有后的“梯次”的状态。这就是“梯次”在这里的含义。

现在再来谈“循进”，这个词应该拆开来看，“循”就是循规循序，按节律循环运行，指教学计划期和管理周期按规律、依程序周而复始地运行，这是宏观的整体的循环。从微观角度看，就像学校要分解成班级、一年分成 12 个月一样，教学计划期和管理周期在实施和推进中，也必然要分解细化成若干个小板块、小环节、小周期，这些小板块、小环节、小周期的量和度是均等的，就是说时间、单元、模块的度量是平均相等的，因为尽管教学内容在各个阶段都有所不同，但衡量质量的标准都是一样的，在一个教学计划期内和一个管理周期内运行，这些小板块、小环节、小周期都在按照规范循环运行，正相向地不断前进。比如初中学段一个管理周期为三学年，一学年两个学期，三年六个学期，每一个学期就是一个小周期，整个过程要完成六个循环。这就是“循”在这里的意思。

我们再来看“进”，就是前进、进步的意思，容易理解，也可用刚才的例子来解释。一个管理周期三年六个学期，从第一学期开始到第二学期结束后，循环的起点、过程、结果都应在标准（一定范围程度上的自定义，或者教学互主体的互定义）上超越第一学期。请注意，是第二学年的起点应超过第一学年的起点，第二学年质量形成的过程应超过第一学年的过程，第二学年的结果应超过第一学年的结果。就是一定意义上要合理增长，绝不能负增长。第三学年再循环时，起点、过程、结果也要超过第二学年的起点、过程和结果。也就是说，一个循环单元各项参比值的参照标准是紧接着前一个拾级而上的。这样做，整个管理过程每一循环单元都在激励生成，不断进步，一直到第六个学期，也就是管理周期结尾，每一个学期都在上一个学期的基础上进步。六学期一个小周期，三学年一个大周期，整个过程都在正相向地引导教育发展对象自主进取、自由超越、自我实现。

我们知道，物理上有匀速运动和匀加速运动的现象，匀速运动的时速是不变的，匀加速运动的每一秒、每一分钟、每一小时的速度都在增加，且每一个小时的时速都在超越前一个小时，联系起来看，我们能不能这样来看待循进的特征：如果把同一化管理比作匀速运动，那么循进管理可比作匀加速运动，不同之处在于运动快慢用速度来衡量，管理好坏用质量来衡量。在循进管理中，每一个循环单元、每一个小周期的质量都要超过前一个小周期，整体的质量提高过程在统计图上是一条不断上升的弧线或斜线。与“匀加速”相对应，我们可以把循进管理的特征概括为“匀增质”。当然，这里要特别强调的是，循进的过程是着眼和立足于不同梯次上的教育对象的实际情况，按照多元化目标要求来隐性分类助动，实现进步的。从宏观上看，一个管理周期结束后，教育发展质量自然而然地会提高很多。这就是“循进”的含义。

再来看“梯次循进教育”的含义。连贯起来讲，就要继续从梯次循进教育的第一层理念出发：把人当宝贵的人，看每个人都有才、有用、有作为。我们要从宏观层面进行教育教学，就要认识到每一个人的与众不同之处。每个人的独特性，在总体上构成了群体之中有高有低、有前有后的“梯次”的样子。从每个人都不同的基础出发，绝不能以同一个标准去要求所有人。有音乐天赋的人化学可能学不好，你不能要求他当一个化学家；爱好体育的人大多坐不住，你非要让他学软件编程，他十有八九不感兴趣；有数学天赋的人可能不擅长交际，你非要让他去学靠人际关系生存的金融学，就很不合适。为什么要把人当宝贵的人、把人当有个性的人、把人当自觉发展的人、尊重不同境遇的人，这是因为人的生命可贵，应当公平地对待一切生命；是因为个体生命区别于他人的本原不同和潜在有异，每一个个体生命都具有独特的潜质和潜能；是因为人自有适应生存生活的本能，人本差异自然自化；是因为人选择不了出身境遇，然而可改变环境和未来，追求快乐幸福是每个人的人生理想和向往；是因为教育公平基于差异公平，人的平等是发展文明，人的受教育的起点、过程、结果之公平对待是教育的文明和理想……

发展无限无量。教育于人的发展过程，是一个发现智能，捕捉机遇，创新自信，出神入化的智慧创造过程。

教育于人的创新创造发展过程，当自信“天生我材必有用”，当自知“为有源头活水来”，当自勉“会当击水三千里”，当自悟“直挂云帆济沧海”。发展自信，知可为知不可为，方能有大作为。

道法自然，缘本适之，因势为之。

关注教育生态个体个性与群体共性的活和生长，讲求管理方式和评价手段的正相向作用，激发教育者与受教育者互主体共生的正能量。

从人本生态差异出发，因人育化、原点驱动，为每一个学生提供适切教育；从学校不同的办学基础出发，分类助进、效能激励，让每一所学校充满发展活力；从区域实际出发，生态管评、均衡制导，促进区域教育和美发展。这样可能、可为、可发展的策略和行动，我们将其概括为“梯次循进”。

第二节 “因材施教”的思想影响

梯次循进教育倡导追求教育生态本真发展。这种发展理念认同和尊重个体生命差异，推行人本生态管评，讲求每一个人的适宜发展。

以原有基础上的增量增值发展考量研判人的提高进步，强化人的创新自信，激励人的自主作为，引领人的自我实现。

理念作用于实践，讲究教育方式方法的术策合道，关注教育互主体作用的合作共生，积极服务于受教育者的学习，能动和谐共进，追求并实现教育生态和美发展的目的。

孔子的教育思想，是世界教育文化的精华，在当今教育改革进程中仍熠熠发光，我们要在实践中不断传承和光大。

孔子作为一位伟大的教育家，其“因材施教”的教育思想，是中国教育改革发展创新的理论基础。所谓因材施教，就是要根据不同对象的具体情况，采用不同的教育方法实施教育。要做到这一点，首先要了解教育对象各自的特点。孔子的学生很多，但他却下了不少功夫去了解学生，不仅知其长，而且知其短，所以他在教育活动中能让学生得到全面的发展与提高。这里不妨列举几个典型案例：

据《论语·颜渊》记载，有一次，颜渊问孔子什么是仁，孔子说：“克己复礼为仁。”意思是，克制自己，使自己的言行都符合“礼”的规定，这就是“仁”了。颜渊又进一步问怎么才能做到克己复礼呢，孔子说：“非礼勿视，非礼勿听，非礼勿言，非礼勿动。”就是说，不符合礼的东西不要去看，不要去听，不要去说，不要去做。

颜渊是孔子的得意门生，他品德好，聪明好学，领会能力强，所以孔子回答时就告诉他“克己复礼为仁”。强调讲“仁”就要依礼而行，这是“仁”的根本要求。“仁”是内在的，“礼”是外在的，二者要紧密结合。

弟子仲弓也请教什么是“仁”，孔子回答说：“出门如见大宾，使民如承大祭。己所不欲，勿施于人。在邦无怨，在家无怨。”意思是说，外出时，要像去见贵宾一样庄重，役使百姓时，要像承办盛大的祭祀典礼一样严肃。自己不想要的东西，就不要强加于别人。在诸侯的国家里当官，没有人怨恨你；在卿大夫家里做事，也不会有人怨恨你。

孔子曾说过仲弓有雄才大略，性格又仁慈贤德，因此就从侍奉君主和管理人民的角度来分析“仁”，并指出对待君主和人民要严肃认真，要宽以待人。

孔子另一个弟子司马牛去请教什么是“仁”时，孔子回答说，仁德的人，说话往往是缓慢而谨慎的。因为司马牛“言多而噪”，所以孔子就强调说话要谨慎。司马牛这才明白，老师强调的是要言行一致，不是只空谈“仁”。

因材施教是对中国教育改革创新实践探索影响最深刻的思维基因，梯次循进教育对因材施教的传承和拓展表现在课堂教学推行的“生本教学”，班级管理、区域发展质量控制推行的“多元制导”，质量控制、学校发展推行的“差异评价”等方面，集中表现为最朴素的“人本”教育思想生态发展理念。

从因材施教出发，当你面对一个班三四十名学生，当你面对一所学校几百几千名学生时，在追求让每一个孩子都健康成长、全面发展的目标下，不可能照顾到每一个人，怎么办？可以照顾到每一类人。只要照顾到了每一类人，就照顾到了所有人。

我们知道，由于环境、教育、学生本身的实践以及先天的遗传基因不同，学生不仅有年龄特征，而且存在着个体差异。关注学生的个体差异已经成为教育教学的一个重要方面。教师在教学中必须充分考虑这些特征和差异，具体情况具体分析，并采取不同的措施，因材施教，使每个学生的智慧、才能、兴趣都得到发展。

首先，我们的教师在教育思想、教育观念上要认同因材施教的思维方式和行为准则。从教师与学生关系角度看，要求教师了解学生的爱好和才能，了解他们的个性特点，了解他们的精神世界和情感要求等。只有在师生关系上“目中有人”，教师才能因材施教。18世纪末德国出现的泛爱主义教育流派，在教育中注意启发儿童学习的主动性，激发其特性。因为较好地做到了这一点，西方国家因为厌学而逃学的孩子相对较少，西方教育采取各种方法激发孩子的好奇心，再成功地培养其创造力。所以，到了大学时代，科研成果层出不穷，大学的教育真的大有所成。教师作为教育的主导者和实施者，是塑造一代新人的雕塑家和艺术家，教师劳动本身就应充满创造性，针对千差万别的学生，就要做到精雕细刻、因材施教。教育家陶行知说:“培养教育人和种花木一样，首先要认识花木的特点，区别不同情况给予施肥、浇水和培养教育。”学生不是收纳知识的容器，而是一个个有着鲜明个性特征的有待发展的人。教师必须从观念上认同受教育者是独立而自主的个体，重视个体的学习过程和创造才能，促进学生个性发展 。

其次，教师对学生的教育是育人和教学，应做到公平地对待每一个学生，给所有学生相同的机会。这既是因材施教的原则之一，也是教育学生做人的榜样。不管是散漫的学生还是努力的学生，他们都希望被关注和被尊重。教师应该以学生为中心，做学生的知心朋友，根据学生的兴趣，运用多种方法，在比较愉悦和宽松的氛围中让学生充分享受学习的快乐。因为学生的基本素质参差不齐，所以应以学生为主体，以教师为主导，教师做到动之以情，晓之以理，教之以法，使学生都能发挥自己的特长和创造能力。

再次，我们在教学过程中，教学设计和全过程环节都要体现因材施教。在教学中，教师往往给学生制定统一的目标，采用同样的教学方法，做同样的练习，要求同样的步伐，布置同样的作业，学生在教师面前只是被动地接受知识，失去了自我，失去了原有的个性，这显然不符合学生的身心发展规律。要改变传统的教学模式，大胆创新，将因材施教的教学原则应用到具体的教学活动中，做到有针对性，让每个孩子都得到个性和知识的全面发展，教学设计要考虑到梯度教学策略，构建学生学习可能性与教学要求间的适应度。

教学过程中，使多数学生迈大步，使后进生不落伍，教师要做到心中有数，一丝不苟，因势利导，持之以恒；教师应根据每个学生的差异，找出相应的知识要点，引导学生理解相应的知识；教师所教的知识，学生到底掌握了多少，要充分发挥教学系统的反馈功能，根据学生反馈的信息，做到因材施教。

教师在作业的数量和难度上也应有所考虑，依据学生能力的差异，可以采用分层布置作业的方式，但不能指定学生做什么题目，可以让学生根据自己的学习情况选择相应层次的作业。

梯次循进教育，要求有机地运用因材施教的方法。教学活动中，实施“互动互感规程”，要求师生“互动”，讲求师生课前、课中、课后教学双向活动的协调运动与有机沟通；要求“互感”，讲求师生双方在互动过程中得以情感融合，态度调适，心灵碰撞，领悟生成，促使“教”与“学”互主体的积极性、能动性、灵动性得到充分发挥。

对学生的管理讲求“五步行法”，具体为“观念引领、目标导向、分类助进、多元激励、主体生成”，旨在发现人的个体特质和个性潜能，激发人的内在动力和进取能量，将因材施教实践于具体的学生管理理念中，追求最富有本真生成性和发展性的科学教育效能。

中华民族的优秀教育文化，本位精粹，自然完好。传承师圣孔子有教无类、因材施教、教学相长的教育思想，发展素质教育，秉持梯次循进，从学生个体的实际出发，实施多元目标个性培养，努力实现教育全纳全育，共享差别，共同成长，生态和美。

第三章　梯次循进教育的理论体系

第一节　梯次循进概念的基本释义

“梯次循进”这一新名词，源自蓝田教育改革创新的沃土，是长期实践经验和体会升华的结晶。其概念的内涵和外延，随着实践范围的扩大，不断地扩大、丰富和延展着。如今，“梯次循进”这一概念，已成为国内广大教育工作者和学术界众多专家普遍认同并广为使用的一个专业术语。

一、概念的基本释义

梯：阶梯；便利人上下攀登（尤其建筑物）的用具或设备。

《说文解字》：木阶也。

《康熙字典》：凡阶皆谓之梯。

《释名》：阶梯也。如梯之有差等也。

次：位次；次序；层次。

《康熙字典》：位次。

《周礼·春官》：大史祭之日，执书以次位常。

《左传·襄公二十三年》：敬共朝夕，恪居官次。

梯次：

《现代汉语词典》：依照一定次序分成的级或批。

《百度百科》：①事物的进程按顺序分为几个阶段，每一个阶段叫一个梯次。②像楼梯那样一级一级的层次，每一个层次即是一个梯次。③依照一定次序分级或分批地。④按照一定次序分成的级或批。

在这里，我们所用的“梯次”指差异。以“梯次”比喻人和事物之间存在的内外在差异情形情境的本原性状和发展状态，把抽象的东西具象化、可感化和可知化，喻象逼真。亦引申泛指人和事物本原发展基点、阶段、层次和程度的相互不同样态（如人和事物之间不等不齐、高低有别、错落有致的生态样本）。

循：遵守，依照沿袭。

《说文解字》：行顺也。

《玉篇》：次序也。

《论语》：夫子循循然善诱人。

《韵会》：循环，谓旋绕往来。

《史记》：三王之道，若循环，终而复始。

在这里，我们取遵守规律、循环运动的意思。

进：①向前移动，跟“退”相对。②入，往里去。

在这里，我们指目标取向。引申为前进，进取，提高，发展，进步，超越。

在“梯次循进”语境中，“梯次”指基于人和事物差异实际的学习工作方式，即“以 ×× 原点出发”或“从 ×× 基点起步”的意思，表行为活动方式；“循”指依规律、按步骤循环运动，表行为活动过程；“进”指发展进步的方向，表行为活动的目的。

二、概念的结构意义

梯次循进，从短语字面认识，可解读和表述为一种思维方式与行为活动方法。

从概念构成的词语组合、语法结构、意义表达来分析，这一短语为主谓宾关系，由“梯次—循—进”搭配合成，形成了一个“结构完整、语法意合、语境深邃、耐人寻味”的成语。

梯次：主语；名词性词组；这里喻像人和事物之间差异情形状态，或者说表示一个抽象意义的具象。

在“梯次循进”语境中，主语“梯次”表示行为活动的先前条件，为主题性中心词。

循：谓语；动词；指“梯次”基础上的沿顺着规律、途径、次序、步骤的运动。

在“梯次循进”语境中，谓语“循”表示行为活动的过程环节。

进：宾语；动词用作名词；指“梯次”前提下，“循”过程中的目的向、进致状和价值度。

在“梯次循进”语境中，宾语“进”表示行为活动的取向、目的和结果。

三、概念的时空意义

梯次循进教育理念作用于实践，强调一定或特定实践周期过程——“将然、正然、已然”时空范围的多维向问题思考、全纳性能动催生和全方位价值判断。

梯次循进作用于实践，教育管理主体谋划发展和研定目标的“将然”时空意义，表现为：

一切坚持从实际出发，一切顺应个体个性特征，一切着眼于发展；修更好的个体，养更好的个性，做更好的自己。

关注人本差异，追求差异公平。谋划发展，研定目标，讲求教育管理互主体的相互认同性，教育主客观的活动能动性，教育实践生成的生态自然性。

教育不只想将然，更不是想当然，而应是做当然，更需要做自然。

将然的意义，贵在知行合道的取向共识。教育作用于实践的本真引领力，向标吸引力，本能适应力，全在于将然欲动之前实事求是的因时因势而为。

梯次循进作用于实践，教育管理互主体依规循序合作共生过程的“正然”时空意义，表现为：

一切顺应个性而施策用法，唯合作于习惯养成，唯合作于兴趣诱导，唯合作于多元进取，使学习工作的每一个体发展对象，在特定的和谐环境下，自由自在地能动而乐为，求进应心，向上尽力，自然适境，自在应生。

梯次循进作用于实践，教育管理互主体实践生成结果研判和效能激励的“已然”时空意义，表现为：

一切生命自由发展，一切人性自在发展，一切追求平等、公正、公平的发展对待；

活动周期的终结性评价，注重实践生成效能判识的增量诊断和增值论质。

研判原有基础上的提高，提高基础上的发展，发展基础上的超越的生成结果，一律叫停“一刀切，一概而论”的野蛮评价，坚决摒弃“以发展数量、先后名次简单化的绝对值比大小，论高低”的错误做法，倡导并推行“以学习工作劳动量的增量，劳动质的增值”评优论奖，激励发展，让每一个人各得其所地适宜发展，让每一所学校充满活力地持续发展，让每一方区域各具特色地不断发展！

第二节　梯次循进概念的命题意义

梯次循进教育概念的立论命题，是素质教育思想理念的创新应用和本土表达，是长期教育改革实践探索的经验总结和形象概括，是教育生态本真发展研究成果的客观结论和理性表达。

梯次循进教育行动研究，坚持不懈、坚定不移地抓住人本发展这一中心，以关注人和事物的差异特性，还原教育生态本真发展，彰显追求个体生命价值，追求教育本心境界为行动的着眼点、立足点、取向点和着力点，穷究教育实事求是、科学发展的真实意义。

梯次循进教育提出的“以人为本、差异公平，因人育化、原点驱动，发现智能、创新自信，共享差别、生态和美”的认知理念和价值追求，旨在以科学的建模思考和有效的实践方法，积极全面地发展素质教育。

梯次循进教育体系构建是寻求破解“素质教育推进困难”的工作机制和实践方式，体现着人本创生、因材而笃、自信自化、各得其所的积极教育价值取向，反映着教育发展追求自然性、差异性、多元性、发展性、效能性与和美性的建模意义。

人的职业历程，往往因一个节点变化而改变着前进轨迹。一连串不期而至的环境变化，构成了我在基础教育领域多空间、多岗位、多层级、多角度、多经历、多体验、多磨炼、多感悟的职业旅程。这个过程，求索在其中，艰辛在其中，困惑在其中，发展在其中，生成在其中，快乐在其中。

四十多个春秋，面对新的岗位、新的职责、新的使命、新的机遇和新的挑战，我坚持以新的精神状态，向着更高的发展目标迈进。在实践探索中，面对问题，立足本职，带着思考，积极探索，认真总结，理性提炼，从理论和实践两个层面，不断完善着梯次循进教育体系，不断丰富和延展其认知内涵和创新意境。

一、梯次循进教育命题的立论意义

“梯次循进”这一概念，以长期实践为基础，汲取传统教育精华，借鉴诸多现代教育哲学科研理念，体现现代教育发展和素质教育思想，坚持问题导向，积极大胆探索，边实践、边总结、边发现、边研究，不断升华思想认知，力图建立一种促进人的健康适宜发展和教育科学永续发展的管理评价体系，形成一种体现伦理价值和生态意义的教育科学发展思维和实践模式。

梯次循进概念的特性反映为“梯次”的题设，“梯次”既表现为一个静止状态中的“物态化”概念，又表现为一个活动状态中的“生态化”概念。

梯次循进教育知行之法，反映并揭示出教育生态人本创生、和美发展的生命意义，究其命题的立论学理意义，主要表现在以下几个方面：梯次循进反映事物的客观生态，贯穿事物的发展始终，符合事物的发展规律，揭示事物的进化方向，体现主观与客观具体历史的统一，讲求可持续发展的活力意义，彰显教育“共享差别、生态和美”的发展取向和实践价值。

（一）梯次循进反映事物的客观生态

“物之不齐，物之情也”，世间万事万物都存在差异。这种不以人的意志为转移的客观存在的差异就是梯次循进概念所包含的“物理”和“生理”的属性。因受地域、历史、经济、教育、文化、资源等诸多因素的影响，教育发展对象普遍存在个体间的差异，呈现出人本物本生态不等不齐的梯次式样态或状况。

梯次循进强调实现教育的生态性目标，即创建良好的教育生态环境，使各教育管理评价主体的价值都得到应有的尊重和体现，从而实现自主、持续、适宜、和谐的发展。

梯次循进还反映了教育内部生态环境优化的基本要求：通过对每所学校的物质环境、组织环境和规范环境进行优化，保障每所学校的教育教学活动正常运转，促进全体师生身心的健康发展和潜力的有效开发。

实施梯次循进的生态化教育，实践中应按照教育生态性发展要求，研定教育动态目标体系，指导教育适切有序发展，促进教育协调均衡发展。这就要求教育管理互主体在相互认同的思想观念和发展目标的引导下，科学决策，共同研定个性化、多元化、多样性的生态化目标体系，协同发力，以促进各教育主体的生态本真发展。

教育生态化管理评价要在承认并尊重事物本真差异的前提基础上，坚持梯次式助进，让每个人可能、可为、可发展。

（二）梯次循进贯穿事物的发展始终

梯次循进贯穿事物的发展始终，贯穿教育实践过程的始终。以一个发展周期为例：发展前，教育对象的发展基础不同，呈现出一种发展起点的梯次式差异状态；发展中，由于受诸多主客观因素影响，教育对象的发展速度各异，呈现出一种发展进程的梯次式差异状态；发展后，教育对象的现实发展水平还是不一样，呈现出一种发展结果的梯次式差异状态。

（三）梯次循进符合事物的发展规律

梯次循进是事物之间不平衡性的体现，符合事物的不平衡发展规律。一个管理评价周期内，教育活动之前，教育对象的发展基础各不相同，呈现出一种发展的不平衡状态；教育活动之中，针对管理评价对象发展的不平衡状态，实行分类型分层次助进，为每一个教育对象寻找发展中的平衡点，使发展趋向于平衡；教育活动之后，由于现实发展结果的梯次状态，造成建立起来的平衡系统被打破，形成了新的不平衡，新的不平衡意味着一个教育教学周期的结束，新一轮教育教学周期的开始。教育对象就是沿着“不平衡—平衡—新的不平衡—平衡”的方向轨迹，循环往复，周而复始，不断进步，不断发展。

（四）梯次循进揭示事物的进化方向

事物总是由小变大、由少变多、由易到难、由浅入深、由简单到复杂、由低级向高级发展运动的。梯次循进教育活动通过促使不同类型、不同级别、不同层次的发展对象实现原有基础上的提高，提高基础上的发展，发展基础上的跨越，不断追求缘本以求、趁势而为、拾级而上的发展。这种“因人而宜、因时而宜、因地而宜、因心而宜、因性而宜、因势而宜”的自然而然的发展揭示了事物进化的方向，体现事物发展的必然，推动事物永续向新向前。

（五）梯次循进体现主观与客观具体历史的统一

梯次循进反映了事物发展的客观状态，揭示了事物发展的客观规律，其发展呈现出本真性、多样性、层进性等特点。教育者在主观认识上必须承认教育对象的梯次循进态势，尊重这种发展状态。同时，在承认、尊重的基础上，我们的教育目标必须依据教育对象发展变化的实际，在此基础上制定出切实可行、易于操作、便于评价的分类目标。这样既符合教育对象的实际，又体现未来发展取向，更能顺应教育对象的可能发展，真正体现主观与客观具体历史有机统一的和谐发展。

梯次循进的知行，既是合客观的，也是合主观的，也是合未来的，追求的是合作共生的本真发展。

（六）梯次循进讲求可持续发展的活力

发展反映着事物存在和生长的客观生态，梯次循进强调关注事物“物理”属性基础上的“生理”属性的发展变化。

实施梯次循进教育管理评价，根据教育管理评价的情境与任务以及各自（梯次状态）的基础确定各管理评价对象的（梯次）发展目标。任何一个教育管理主体和对象都是一个独立的个体，是一个立体多面的客观存在，可以从不同的角度去理解和看待。同一个教育对象在不同的教育管理情境中，面临不同的评价标准和（项目）任务，其所处梯次位置不同，发展目标自然不同。教育在不断发展，教育管理评价活动始终处于发展变化之中，教育对象自身在不断地发展变化，教育管理评价情境呈现出动态的持续发展的样态，各主体对象循着可能可为的“梯阶”，按照“提高—发展—超越”的取向，拾级攀升而进。由此可见，梯次循进追求可持续的生态本真发展的活力意义。

（七）梯次循进彰显教育“共享差别、生态和美”的发展取向和实践价值

在教育生态化管评过程中，现实发展与理想发展不可能完全吻合，总是存在一定的差距，这种差距就是不和谐的表现。如果现实发展与理想发展产生严重的不和谐，无外乎三种可能：第一种可能，现实发展没有问题，理想发展出现问题。理想发展目标和要求确定得过高或过低，脱离了教育对象的客观实际。第二种可能，理想发展没有问题，现实发展出现问题。由于教育对象的“主动为”或“被动为”，造成了现实发展速度过快或过慢，与理想发展要求产生严重的偏差。第三种可能，现实发展与理想发展都出现问题。出现现实发展与理想发展的严重不和谐，教育的各方都要进行深刻反思，寻找问题的症结根源。

有机适切的教育，必然是共享差别的人文情怀、相宜惠人的方法选择，是生态平衡、人人发展的和美目标追求。人本生态发展过程是一种现实发展与理想发展不断“梯次和谐”的过程，这个过程表现为现实发展与理想发展的一种无穷接近。作为教育者，我们要认真研究教育对象的梯次循进状态，从这种状态出发，制定切合教育对象发展实际的理想目标和行动方略，目标要求既不能太高，也不能太低。作为教育发展对象，要充分发挥主观能动性，不断自我驱动、自我奋发、自我实现，不断增强发展自信，催生发展活力。

我们说，差异公平是教育公平的前提。因为人与人、事物与事物之间存在差异，所以说，差别自在，和美进致。

梯次循进教育强调差异公平、共享差别，倡导发现智能、创新自信。在教育面前，只有人人平等，才能共享差别。发现智能、创新自信，就是大家不同，大家都好，你有所优，我有所长地积极开发；就是各美其美，美美与共，奋发作为，各得其所地能动实践。

共享差别的教育，是人尽其才的教育，各扬其长的教育，共享出彩的教育，也是生命同在，各得其所的教育。这种教育生活的和谐美满在于教师给予学生的尊重、鼓励、信任与肯定和学生之间的相互理解、包容、欣赏与友爱。只有共享差别，才能生态和美发展。

我们说，现实发展中，绝对的“梯次和谐”是不存在的。作为教育发展的互主体对象，都要在实践中不断进行自我反思、自我调控、自我完善，充分彰显“梯次循进”“共享差别”“生态和美”的发展取向和实践价值。

二、梯次循进教育体系的几个核心概念

“梯次循进”“梯次循进教育”“梯次式教育管理评价”这几个核心概念，是随着我们实践感悟和理性思考的升华逐步形成的。这里进行的解释说明，表述上难免不够严谨严密、规范贴切，但足以表达概念的基本内涵。

（一）梯次循进

梯次循进，简言之，指从事物不同的生长态势出发寻求进步。具体地讲，指基于人和事物不同的发展实际，循规循序循环求取进步。

在“梯次循进教育”概念的具体语境中，“梯次”比喻客观事物个体、群体、群落的生态差异状态；引申为同一时间、地域、阶段或层次的客观事物表现出的不同的生长形态或发展状态。“循进”指遵循规律、按照程序、动态循环而向前向上或向新向好求成。这里表示实践活动（学习、工作等）基于人和事物之间本原性态和发展状态的差异实际，因个性、按层次、分类别，遵循规律、按照步骤、动态循环地求取发展进步。

（二）梯次式教育管理评价

梯次式教育管理评价，是一种立足教育发展对象人本、物本生态差异，在考量其客观条件和主观因素的基础上，研定不同的目标和要求，通过立体、多元、动态的方式方法，按照规律、程序和步骤，实施积极能动的控制，进而综合研判其实践行为活动的起点、过程和结果的效能度和公平度，引导其自主、能动、可持续发展进步的实践活动新机制形态。本管理评价模式，主张人本生态发展的理念，针对管评对象和发展的不同基础，强调关注其可能可为，发现其潜质潜能，依循发展规律，实施周期性的动态循环控制，依据原有基础上提高—发展—跨越的增量和增值，进行论质行奖，激励其自我实现、自我超越，以向着更新、更高、更远的目标不断跃迁和进步。

（三）梯次循进教育

梯次循进教育是关注客观事物人本物本的生态差异状况，立足自然，面向未来实施和促进教育生态本真发展的一种思想建构体系和实践模式形态。它既反映为一种“唯物唯人、尊重差异，关注个性、因人育化，注重可能、激发可为，全人培养、全面发展”的生态化教学实施策略；又反映为一种“关注基础、最近组类，按类定标、立体比较，多元制导、动态要求，竞合有致、激励超越”的生态化管理控制方略；也反映为一种“多元施管、多元诊断、多元导行，综合判识、综合论质、综合论奖”的生态化评价引领方略。这种教育体系是一种关注个体性、差异性、可为性、普适性、效能性、普惠性有机统一的还原生态本真、引导生态和美发展的形态和方法。

三、“梯次循进”概念的命题意境

梯次循进为长期实践的经验总结和理性结晶，有着广博而深远的内涵，是科学实践的真实性表达。其命题意蕴表现为：

1. 人与人、事物与事物之间存在着客观差异。这种差异状态，既表现为本原的，又反映为发展的，它不以人的主观意志而存在或消亡。

2. 客观事物表现出的不等不齐、千差万别的现象，很值得研究，并要求人们在实践运动中不断地分割而有所认识和有所发现。

3. 梯次循进这一概念，是在实践中认识自然运行法则、教育教学规律和人的发展规律基础上生成的。

4. 以“梯次”表述客观事物的差异状态，既揭示出事物本原的静态物理性状，又揭示出事物发展的动态生理状态，将人和事物内外在的差异表现的抽象化特征具象化、形象化，以更具体真切地为人们直观感知，进而理性思考并多维向放展而用之。

5. 于教育而言，要促进每一个人、每一所学校、每一方区域的发展进步，就必须首先调查研究人、学校、区域本原和发展的客观状态，然后知本而为本、为本而固本地引领自主作为、能动作为、有效作为，让人和事物循宜应生，自化成态，追求教育生态和美发展。

6. 有学者这样评价说：“梯次循进教育概念的意境，不仅高远，而且广阔，具有深远的认知意义、实践意义、美学意义和生命意义，并揭示出了教育科学哲学世界观和方法论的本源规律和文化灵性。”

7. 梯次循进教育是中国教育本土化的原创成果。有专家评价道：“概念结构紧凑，表义清晰明了，逻辑关系严密，内涵丰富深邃，外延广阔周全，意境自然圆和。”

第三节　梯次循进教育理念的基本内涵

时代在发展，教育在实践创新中随之发展。

中国教育发展的基因，本质属性在于“道法自然”“因材施教”“天人合一”“万物并育”“执中致和”的哲学思想文化元素的内核。

“扎根中国大地办教育。”教育在传承基础上守正创新，不断增强文化自信、教育自信和创新自信。

每一个人都是为时代而生，人人都是人才，都具有生命价值。只有让每个人都各得其所地适宜发展，才能展现教育科学发展。

梯次循进教育理念的基本内涵，其本质灵魂、途径方法和价值追求集中反映为“以人为本、差异公平，把人当宝贵的人，看每个人有才、有用、有作为；因人育化、原点驱动，把人当有个性的人，让每个人可能、可为、可发展；发现智能、创新自信，把人当自觉发展的人，使每个人自主、自由、自奋发；共享差别、生态和美，尊重不同境遇的人，给每个人应心、应性、应自然。尊重差异、仁爱于心，彰显我好、你好、他好的真诚；合作探究、同频共振，创设主动、能动、灵动的情境；激发动力、因材而笃，催生潜能、力能、效能的智慧；守正自化、美美与共，学养和人、和事、和社会的品格”等知行层面。

在这里，我们把梯次循进教育系统理念中的“三有”“三可”“三自”“三应”“三好”“三动”“三能”“三和”见行之法，缩略为“有可自应、好动能和”的意义表达和表述。

梯次循进教育以“三有、三可、三自、三应”的认知，引领“三好、三动、三能、三和”的实践。

我们说，如何认识人，如何对待人，如何发展人，始终是教育发展的深层次问题，要在教育改革创新实践中认真研究和不断探索。

“一切为了人，为了一切人，为了人的一切。”这是教育科学发展的必然要求，也是教育实践的必要前提和充要条件，只有如此，才能还原教育的本心境界。

教育由爱而生，文明始于教育。

改革创新，正确地认识人，平等地对待人，公平地服务人，文明地成全人，永远是教育工作者应有的情怀和应持的态度。

教育服务于人的过程，始终表现为一个围绕学生主体发展而为的实践过程。在这个过程中，树立科学的世界观、人生观和价值观，确立正确的教育观、质量观和人才观，以科学哲学的认识论、控制论和方法论作用于实践尤为重要，对推进教育改革创新具有重大而深远的意义，是教育教学科学管理与评价的必需和必然。

教育因无私而圣洁博大。面对教育，科学的知行表现为生命至上，大爱包容；人人可塑，多元选择；创新自信，寓教于乐；适本应生，自我实现。

人的发展可能是无限的。教育就是要让每个学生都找到发展的自我，让每个学生都实现属于自己的真正的发展。

一、以人为本、差异公平，把人当宝贵的人，看每个人“有才、有用、有作为”

梯次循进教育提出并倡导的“以人为本、差异公平，把人当宝贵的人，看每个人有才、有用、有作为”表达了教育科学发展的上善意义，旨在引领做有情感的教育。

“以人为本、差异公平”，这是基于现代哲学认识论的思想表达，反映着梯次循进教育认知的灵魂。

“以人为本”强调以人的发展为中心，关注每一个个体生命适应社会发展及生命成长的价值，坚持教育为人的终身发展服务，强调教育服务于人的全纳性功能和全人性发展效能。

“差异公平”强调教育于人的地位平等和机遇公享的对待。关注人本生态的差异性，维护个体生命的尊严，讲求教育服务于人的机会、权利的平等化，发展方法的个性化，发展途径的多元化，共享发展的公平化。

“看每个人有才、有用、有作为”的“三有”之见，强调要树立正确的认识观，珍爱和关注每一个人的发展成长和生命价值。

人人皆是才，人人皆有用，人人皆可作为。生命是美好的，有价值的，教育就是培育成就生命价值。珍爱生命，让每一个体生命在人生发展进程中实现“大写意”。

教育当育人为本，要科学地认识人，平等地对待人，公平地开发人。让每一个独特的个体生命拥有自信的心知，自信的心志，自信的心力和自信的心行。让教育发展彰显差异公平，让教育生活共享差别。

在教育于人的认识问题上，要关爱每一个个体生命的成长发展，让每一个人都活得有尊严；认同并尊重人的差异和差别，以教育之大爱成就人的生命价值。

二、因人育化、原点驱动，把人当有个性的人，让每个人“可能、可为、可发展”

梯次循进教育提出并倡导的“因人育化、原点驱动，把人当有个性的人，让每个人可能、可为、可发展”，表达着教育科学发展的取道意义，引领做有态度的教育。

“因人育化”表达关注人的个体特质和智能，强调教育思维方式的取向选择，讲求人本适宜发展的教育意义。

“原点驱动”强调关注教育对象原本和发展的基础点，教育实践活动的驱动方法选择，以此激发人的自觉能动和创新活力，追求人本可能、可为、可发展的潜能、力能和效能的活力意义。

教育工作者如何正确认识和看待自己所面对的发展对象？如何调动每一个学生的发展激情？

这里举一个例子，从学业水平角度看，一个 90 分的学生甲，一个 60 分的学生乙，这 90 分和 60 分分别是学生甲、乙单位时空范围的发展原点，经过一个管理周期后，学生甲考试达到 92 分，所在年级教师掌握的隐性位次没变。学生乙考试达到 70 分，所在年级教师掌握的隐性位次前移了 3 个位次点。怎样看待和评价这两个学生的发展呢？

我们认为，学生乙比学生甲进步得快。

我们完全有理由得出这样的结论：$70 \geqslant 92$，而非 $92 > 70$。之所以不认同 92 大于 70，是因为学生乙发展的增量绝对值 10 分大于学生甲发展的增量绝对值 2 分（当然，这仅反映为体系性评价中的时段性项量的相对比较，不是绝对性的认定），我们的评价关注的是发展增值。

差异公平的教育评价观认为，把甲、乙两个不同发展层次的学生等同划一、一概而论，既不客观合理，也不科学公平。人本教育思想的意义在于平等地对待个体生命的地位和发展。基于此，对 90 分和 70 分的学生，也没有理由去评论二者的优劣和高低。正确的评价判识，应是关注二者在原本发展基础上的提高和进步，以发展的标尺激励自我实现。

因人育化、原点驱动的认知，反映着人本最大化发展的教育本源路径取向和选择。

“让每个人可能、可为、可发展”的“三可”之见，倡导教育要唯物唯人，关注差异。引领基于可能性，激发可为性，追求可发展的自我实现。

一切皆有可能，人人都有无限的发展可能。教育的艺术、魔力和智慧，集中体现在激发人的发展可能。教育就是让每一个人都真正认识自我，找到自我，成为更好的自我。

三、发现智能、创新自信，把人当自觉发展的人，使每个人“自主、自由、自奋发”

梯次循进教育提出并倡导的“发现智能、创新自信，把人当自觉发展的人，使每个人自主、自由、自奋发”，表达了教育科学发展的取值意义，强调做有活力的教育。

“发现智能”表达关注人的本原潜质潜能，强调教育服务于人、了解人、发现人、认识人、开发人、发展人、提升人的本真取向。

人的智能，泛指语言、逻辑数学、音乐才能、空间想象力、运动能力、交际能力和个人自处能力等方面的天分。这七种智能尽管潜藏在每个人身上，但发展是不平衡的，需要积极发现和组合开发。

发现了人的潜在智能，就发现了适切的教育的培养路径和方法。在发现智能的过程中，教学双边的主动意识和能动作用是关键要素。

“创新自信”表达关注人的自信心培养，让每一个人扬长补短地自主发展，在自我奋进实践中，不断地体验生命的创新价值，积极感受学习生活本属于自己的快乐。让每一个人都能感受到快乐和幸福的教育，就是和美发展的教育。

“使每个人自主、自由、自奋发”的“三自”之见，倡导学习主体论的认知，强调教育作用于人的发展的积极性、能动性和创造性的自我发挥。

“自主自由”是一种能动发展的科学选择。激发自主学习的动力，创设自由学习的环境，让每个人的学习兴趣不断高涨，学习获得感不断满足，学习内驱力不断发挥，在自我实现，自我超越中，收获自信，不懈奋斗。

我们说，生命样态本独特，个性发展自风景。教育就是要让每一个个体生命体验和感受学习生活的本真意义。

四、共享差别、生态和美，尊重不同境遇的人，给每个人“应心、应性、应自然”

梯次循进教育提出并倡导的“共享差别、生态和美，尊重不同境遇的人，给每个人应心、应性、应自然”，表达教育科学发展的求真意义，引领做真性的教育。

“共享差别”表达“各美其美、美美与共、好自大美、美人之美”的发展认知，营造人人都扬起头生活的和谐环境，追求生存共同、生活共同、生命共同的大同发展。共享差别强调教育服务于人的差异认同、差异发现和差异成就，引导人的差别资源的自然开发和顺势而为，激励人基于本原和发展差异基点上的自我超越，让每个人乐观自在地发展。

人的差异是客观存在的，自我发展才是真实的发展，教育要构建和而不同的生态发展格局，在缩小差别中见发展之真，见发展之善，见发展之美。

面对存在差异的学生，必然要实施“因人而异、因人而宜”的培养，引导每个人做更好的自己，体验个体生命的应有价值。同时要发挥教育评价正相向的导向作用，让每一个学生、每一所学校追求自身原有基础上的发展进步。

“生态和美”表达关注教育整体意义上的自然、自在、和谐、永续、共享发展的守正理想，秉持“万物并育、执中致和、和而不同”的哲学教义，追求教育生态人本创生的和美发展大道取向。

“给每个人应心、应性、应自然”的“三应”之见，引领教育服务于人的本心性、本质性和本真性，追求立足人本，顺应自然，适应环境，自我超越的个性发展、多元发展、真实发展、自在发展和极致发展。

教育创新首先是理念创新，理念创新首先是思维创新，“有可自应”的认知理念，其意义在于“以真示道”。其中“三有”认知表达教育如何认识人的问题，“三可”认知表达教育如何开发人的问题，“三自”认知表达教育如何激励人的问题，“三应”认知表达教育如何服务人的问题。

五、尊重差异、仁爱于心，彰显“我好、你好、他好”的真诚

梯次循进教育主张并践行“尊重差异，仁爱于心，彰显我好、你好、他好的真诚”。

“尊重差异、仁爱于心”，表示教育服务于人（学生、教师、管理者、评价者）的情感态度，强调要平等地对待每一位学生，尊重生际间的个性差异，以仁善大爱的情怀，服务于每一个学生的发展。

我们说，人本生态如同自然界中的植物一样，其生长态势各异，情态万千。这种生态差异是事物在特定环境中表现出的内在和外在的本质个性特征。由此可以得出一个唯一不二的结论，那就是人和事物相互之间的差异表现，是本原的，也是发展的。世间不存在一模一样的人和事物，正如德国哲学家莱布尼茨所言，“世界上没有完全相同的两片树叶”。

“我好、你好、他好”的“三好”教育实践法，强调努力修好人，真情接纳人，德善和美人。这里以“我好”领起，强调教育首先要自我教育，要一切从自我做起。在具体教育情境中，让每个人都找到自信的自我、自主的自我、自觉的自我、创新的自我、发展的自我、成功的自我、阳光的自我、出彩的自我、幸福的自我，充分体验个体的生命价值。

“我好、你好、他好”的“三好”行法，讲求教育于人的真情与共的态度和别无偏执的对待。强调以大家不同、大家都好的情怀，催生美美与共的个性发展、多元发展和多样发展。彰显“三好”真诚，是梯次循进教育实践的“心门”。

师者的无私和伟大，全在服务于人的尊重、理解、包容、接纳、发现、

激励、等待和欣赏的昭然心态、自然行为。在教育面前，只有不同个性、不同发展状态的学生，不应有你优他差、厚此薄彼的教师。

梯次循进理念下的教育，是人人特长，因人育化的认知；人人平等，仁爱于心的情感；人人可能，原点驱动的态度；人人能动，执中致和的管理；人人创新，综合研判的评价；人人都好，增值论奖的激励。彻底否定以简单的绝对数比大小、片面的非理性选项评优奖励的惯用做法。

大家好才是真的好。教育于人的活力，全在于共享差别，因人育化，知其潜质，扬其特长，以优势效应助导创新发展。

六、合作探究、同频共振，创设“主动、能动、灵动”的情境

梯次循进教育理念主张“合作探究、同频共振，创设主动、能动、灵动的情境”。

“合作探究、同频共振”，指教育教学实践过程中师生之间的朋友关系、合作关系和通感情境，强调教育教学活动互动互感、深度融合、教学相长的必然要求。

“主动、能动、灵动”的“三动”行法，引领学生主体学习动力和活力的自觉行为状态；强调特定教育教学情境中学生学习动机的跟进识别，思维的诱导拓展，情绪的激活保持，想法的判断调适，领悟的聚精会神，促使教学双方积极参与，有效配合，形成互动合作的有机闭环。创设“三动”情境，是梯次循进教育实践的“慧门”。

好的教育教学过程，一定为自主学习、自主创新、合作共生的活力氛围。只有教育教学发展互主体的友情合作和通力而为，才有希望实现教与学的成功和行与动的灵觉。

梯次循进教育的“教实践”，讲求师者于学生学习动力的能动激发和主体作用的自然领悟。教学之美妙在于教学生能动自学之愿，养学生学而不厌之志，成学生乐而不疲之态。

梯次循进教育的“学实践”，讲求学生学习意识的自生，学习兴趣的自发，学习习惯的自养，学习动力的自驱，学习能力的自炼。大凡学有所成

者，皆知道自学而渐为习惯，并不断地自我发现、自我实现和自我超越。

梯次循进教育的“管实践”，讲求管理者在策略谋划、目标制定、措施执行、反馈总结和评价认定过程中团队全员的参与度、知晓度和认同度，以期目标与共，相互跟近，合作发力，同向于成。科学教育管理的功效体现在团队荣辱与共，形成自我管理、自主超越的环境，让管理行为成为一种无须提示的自觉行为。

梯次循进教育的“评实践”，讲求唯过程性的客观诊断、激励和导向，不唯结果的认定，以良性正相向的过程研判，助推发展对象实现目标的加速度动力能量升级。

梯次循进教育认为，实践创新的聚力点、定力点和发力点全在于教育生产力要素的自然化自动化整合调适和不断激活。

七、激发动力、因材而笃，催生“潜能、力能、效能”的智慧

梯次循进教育理念主张“激发动力、因材而笃，催生潜能、力能、效能的智慧”。

“激发动力、因材而笃”，指教育实践过程中行为方式的选择，强调教育活动激发学生学习动力，因人而异，因人而宜，各尽其能的方法要求。教育的智慧在于有效地激发学生的求知动力，并适切地知人善导，因人育化。

“潜能、力能、效能”的“三能”行法，关注教育服务于人的行为着力点，追求掘潜聚力达效的作用价值。这个实践过程，讲求个体、群体、群落各主体角色兴趣、意志、动力、能量、行术、攻略等行为活动要素的充分激活和放展，也是咬定目标不放松的过程。催生“三能”智慧，是梯次循进教育实践的“功门”。

人的潜力无穷，能量无尽，智慧无际。教育于人的成长发展过程，反映为一个不断自加压力、自添动力，发现能量、开发能量、释放能量、叠加能量和转化能量的发展过程。在此过程中，学习主体、教学双方、管理互主体，围绕发展目标，不断地开启窍门，放展生命能量，实现着各自的

发展理想，彰显着人我自在的生命价值。

掘潜、聚力、达效的行为取向和价值追求，本身就是一种教育实践智慧。教育实践创新，有智慧，通窍门，就会为之有功。

八、守正自化、美美与共，学养“和人、和事、和社会”的品格

梯次循进教育主张强调“守正自化、美美与共，学养和人、和事、和社会的品格”。

“守正自化、美美与共”指教育实践过程中的行为方式和路径，强调教育要明确方向，文化自信，遵守规律，从人本自我实际出发，让每一个人最佳化、最优化、最大化地自我实现，以求取和而不同的生态和美之效。

“和人”指为人的行为准则，强调修养诚信、仁善、厚道、仗义、合群、友爱等方面的品行，与人友好，和睦共处。“和事”指做事的行为准则，强调修养勤劳、敬业、精进、创新、责任、担当等方面的操守，不负事业，不辱使命。“和社会”指处世的行为准则，强调塑造爱国、正义、遵纪、守法、谦逊、包容、诚信、友善等方面的形象，做有益于社会的人。

教育的“三和”实践追求，是人的发展的一种大美取境。“和人、和事、和社会”的“三和”行法，追求并倡导教育于人的“生态和美”的大境取值。学养“三和”品格，是梯次循进教育实践的“道门”。

“好动能和”的行践理念，其理在于“以实示法”。其中“三好”之法表示教育服务于人的情感取向，“三动”之法表示教育服务于人的态度取向，“三能”之法表示教育服务于人的价值取向，“三和”之法表示教育服务于人的修境取向。

教育“三和”实践的取境，反映着和则德、和则善、和则美的发展价值观，教育要培养面向未来的有理想、有信仰、有道德、有文化、有能力、有作为、有责任、有担当的时代新人。

真则即道，实则即理。要做真实的教育。教育要让每一个个体生命不断地打开自我发展的心境，不断地拓展自我成长的路径，不断地提升自我

价值的向标，使人的精神境界行高致远。

梯次循进教育建构，萌生于20世纪80年代初白村中学课堂教学和班级管理实践的改革尝试，发展于20世纪80年代中后期学校教育管评和90年代县域教育质量控制实践的改革探索，形成于21世纪初县域教育发展和管评实践的改革探求，不断完善于21世纪20年代市域教育层级管理实践的广深研究。在这个漫长的探索建构过程中，我们面对农村教育发展状况，面对处于不同发展阶段的学生和教师，面对处于不同地域条件、不同发展基础的学校和乡镇教育单位，面对城市教育发展状况，面对发展不平衡不充分的区与县，一以贯之地坚持一切从实际出发，从事物发展本源规律出发，思考教育发展问题，研究教育实践方法问题，积极推进教育实践创新，不断完善、丰富和发展着梯次循进教育知行理念的内涵。

教育“活性、活力、活和”格局建构和发展形成，有赖于科学理性的教育思想和方法的正确指导。科学理性的教育管理评价，在于激励处于不同发展基础上所有人的发展激情和工作动力，在于焕发自主创新、自我超越的自觉追求，在于集聚和发挥团队合作奋进的正能量。

我们在长期梯次循进教育的实践探索中，一方面不断提升着发展理念的认知视野和境界，另一方面不断转变并完善发展方式和实践策略，始终坚持把教育于人的着眼点、立足点、切入点、着力点和突破点，聚焦在追求教育本心境界，还原教育生态本真发展的价值点上，让每个人都寻找到发展的自我，各尽所能、人尽其才、各得其所地适切发展，努力培植和营造教育生态和美发展的宜生土壤与发展氛围。

梯次循进教育行动研究，极力把“以人为本、差异公平，因人育化、原点驱动，发现智能、创新自信，共享差别、生态和美”的发展理念转化于实践创新中，还原教育生态本真发展。

梯次循进教育作为一种新的教育形态和发展方式，倡导立足人本物本差异基础，驱动内生动力，彰显个体生命价值，追求教育质量的不断完善，引领基于人的原有发展基础上提高进步的发展增量增值的论质行奖，以激励创新发展。教学管理、学校管理、县域市域管理评价的反复实践和不断生成，验证了它的旺盛生命力，同时在发展完善中也不断显现出见真见实的理性。

有专家学者讲：“梯次循进教育研究成果，是中国特色教育发展探索中本土化原创性适用型的经验总结、体会结晶和理论升华，具有积极而厚重的学理意义。这一新的教育形态，是一种教育科学哲学世界观和方法论的实证研究，是一种促进教育生态和美发展的建模体系和典型样本，为发展素质教育、推进教育公平、改进育人方式、完善教育质量提供了可资借鉴的范式。”

教育创新，知中有行，行中有知。知行同步的创新，才是真正的创新。理论的思想方法和实践的行动方法同步作用于实践，才会展现创新发展的生命活力。

第四节　梯次循进教育建构的基本原则

教道守正，本心于真。

教育之道是以灵魂塑造灵魂、以人格影响人格、以智慧启迪智慧、以能力传递能力的修行大境界。

体悟教育的本心境界，追求教育的本真发展，对每一位教育工作者而言，要求不断修养的是品格，不断投入的是情感，不断表现的是态度，不断学习的是专业，不断开发的是智慧，不断完善的是方法，不断提升的是质量，不断关注的是人才，不断思考的是未来。

以人为本，梯次循进，让教育生态和美发展。

在教育建构探索研究中，教育者和受教育者同为发展对象，管理互主体同为管理对象，评价各方同为评价对象，相互间都需要学习与共，反思与共，完善与共和提升与共。只有这样，教育改革、教育创新、教育管评机制完善，才会视野广阔、方向对路、举措超前、与时俱进。

教育建构创新的基本原则表现为教育教学、教育管理、教育评价行动的大方向和大格局，是教育知行体系建构要素必须遵循的准则和纲领。基本原则主要包括：方向性原则、科学性原则、全面性原则、发展性原则、公平性原则、公正性原则、可行性原则、实效性原则、激励性原则、反馈性原则。

一、方向性原则

教育建构创新的方向性原则，强调要坚持国家教育性质和发展战略目标，坚持引领教育全面贯彻党和国家的教育方针政策，全面发展素质教育，全面提高教育质量，全面均衡协调可持续发展，满足社会和个体发展的需要。国家教育方针指明了教育总的发展方向，是国家教育政策的总概括，是各级各类教育必须遵循的准则。我们说，素质教育是教育改革与发展的时代精神和实践主题，提高教育质量是教育育人的本质要求。坚持方向性原则，讲求顺应时代发展的趋势，以新时代中国特色社会主义思想为指导，践行社会主义核心价值观，遵循教育教学规律和人才培养规律，培养德智体美劳全面发展的社会主义事业的建设者和接班人。梯次循进教育建构的研究方向和价值取向，坚定追求教育生态和美发展。

二、科学性原则

教育建构创新的科学性原则，强调依据教育教学和管理评价的客观发展规律，坚持一切从实际出发，面向未来，知行合一。教育建构不仅要求管理评价思维、体系、标准的科学化，而且要求管理评价程序、过程、方法的科学化。坚持科学性原则，于教育管理评价体系建构而言，讲求管中有评、评中有管、管评结合，使二者有机地和谐相融，要求必须正确理解和把握管理评价标准和指标体系，体现主体多元、标准多元、方法多元，做到管理与评价相结合、动态管理与静态管理相结合、定性分析与定量分析相结合、过程管评与终结管评相结合。同时坚持以现代科学技术与方法工具为支撑，切实提高教育管理水平。

三、全面性原则

教育建构创新的全面性原则，强调坚持全面的管理观、评价观、质量观和人才观。就教育管理评价而言，要求内容涵盖教育工作和人本发展的方方面面，对教育对象实施全方位多指标的综合素质发展引领。践行全面性原则，要从不同角度、不同层面着眼，采用灵活多样的方法，全方位多角度地促使教育发展对象全面健康成长。贯彻全面性原则，要求教育自觉摒弃唯分数、升学率、单一数据来评价学校和师生的现象，自觉走出以智育代五育、重统一标准轻个性目标、重结果评判轻过程研究等方面的误区。

四、发展性原则

教育建构创新的发展性原则，强调坚持开放发展、共享发展的前进方向，建立教育发展对象适应时代发展的自主反思、自主完善、自主创新、自主发展的生长机制，促进教育发展对象不断向新高梯阶层次持续发展。教育建构要面向未来发展，促进个体发展与社会发展和谐统一。教育建构体现发展性原则，要求充分发挥评价的激励、导向作用和动力杠杆功能，自觉纠正评价只重视选拔、甄别、鉴定功能以及结果而忽视过程的非理性行为，科学能动地激励导向，引领面向人人、人人发展的正相向，追求教育科学发展、永续发展。

五、公平性原则

教育建构创新的公平性原则，强调教育的全纳全育、人尽其才、各得其所的共享发展。梯次循进教育体系的建构，依据教育对象于单位时空范围的发展基础和发展空间，分类型按梯次实施管理，为每一个教育对象搭建相对公平的合作竞争平台。体现公平性原则就是要尊重教育对象的个体差异，使人的发展权利公平、人格尊严平等。梯次循进评价体系，倡导坚持多元化的评价标准，引领教育各方自觉走出只重视社会标准忽视团体和个体标准、只重视外在评价忽视自我评价、只重视相互竞争忽视自我激励的误区，彰显发展的公平性。

六、公正性原则

教育建构创新的公正性原则，强调教育建构的机制和方法能实事求是、一视同仁地作用于每一个发展对象。贯彻公正性原则，于教育管理评价而言，要求管评机制、制度、方法的建立与实施过程、结果的研判，做到科学有道、管控机动、数据准确、客观公正，为管理评价对象所认同。梯次循进教育体系作用于管理评价实践，力求做到严格执行管理评价标准和操作程序，尽量避免主观和人为因素的影响，进而全面、客观、准确地评判教育对象的发展和进步。

七、可行性原则

教育建构创新的可行性原则，强调要注重实际操作运用和工具技术手段的现代化。就教育管理评价而言，讲求指标体系符合实际、条块清晰、简明扼要、具体可行，关注教育对象的差异性，立足发展基础，使管理评价标准高低难易适中，能被所有管理评价对象理解和接受。梯次循进教育管理评价体系，要根据地域发展、办学规模、办学条件、师资水平、生源状况、办学性质等的差异，将处于相近条件的管理评价对象归为一组，实行组类助进，根据管理评价对象的基础变化和实际发展程度，制定切合人本物本实际和适应时势要求的发展性质量指导目标，有效实施客观发展与理想发展有机统一的动态目标控制，使中小学办学和县域教育发展充满活力。

八、实效性原则

教育建构创新的实效性原则，强调发展策略方式方法作用于实践的有效生成，讲求教育对象参与活动内外在动力的能动激发，以及实践反思过程在思想理念和工作发展上的自主完善与自主提升。梯次循进教育建构体系创新意义，本质在于引领教育服务于人的起点、过程和结果差异公平的生态和美发展，使教育教学过程成为让每一个人可能、可为、可发展的生态化教育发展过程。这种教育过程，既关注发展结果，更注重发展过程；既关注管理控制，更注重评价激励；充分展现管理的驱动力和评价的引领力。我们说，活性效能管评，能促使人们自觉走出只关注评价结论而忽视评价沟通、指导的误区，走出重材料汇报轻民主评议、重资料分析轻现场观察、重外在形象轻文化内涵的误区。长期实践一再证明了梯次循进教育建模体系作用于实践的有效性。

九、激励性原则

教育建构创新的激励性原则，坚持以激励发展为中心，促使教育对象自觉形成持续努力或在工作活动中不断修正行为的自为、自勉、自奋、自强的意识，挖掘原本潜力，激发创新动力，培育发展活力。教育建构贯彻激励性原则，要求从教育对象的实际出发，关注并尊重教育对象的差异，科学制定教育活动标准，创设宽松和谐的人性化发展空间，合理设定阶段性目标，不断体现教育对象参与实践的自我价值。在激励机制的建设中，要着力体现平等合作和公平竞争，给人以前进的动力和精神的满足，追求教育活动过程与结果处置的激励导向作用，促使教育发展对象树立发展自信，形成内在的、持久的、积极向上的发展动机，努力将教育发展正能量激活并转化为一种强大的创新力量。

十、反馈性原则

教育建构创新的反馈性原则，强调探索过程中对教育信息、教育问题、教育过程和教育目标的反馈，通过自评和他评，把握教育实践的运行动态，排除活动中的干扰，确保教育实践的健康运行。教育建构在贯彻反馈性原则时，需要在教育活动过程中及时、全面、具体地沟通反馈信息，注重方向引领和理念培训，注重信息交换和问题分析，注重方法指导和技术支持，注重当面对话和现场交流，在相互诊断反思中完善教育、研定目标、不断起步、跨越发展。

发展永远表现为一个过程。上述教育建构基本原则贯穿于梯次循进教育行动研究的全过程，且不断作用并影响于求真求实求新求和的实践创新。

第五节　梯次循进教育建构的六大系统

梯次循进教育概念的产生，是长期实践探索、持续精进研究的产物。实践一再启示人们，真正的研究是实践探索的实证研究、问题思考的理性研究和解决问题的方法研究。作为教育人，热爱教育就是要忠于内心，心的向往就是教育的方向。实践是真知的土壤，动力是创新的源泉。创新自信在实践中开境见真，创新智慧在发展中炼金至纯。

教育创新建构，只有从教育本心、本质、本真境界出发，立足新时代的发展前沿视野，秉持现代哲学世界观和方法论，坚持系统性、整体性、协同性、融通性、实证性、生成性的科研规范要则，坚信在知行合一发展本源探研基础上所形成的理论体系和实践模式，才会具有科学活性，且富有引领力和生命力。

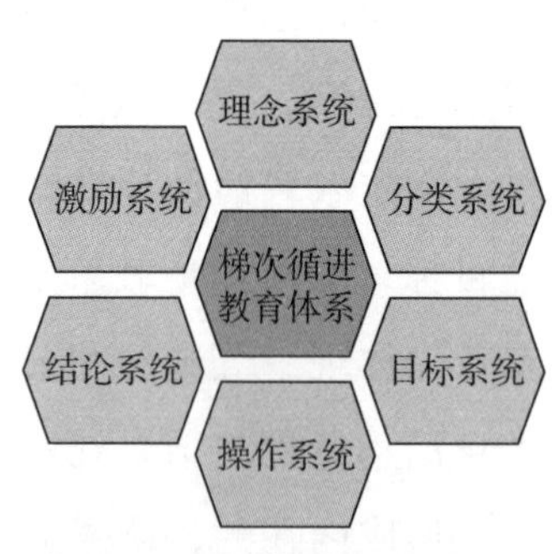

梯次循进教育体系的“六大系统”示意图

梯次循进教育体系包括理念、分类、目标、操作、结论、激励等六大系统。

一、理念系统

梯次循进教育理念系统的建构，围绕“培养什么人，怎样培养人，为谁培养人”的根本问题，以高远的历史站位、宽广的国际视野、深邃的战略眼光作用于问题思考，以守正的教育方针、自然的教育规律和科学的教育方法指导于求真、求是、求新、求和的方法诊断，以如何认识人，如何看待人，如何发展人，如何评价人，如何激励人的研究主攻于教育回归科学、回归人性、回归本真的价值追求，积极建构体现本土化特色的教育发展理念体系，以此引领教育生态和美发展。

梯次循进教育理念系统是根据国家教育方针政策、素质教育思想、时代发展要求及预示体现未来教育发展趋势所表达的认识和见解。教育创新首先是理念创新，而理念创新必须先思维创新。

二、分类系统

分类系统为根据教育发展对象呈现出的参差不齐的生态发展状态，依照实际发展梯级层次，按性质、按级别、按类别、分层面、分层次搭建的彼此认同的群体群落的类。诸如，学生发展状态的类概念表述为“发展处前生”“发展处中生”“发展处后生”；义务阶段学校管评分为川塬片学校、山岭片学校；高级中学管评分类为省级示范高中、市级标准化高中、农村普通高中等。不同分类，目标有异，要求有别。

类的认定坚持互认性、可比性、动态性原则，做到准确认定类队基础，客观进行类队管评，动态重组梯次类队，最近组类竞合发展。分类过程中特别注意显性类与隐性类的科学灵活运用，杜绝为分类而分类，避免因分类不当或隐、显类处置不当而挫伤发展对象尊严，以致产生消极抵触的情绪。

三、目标系统

目标系统为基于国家教育发展战略取向和各级各类教育的培养目标，对各类发展对象提设的体现适度性、超前性、多样性和动态性发展的目标要求和标准。目标要全面、完整地反映教育发展要求，具有导向性、引领性、可比性、可操作性和可实现性，并为教育对象普遍认同且积极向往，以引领和激励人人追求向前、向上、向新、向高的创新发展。坚持以目标制导发展，管理指标的制定，要坚持从实际出发，实事求是地确认标基、研定标高，管理指标过高或过低都会影响人的主观能动性的发挥，影响发展效能。

四、操作系统

操作系统是为实现教学目标、办学目标、区域发展目标而建构的以学生、教师、学校自评为主，教育行政部门、家长和社会第三方专业机构参与的交互作用的工作机制、方式方法和规则程序。实践中，操作系统引导教育各方互动合作、开放多元施教，促使教育客体融入教育主体发展，促进管理互主体的自我反思与自我完善。操作过程注重选择科学有效又便于操作的方式方法，通过观察法、文献法、调查法、测验法、问卷法、访谈法、网络法、统计分析法、系统科学法、模糊综合评判法等手段，推进科学管评。在纵向、横向、边际向教育管理评价实践信息应用与处理上，做到及时互通发展信息，不断追求信息对等对称，助益于创新发展。

五、结论系统

结论系统为新建构体系作用于实践的过程管评与终结管评相结合、定性分析与定量分析相结合、量化数字认定与定性描述认定相结合的结果研判的规则、程序和办法。结论系统一方面强调要注重管理评价结果的客观准确、公平公正；另一方面注重管理评价结果的反馈，要求信息反馈尽可能全面、客观、及时、准确，信息运用尽可能体现适度性、激励性、启示性，引领和助推教育发展对象在创新实践中不断反思，不断自勉，尽心尽智尽力地追赶超越。

结论形成和处置，讲求过程性的数据支撑、综合性的发展定论和公认性的结论行奖。总之，对学校办学及区域发展的管理评价结论，诊断评判和结果显示力求做到客观、准确、公正地反映每一个乡镇和学校发展进步状况，激励不同类型、不同类别、不同层面、不同层次的发展对象努力争取原有基础上的新进步、新跃迁。

梯次循进教育的个性化、多元化和多样性的生态评价，使学校从被动接受评价逐步转向主动参与评价，使学校管理评价不断朝科学化、人文化、生态化方向发展，使管理评价过程成为自我反思、自我教育、自我提升的发展过程。

六、激励系统

激励系统为推进教育创新发展中所建立的项目齐全、标准明确、程序规范、过程公正、结果公开的褒奖激励机制规则和办法。激发动力、催生活力是一条基本工作法则。建立能动有效的激励机制，有助于形成创新发展的工作氛围和环境，开创守正创新的发展局面。

激励发展奖项的设立，要能够有效倡全纠偏，励先促后，导行“素质教育”之全面，摒弃“应试教育”之片面，盖全教育发展的方方面面，同时，根据教育新的发展取向目标，不断调整和增设奖励项目。

通过全方位的激励引领，激发和调动每一个发展对象学习工作的积极性、能动性和创造性，不断创造新的发展看点、亮点和特色，多出成果、多出经验、多出品牌，以深入发展素质教育，推进教育创新，完善教育质量，彰显教育公平，不断促进教育生态和美发展。

第六节　梯次循进教育研究的实践取向

梯次循进教育表现为一种追求教育生态和美发展的新教育概念，一种推进素质教育的新经验范式，一种教育管理评价差异观、增值论的新路径取向。其教育行动研究的着眼点、立足点和着力点，始终关注于个体个性的发展可能、全员互助的协同发力、全纳育人的永续运动，始终聚焦于能动催生人的内在原动力、自主创新力、持续发展力和无限创造力。

梯次循进教育本论的实践意义集中体现在三方意境的取向点上。

第一，梯次循进教育倡导以共享发展的视野审视教育管理评价，以完善的教育管理评价推进素质教育；以共享发展的理念评判教育质量，以完善的教育质量满足社会的需要；以共享发展的作为构建和美教育，以完善的教育催生人的发展。

第二，梯次循进教育讲究管理者与被管理者认知行为的相贯合一，科学化管理与人文化管理态度情感的相贯合一，有形管理与无形管理机制文化的相贯合一，管理者劳动与被管理者劳动价值追求的相贯合一。

这种教育，强调管理取效于道理、法理、情理、利理有机融通的人本与共的境界，讲求管理取价的合作共生的智慧。

第三，梯次循进教育呼唤回归教育科学，回归教育人性，回归教育生态本真发展。引导教育实践立足个体生命差异，关注每一个人的发展；引导生态化管理评价，以个体、群体、群落发展的增量增值研判人的进步成长，激励人的自主创新。在实践过程中，讲求教育方式方法的术策合道，教育互主体实施的合作共生，教育生态培育的和美效能。

人人发展的教育，就是好教育，共享发展的教育，就是完善的教育。梯次循进教育以共享发展为目标取向，不断完善教育管理评价，不断发展素质教育，不断追求教育质量的提高，不断促进教育生态和美发展。

梯次循进教育的知行理念，核心表现为“有可自应（三有、三可、三自、三应），好动能和（三好、三动、三能、三和）”的价值意义。

梯次循进教育主张教育改革发展实践活动的自上而下且自下而上的和谐作为，讲求教育改革创新实践作为的宏观、中观和微观层面的合作共生。

梯次循进教育反映着“新教育、新实践、新方法”的丰富内涵，表现出积极而深远的实践意义。

一、最近组类，为每一所学校搭建相对公平的合作竞争平台

促进每一所学校在原有基础上都能实现最大限度的提高与发展，营造公平发展的环境尤为重要。20 世纪与 21 世纪之交的前后十多年中，我们在县域教育改革发展中，根据地域发展、办学规模、办学条件、师资水平、生源素质、教学质量、办学性质等差异，将条件相对接近的小学、初中、普通高级中学、职业中学分别组成若干类型单元实施“最近组类”的管理与评价。例如：全（市）县普通高级中学分为四类：省级重点中学田家炳中学被纳入全市省级重点中学类进行管理评价，市级重点中学城关中学被

纳入全市市级重点中学类进行管理评价，农村高中被纳入全市农村高中类进行管理评价，民办高中被纳入全市民办普高类进行管理评价。为促进管理水平和教学质量相对较低的学校发展，我们在全（市）县中小学实施强弱合作联动发展战略，实施强弱帮学结对，促进校际之间共同发展。这种组类施管的管理评价办法使每一所学校都找到了合作竞争的伙伴，为每一所学校提供了展示自我发展成果的平台。

二、按类定标，让每一所学校可能、可为、可发展

我们的教育管理评价指标体系方案是指从评价目标分解出来的若干指标要素建构而成的管评考核办法，它规定了各级指标的权重和评价标准，以及实施的范围、内容和尺度。构建管理评价指标体系，要正确处理好共性与个性的关系，既关注共性指标建设，引导学校教育工作符合国家教育法规和政策的要求，符合教育发展的规律，符合素质教育的要求，又重视个性指标建设，尊重差异，量体裁衣，实施按类定标，推进个性化学校建设，促使每一所学校都能实现可能、可为、可发展。

教育教学综合管理评价指标——注重共性指标建设，在共性指标中又按类提出不同要求。我们的《教育教学梯次式动态目标管理评价方案》，从科学管理、学生发展、教师发展、教育科研、教育创新等方面，对高中、职中、初中、小学分级别、分类别、分项目提出三级指标要求。在中小学危改工作中，我们根据危改工作总目标和完成时限，逐年分批次提出了消除危漏校舍的具体要求；为顺利通过“两基”复查验收，提出了巩固提高、建立长效机制的发展要求；为普及高中教育，提出建设与发展的总体规划和分年度实施要求；为加强行业作风建设，提出了创建“学习型、创新型、落实型、平安型、节约型”学校的具体要求；等等。

教育教学质量目标管理评价指标——注重个性指标建设，分级别、分类别提出不同的普及率目标和质量指导目标。对小学、初中制定义务教育普及率目标：义务教育入学率必须达到100%；义务教育巩固率不低于本类学校巩固率的最低控制线；逐年提高义务教育普及率；根据实际，逐年提高

各类学校的巩固率最低控制线；义务教育学段各学校认真研究分析学生辍学原因，制定切合实际的“治辍”措施，落实各级职责，不断提高学生的巩固率，不让一个孩子掉队，保障每一个学生依法接受完整的九年义务教育。以三年为一个周期，在初中、高中、职中分别制定《教育教学梯次式动态目标管理三年教学质量指导目标》：初中、高中三年教学质量指导目标以西安市教学质量平均水平为管理评价参数，以各校过去三年教学质量平均水平与市教学质量平均水平的比幅为管理评价基数，组建教学质量水平由高到低的管理梯队，按梯队逐校制定未来三年教学质量指导目标；职中三年质量指导目标以拓宽办学思路、整合教育资源、扩大学校规模、提高办学效益为重点，逐年提高职校在校学生数量，逐年提升毕业生的合格率和就业率。

三、立体比较，激发自我超越的内生动力

为有效激活人的自身发展的内驱动力，我们在对学校实施目标管理的过程中，创造性地提出并推行了纵向、横向和边际向“三维导式”。纵向目标将发展对象置于原有发展基础之上实施管理与评价，横向目标将发展对象分别置于全市、全县、同类组学校几个不同范围和层次中实施管理与评价，边际向目标将发展对象置于更高更新的极地范围实施管理与评价。我们运用“三维”立体管理评价方式后，在评价学校教学质量时，一是与入学教学质量基础相比较，二是与同类组学校发展水平相比较，三是与合作联考区县和学校的最新发展水平相比较，四是与全市教育发展的阶段性质量水准相比较，五是与发展性教育质量指导目标相比较。“三维”立体管理评价拓展了多视角、多维向、多点面的发展视野，提出了努力赶超的目标，同时也提供了对标追赶的参比信息和自身成长进步的发展数据，有利于管理互主体适时调整管理思路和措施，转变工作方式，改进工作方法，加快发展步伐。

梯次循进教育的“立体比较”讲求实现在原有基础上的提高，提高基础上的发展，发展基础上的跨越的实践意义。

四、动态循环，追求现实发展与理想发展的有机统一

人是充满活力的生命体，在自然运动中实现着各自发展的可能。教育不能用静止的、固定不变的思维、方法和标准对人和事物实施管理与评价。梯次循进管评“蓝田实践”在准确分析把握学校发展态势的基础上，实施动态制导，随着发展变化和时代发展要求，按周期适时调整管评对象梯队和发展性指导目标。在学校实际发展进程中，因校际间各种不平衡因素的影响，学校之间发展速度快慢各异，学校原有发展基础上的发展质量高低有别，我们的质量控制始终在“不平衡—平衡—新的不平衡—新的平衡”的轨道上梯次和谐地积极运作。我们以三年为一个管理评价周期，每三年对各校的发展基础进行一次重新认定，按照新的客观发展基础组建新的管理评价梯队，研定新的发展性指导目标，正相向地促进县城学校努力实现现实发展与理想发展的有机统一。

五、多元参与，建构社会化大教育协同发展的管评服务体系

办高质量、高水平的教育，办人民满意的教育，离不开全社会的参与和支持。

伴随着新时代基础教育发展的进程，建构社会化大教育协同发展的管理服务体系已成为一种新趋势。新时代、新教育、新发展，强调建立多元化管理评价机制，强调管理评价对象融入管理评价主体，强调管理评价主体间的互动，强调加大学校自评的比重，努力构建并形成以学校自评为主，教育行政部门、教师、学生、家长和社会共同参与的服务于学校，服务于学生发展的社会化大教育管理评价的全新制度。

梯次循进管评“蓝田模式”的具体做法如下：

学校自评——学校成立由学校领导、教研组长、年级组长、教师代表等组成的自评小组，制定自评相关制度和具体操作细则，每学年结束后，依据本学段《教育教学梯次式动态目标管理评价方案》，围绕学年度工作重点、各项教育教学工作要求以及自主办学特色进行自评，确定自评分数并

写出自评报告。自评报告的主要内容包括开展自查自评工作情况、自评得分情况、主要成绩和经验、特色工作、存在的问题及解决对策。

师生及社会评价——采用座谈、采访、问卷等方法，让教师、学生、家长以及社会各界参与学校教育教学管理评价并履行监督职责，让大教育发展体现社会化的服务性。

教育局行政管理评价——教育局成立教育管理评价专家委员会，委员会成员由教育局领导及督导室、教研室、基础教育科等人员组成。教育局实行过程管评与终结管评相结合的考核与指导。

过程管评——县教育局每学年对学校进行定期和不定期的教育教学工作检查，通过听汇报、查阅资料、听课、座谈、问卷等方式，对学校教育教学工作进行全方位检查、多维度分析和多点面研判，及时总结经验，解决教育教学工作中存在的问题，并推广成功的经验和做法，为终结管理评价积累先进的工作经验和翔实可靠的第一手资料。

终结管评——每学年结束，县教育局教育管理评价专家委员会依据各学段《教育教学梯次式动态目标管理评价方案》，参照过程管理评价结果，学校自评结果，教师、学生、社会各界评价结果，义务教育普及率，教学成效等，对学校教育教学工作进行全面考核评估。

梯次式管评的结论坚持定性与定量相结合，以量化评价（结果以分值形式显示，包括教育局管理评价赋分、学校自评赋分、教师评价赋分、学生评价赋分和社会评价赋分）的形式和质性评价（结果以定性分等和综合评语对学校一学年来教育教学工作进行全面的概述，肯定取得的成绩，指出存在的不足和问题，提出加快发展的建议和要求）的形式显示，力求客观、公正、准确地评判每一所学校的发展变化状况。

多元化评价不断朝着科学化、民主化、人文化、社会化方向发展，不断促进教育发展对象自我反思、自我教育、自主创新和自主超越。

六、全员激励，催生“提高—发展—超越”加速式的发展

让每一个人可能、可为、可发展，是梯次循进教育的学理核心，“全员

激励”是梯次循进教育实践的立足点、出发点和关注点。

充分发挥教育评价的激励导向功能，激发调动管理评价对象不断进取的内生动力。我们在实践中根据实际工作的需要，建立和完善系统的管理评价激励体系，以及具有鲜明导向作用的奖励项目和评定细则，引领增优创佳，促进教育又好又快发展。

梯次循进教育强调要着眼发展共同体，立足发展个性化，催生发展生命值，彰显教育普惠性。教育要通过实施一系列科学合理、行之有效的激励措施，激发每一位管评对象的积极性、主动性和创造性，促使人们努力沿着“提高—发展—超越”的方向积极前行，不断进取，让自我发现、自我驱动、自我实现、自我超越成为一种自我的可能和发展常态。

梯次循进教育实践的发展视野和追求，是基于人和事物原本状态基础上的教育本源聚焦和教育生态创生，这种人本求真、求实、求新的教育思维，是一种教育活性、活力、活和的发展取向和价值追求，是共享差别、自我实现的教育生态本真发展、和谐发展和公平发展。

“三十年磨一剑”，梯次循进教育建构体系与我国改革开放一路走来，历经长时期反复实践验证，终成正果。建模实践过程中，创造了中华人民共和国基础教育（内涵发展与管理评价）发展进程中诸多点面的最早、最成功、最典型的实证探索经验。这里列举梯次循进教育行动研究在班级教学管理、学校管理、学科质量控制、县域学校教育质量管评、县域教育发展治理管评等方面的几个实证案例，以展现发展形成过程的脉络轨迹。

案例一：萌生

梯次式多元管评，每个学生都动起来了

20 世纪 80 年代初，蓝田县白村中学在班级管理评价中，为了使学生的激励评优制度发挥应有的激励功能，我们以“五育（德、智、体、美、劳）并举全优奖、争优冒尖优秀奖、奋起直追超前奖、不甘落后进步奖、发展兴趣特长奖”的管评机制代替了“三好”评优制度，让每个学生都动起来，围绕“最近发展区”目标积极奋发向上，营造出学生奋发学习的生动活泼的“小气候”。这种梯次式的多元评价实践探索，反映着梯次循进教育的萌生。

案例二：雏形

梯级式量化管评，学校全员各尽其责

20世纪80年代中期，白村中学在学校内部管理机制改革实践中，推行了“主体能动、量化积分”的绩效管评，分别实施了教师教学工作、班主任工作、学校后勤人员工作、学校领导干部工作的“积分制”管评方略，打造出“白鹿原上的一颗明珠”的名校品牌，创造了西安蓝田教育的“白村现象”。

这种量化管评的级类层进式“考绩、论效、评优奖先”的探索，是梯次循进教育行动研究的雏形。

案例三：拓展

梯次式全员质量管评，学校发展充满活力

同时期，白村中学在教育质量控制方面推行了目标管理的“四环控制法”，即“确认标基、研定标高、实施标管、审论标质”的四维全过程管评，教与学的兴趣自燃，内生力驱动的激发，“纵向、横向、边际向”的三维导式的目标引领，使这所无声无名的学校在中考中跃居“全县第一”（1985年至今，30多年稳居榜首）。

这种增量增值的梯次式立体管评，是梯次循进教育行动研究的不断拓展。

案例四：深化

梯次式分类助进，区域教育日趋均衡

20世纪90年代初，蓝田县教育局在全面提高教育质量改革探索中，根据山、岭、塬、川中小学不同的自然环境和发展条件，推行“全员激励、合作共生”的效能管评，实行分片按类助进目标控制，让每一所学校都积极动起来，实现自我超越，使县域教育发展充满生机。

这种梯次式引领区域教育均衡发展的实践研究，是梯次循进教育升级发展和不断深入的体现。

案例五：形成

梯次式生态化管评，“蓝田经验”走向全国

21世纪初，蓝田教育在全面治理、科学引领的改革创新发展实践探索中，推行了“多元多样、有机和谐”的生态管评，以梯次循进教育理念为引领，实施系统性、整体性、协同性的县域教育均衡发展制导，自此，区域教育一派生机，呈现跨越式发展态势。

2008年春季，“全国农村教育发展与管理研讨会”在西安召开，专题推介以“梯次循进教育管理评价”为标志的“蓝田经验”。从此，蓝田教育享誉全国，梯次循进模式被多地引进并开花结果。

案例六：活化

梯次式构建激励平台，让每所学校释放活力

蓝田县对中小学办学的管理和评价，过去基本都是县城和川塬一些学校轮番交替评优获奖。因为评价标准很单一，升学率是唯一标准，起着决定性作用，所以条件好、发展较快的学校，不论怎样管、怎样教，都在其他学校前边，获奖不愁，因此小进即安，自满自足，没有压力，动力不足。那些岭山地区条件差、发展慢的学校，不论怎样拼、怎样搏，也赶不上县城学校和川塬学校，因而不思进取，自暴自弃，既无动力，也无压力。

审视学校的发展进步，不讲发展条件和基础，只关注发展的绝对数量，只看升学率在整体质量发展中所占的比重，是绝对不科学的。单位时空范围的发展第一，不一定是最好的，发展处后的也不一定是最差的。

2006年，我在蓝田任教育局党委书记、局长期间，我县一所县城重点中学高考二本上线升学率全县第一，高考二本上线人数500多人，占全县总上线人数800多人的绝大多数，实际比例近70%，但是那年这所学校一个奖也没有拿到，而另外一所全县最差的农村中学（前卫中学），当年高考二本上线人数不到10人，教育局却给该校颁发了“高考成绩进步奖”。

教育局为什么敢如此大胆而为？这样做会不会引起不稳定的情况？

我们坦然地说，不会。原因在于我们的梯次循进教育管理评价关注的是原有发展基础上的增量、增值，讲求的是发展效能，追求的是持续进步。三年前，我县中考录入那所县城学校的几乎是全县前800名的学生，而该校当年高考录取人数比2005年少几十人。那所农村学校录入的学生，几乎全是当年全县3000位次以后的学生，2006年高考竟然比2005年达线人数翻了一番。现在我们还清楚地记得，这所农村中学把三年前中招考试2000位次左右的学生培养进了高考二本线以内，圆了学生和家长的“大学梦”。当年我们没有奖励那所县城重点学校，是因为该校处优而缺乏进取；我们奖励那所农村学校，是因为该校处于弱势而积极奋发。

那所县城重点中学所有领导和教师对此进行了深刻的反思。他们普遍认为:“我们没有拿到奖，无话可说，我们也没有理由去谈奖。”他们也做出了更积极的反应，自加压力，自添动力，奋发作为。

那所农村中学获奖后，全校师生不仅受到莫大的激励和鼓舞，更坚定了内心的自信和追求。他们认为，“只要努力进取，我们也能走上享受荣誉的红地毯”。

2007年，这两所学校都取得了教学质量的历史新纪录。

第七节　梯次循进教育形态的样本特性

梯次循进教育源于实践并反复作用于实践，是成功实践经验的结晶，其理念和主张是传承与创新基础上的发展和发现，其理论观点和实践模式表现出原创性、本土化、生态性、普适性的鲜明特征和发展特色。

梯次循进教育样本的品质特性表现在立论的原创性、学理的本源性、取向的人本性、内涵的丰富性、理念的启迪性、目标的多元性、控制的动态性、作用的有效性、影响的未来性等九个方面。

一、立论的原创性

梯次循进概念是一个实践创生的新名词，具有发现性的真命题意义。这一概念与改革开放同生共长，在解决问题中自生，在实践创新中自长。置身于思想大解放的年代，处在时代发展的风口浪尖，教育改革选择什么方式实践，以什么方式破题，是教育人守正创新必须严肃回答的发展战略命题。

我们在长期教育教学、班级管理、质量控制、学校与区域教育管理评价的探索中，基于促使每一个学生、每一所学校、每一方区域积极能动、各得其所地适宜发展，面对一连串点、面上成功实践的经验做法，在工作总结、经验概括和体会升华等方面的实证研究过程中，不断产生着新思路，拓展着更为宽广的思维空间。

梯次循进概念的萌生，使我们发现，这一概念反映着对生态现状观察的客观认识，对生态发展审视的具象描述，体现着具体问题具体对待的思维方式，表现出透过现象看本质的逻辑关系，更揭示了事物发展的必然规律。

在教育改革实践中，我们根据教育发展对象的不同特点和条件，运用事物的不平衡发展规律，提出了人和事物“梯次式循规进致”的发展思考、实践路径和方式方法，以此助推教育生态的和美发展。

在梯次循进概念的具体语境中，我们自然而然地赋予了“梯次”以新的含义，以此来喻指人与人、事物与事物之间的差异（或差别）。其实这种差异是本原的，也是发展的。可以这样理解，梯次循进指基于人和事物（学习工作）的原本差异循规而进、循序而进、循环而进。

梯次循进的概念，因地应时而产生形成，反映为一个客观认识、具象写真、方法选择、具象结论、规律暗示的认知结论。它在现代汉语环境中逐渐为人们所认识，且在学习工作中得以广泛使用，进而约定俗成，固化为特定词语。

梯次循进教育理念，在中国基础教育改革发展进程中，为学界和业界更多人士所认同，并在实践过程中广为借鉴和应用，表现出原创性的理论特质和实践特性。

二、学理的本源性

我们认为，教育公平基于差异公平，教育之共享差别即教育发展的和谐美好。

教育要求对人不偏不倚、不离不弃地公平对待，必然要选择执中致和的梯次循进。梯次循进的起点、过程和结果，坚持在关注差异、认同差异、尊重差异的基础上，实施差异发现、差异开发、差异成就，让每个人各得其所地适宜发展，充分彰显教育公平的实践意义和价值追求，这正是教育本源规律使然、教育本道方法使然，更是教育本心境界使然、教育本质灵魂使然。

教育研究要穷究事物发展的本源规律，只有触及事物的本源，才会发现规律的新脉动，渐入更为广阔深远的认知境地。

梯次循进本论提出，教育要让每个人“可能、可为、可发展”，给每个人“应心、应性、应自然”；要催生人发展的“潜能、力能、效能”，促使每一个人学养“和人、和事、和社会”的品格。这正揭示出深刻的教育本源的学理意义。

三、取向的人本性

心高远则行高远。只有心到，才能行到。只要努力而为，人的发展没有不可到达的极点。教育就是让每个人都找到发展的自我。于教学而言，师者的自我，就是因人育化地“教”，学生的自我，就是因材而笃地“学”。

见人识本，教人于真。原点驱动，因人育化，如此，才是富有效能的适切教育。教育如若视人本差异于不顾，必然事倍功半，行与愿违。

梯次循进教育聚焦于“人本”，以人的发展为取向，关注每一个个体生命价值的实现。在教学过程中，倡导并实施差异发现的个性化发展理念和行动策略，追求教育的有效性和本真价值，促使教育质量不断完善。教育管理评价依照教育发展对象个体、群体的差异，依循梯级类队，分层次按步骤实施分类助进，促使每一个学生、每一位教师、每一所学校、每一方区域实现原有基础上的和谐发展和持续进步。

四、内涵的丰富性

我们说，任何一种站得起、立得住、行得好的学说，都具有揭示事物发展规律的学理意义，以及作用于一定实践范畴和领域行业的生成价值。新的教育理念和理论，自然反映教育自在和发展的本心、本性、本质的化人成真的认知视野和境界。

在教育改革中，我们坚信，实践是真知的土壤，要在传承中守常，在守常中创新，在创新中发展。

梯次循进教育样本的建构，立足传统文化、教育学、生命学、生态学、心理学、伦理学、美学以及价值学等学科的基本原理，在实践创新中不断研究丰富本论的理念境界、内涵范围和实践方略，增强助推教育发展的引领性、普适性和实效性。

本论立足于人本发展，在理论建构和实践建模方面，遵循社会发展规律、教育发展规律、质量形成规律和人才成长规律，引领教育生态化、人本化发展取向，强调人、自然和社会的和谐发展。其建构过程充分彰显教育守正创新的工具理性，彰显教育“活性、活力、活和”的机制理性，彰显教育合规律性与合目的性相统一的价值理性，彰显教育内涵发展、本真发展和公平发展的社会伦理，从而促进人（个体、群体、群落）的生态本真发展，促进教育（活动、现象和事业）的生态健康发展，促进社会（文化、道德和经济）的生态文明发展，进而促进人、教育和社会生态的和美发展。

本论研究范围广泛，内涵丰富，涉及学生、教师、学校和区域发展的方方面面以及课堂教学、班级管理、质量控制、学校和区域发展管理评价的全过程要素，所倡导的理念和推行的实践方法都是被实践反复证明的知行合一的成功经验和理性悟知。

推行“梯次式教育生态化管理评价”，按类型、依梯级设定发展目标和管评实施策略，内容涉及教育教学活动过程的各个层次、各个环节，涉及教师职业道德修养和专业成长的不同层次，涉及学生不同年龄与学段品德与情操培养、知识与能力形成、兴趣与习惯养成、动力与活力激励、个性与共性结合、现在与将来统一等的不同要求，努力构建全身心、全人格、全素养的和美教育，使教育内涵因能动服务于人的全面发展而丰富。

五、理念的启迪性

我们说，基于现代哲学世界观和方法论的求真求是理念，才富有引领发展的生命活力。

学习借鉴如同梯子和桥梁，会助人走高越险，行深致远。教育只有自觉学研、积极实践，并且在学中思，思中用，用中考，才能寻找到门道，不断生发智慧。

梯次循进教育在实践研究之中，坚定地秉持扎根中国与融通中外相结合，问题导向与目标导向相结合，于国学教育哲学中，学悟萃英之深邃，穷究事物发展之规律，于世界教育文化中寻觅先进之开明，以共享教育发展，推进教育实践创新。

梯次循进教育认为，发展是人的本能，也是人的自觉，成功在于自信、自力、自能、自发、自悟和自明。

六、目标的多元性

教育的人本差异性认同和多元化发展方向，决定了教育实践方法的多样化选择。多元化教育思维助推、助进、助益着教育本真发展、科学发展。

“人之不同、物之不齐”的生态差异认知，启示并催生了因人而宜、因时而宜、多元目标、多元培养、个性适切、共享差别、执中致和、生态和美的梯次式发展教育样本。梯次循进揭示出教育教学本真发展的路径和方法选择。

在教育教学、管理评价、区域治理的实践探索过程中，教育教学的梯次式构建机制，为学生指明了守正自化的发展视野、学习方式和成长路径，激励每一个学生向着更新、更高、更远的境界不断迈进。

教育管评的梯次式构建，形成的教育行政部门、学校、教师、学生、家长、社会各界齐抓共管的多元参与机制、学生发展的多元培养机制、教师发展的多元兼修机制、学校发展的多元创优机制、区域发展的多元建强机制，让教育生态不断趋向科学化、人文化、特色化。

七、控制的动态性

长期的教育实践探索经验证明，教育理想在梯次式动态目标发展中通往目的地。

客观事物的发展变化是有规律的，其发展的逻辑始终表现为一个由小到大、由少到多、由表及里、由浅入深、由知之不多到知之较多、由量变到质变、由必然王国到自由王国的进化演变过程。

梯次循进教育在质量控制、发展控制的创意实践过程中，依循人和事物的发展态势，制定切合自身发展实际和适应时代发展要求的动态目标，实施单位时空范围的动态循环助进，促使辖区内所有中小学教育质量不断提高，促进学校、区域教育不断向新向好发展。

八、作用的有效性

任何一种新理念、新观点和新模式，其受众的认同度和应用面不可能强加于人，必然表现为会人的心之共鸣而接纳，悦人的行之见效而借鉴，进而使之成为与人与共、与事与共、与发展与共的必然选择。

梯次循进教育实践经验发生于西安蓝田，发展于西安，成熟于陕西，推广传播于全国各地，域外亦有关注，其他行业在业态管理中也有借鉴。

梯次循进于课堂教学、于班级管理、于学校教育管理与评价、于区域教育发展治理，从不同层面和角度为人们提供了可资学习借鉴、可复制仿效的典型经验和实践样模。

梯次循进知行方法作用于实践反复验证了它的实效性，同时也一再启示人们，教育之道，自然而然地当行梯次循进之功，取生态和美之效！

九、影响的未来性

面向未来看问题论发展，政治、经济、社会事业的文明进步，将更加凸显教育发展的基础性、全面性和先导性的地位。全球视野、国际认同的教育发展总趋势，就是追求教育质量的不断完善。

如何实现教育质量的不断完善，一直以来都是全球教育关注的热点、焦点和难点问题，也成为各国政府高度重视，社会广泛关切，教科研机构重点研究，教育部门和一线教育工作者普遍关心的重大而先要的战略发展问题。

教育是一个复杂的社会实践问题，人才培养的大环境，基础在社会。教育关系到社会的各个方面，全社会都要服务教育，服务人才成长。

党的十九大指出，要促进教育的均衡优质发展，办更好更公平的教育，办高质量高水平的教育，办人民满意的教育。这给我们的教育内涵发展改革创新提出了更新更高的要求。

我们以为，人类社会发展是必然的，教育和人的进步也是必然的。教育人本、物本、原本和发展的生态差异（或差别）决定了教育必将沿着“不平衡—平衡—新的不平衡—新的平衡”和“提高—进步—再提高—再进步”的轨迹正相向地和谐发展。不难看出，梯次循进教育的正然实践，以其“有可自应，好动能和”的精神灵魂和价值追求，彰显着生动活泼的生命力，积极影响着未来发展。

梯次循进教育形态和理念启示人们，人人都可发展，人人都有发展可能，人人都能获得属于自身的发展；教育要缘本应心、缘本求是、缘本前进、缘本求真、缘本务实、缘本创新；管理要因人而异、因时而宜、因势助导；评价要依本研进、增量判进、增值励进；学习工作的提高发展要一个台阶一个台阶地拾级而上，一步一个脚印地奋力前行，一个层级一个层级地持续发展，一个起点一个起点地勇攀高峰，一个理想一个理想地梦想成真，迈向新目标，进入新境界，不断体验自我实现，不断提升生命价值，不断感受发展的快乐和幸福。

梯次循进教育概念，既表现为一种“物态化”情境，又表现为一种“生态化”意境；既可理解为人和事物本原的“动生态”，亦可理解为人和事物发展的“动生态”。

梯次循进教育理念，表意着未来，指向着未来，启迪着未来，预示着未来。

第四章　梯次循进教育的建模方法

第一节　以学为主的“七环教学”

课堂教学是提高教育质量的主阵地，教育改革要关注课堂教学的改革。

只有历史地现实地未来地思考和看待教育改革创新和发展，才是理性思维和教育自信。

落实立德树人的根本任务，培养学生健全的人格，增强创新精神，提高实践能力，是教学改革的主题。

教育者要冷静、理性地分析问题，看待发展，面向未来。

新时代，要用新思想指导课堂教学改革，坚持理想与现实相结合，守常与创新相结合，追求教育质量的不断完善，办更好更公平的教育。

教育理念创新与教育实践创新相融通，既要说得真，又要做得真。

班级授课条件下，无论怎样改革，基本的课堂教学常规必须有“格”且必须遵守，因为课堂教学流程环节的客观规律性决定了常规的存在，只是因人而异，情境创设的方法不同罢了。

课堂教学改革，要在传承中守常，在守常中创新，在创新中发展。

2006年，在梯次循进教育示范学校白村初级中学教研点召开的座谈会上，针对教师谈及的课堂教学改革话题，在审视传统“五环教学”常模的基础上，按照新课程改革理念，并结合长期的实践感悟，我提出了“七环教学”的概念，强调教学要注重把“预习、备课、上课、作业、辅导、测评、反思”等七个环节落实到教学活动中。随后，“七环教学”模式引发共鸣，得到了教师们的普遍认同，并在实践中形成了工作依循的常规。

在梯次循进教学实践研究中，我们坚持“教以学为主”的教学观和“学以习为要”的学习观，倡导“七环教学”，力主把教学的着眼点、出发点、着力点、归宿点都体现在引领学生自主学习、自主发展上。就课堂教学而言，要着力实现课堂内外在时间和空间上的连贯融通，特别是引导学生通过课前主动预习，带着感知和问题参与课堂教学，通过课后自主反思，带着感想和思考自我识悟，使得学生学习与品德修养能融会贯通，有效改善“教”“学”相长的活动结构和方式。

一、梯次循进教育“七环教学”在实践中的具体应用

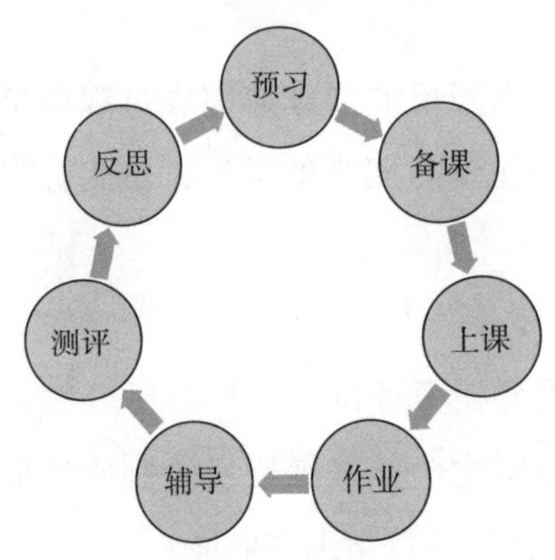

梯次循进教育“七环教学”示意图

（一）预习按梯次

要求学生立足各自的知识基础和认知范围，有意识地主动预习，以发现问题、分析问题为出发点和突破点，养成课前主动预习的习惯，带着问题和思考进入课堂，在课堂教学情境中积极主动合作、探究。

（二）备课计梯次

教师心中装有每一个学生，了解他们各自的基础，掌握他们的差异，有计划地在知识技能教学和训练的设计上，体现课堂教学目标梯次性和导学方法梯次性的要求。

（三）上课循梯次

在课堂教学的情境创设和师生互动环节的实施上，依循不同发展层次学生的实际，组织课堂探究活动，使每个学生都能在有效时间内主动参与学习，使课堂教学活动的“主导者”和“主体”都进入角色，师生在愉悦的课堂情境中教学相长。

（四）作业分梯次

根据学生实际发展状况，分类分层布置作业，在难易程度上有所区别，形式上有所区分（巩固性必做题、综合性试做题、拓展性选做题），减轻学生负担，切忌采取强压过量作业、大量消耗学生时间和体力的错误做法，让学生完成作业的过程轻松愉快而不是心理负担沉重。

（五）辅导重梯次

依据课堂上学生的不同反应和作业完成过程中反映出的问题，有针对性地进行辅导，重点关注学习困难的学生，做到分类辅导，释疑解惑，相宜而进。

（六）测评研梯次

依据学生的发展差异，考评试题要控制区分度、难易度。关注考查学生成绩提高的增量，以学生个体发展增量研判质量形成和提升，以学生全面进步的增值幅度研判教师的教学工作效能。

（七）反思悟梯次

依据教学双向活动过程生成，“教”与“学”双方共同总结学习工作心得体会，对存在的问题进行理性思考，分析原因，改进“教”与“学”的方式方法。养成反思意识和反思习惯，在悟教悟学中，不断改进教法，改进学法。

以“七环教学”为基本模式，设计规范的教学要求，指导教学实践活动，实施有效教学。在教学活动中，主导培养学生的学习习惯和动力，引导学生积极主动地学习；倡导教师立足学生的生态实际，通过适切的方法，有机组织教学，在学生学法指导、课堂合作、互动、探究、个别辅导、作业布置、生成效果、反馈评价、反思等实施策略方面，做到同频共振、专心灵动，进而求得教学相长。

二、梯次循进教育“七环教学”带来的相应转变

（一）培养目标的转变

摒弃了应试教育文化背景下的非理性目标设计，关注每位学生的发展，激励学生自主发展，实现品格与体魄，知识与技能，创新精神、实践能力与社会责任感的全面发展。培养目标更加关注人本生态本真，以培育社会需要的合格公民为基础，为各级各类人才的发展成长奠基。

（二）师生关系的转变

弱化了传统的师道尊严的负面作用，新型的民主、平等、交流、合作的师生关系逐步建立。

（三）教学方式的转变

有力改变着单纯传授知识的模式，注重培养学生的创新精神，提高学生的人文素养和实践能力。

（四）学习方式的转变

积极改变着被动接受知识的学习方式，自主、合作、探究的学习方式广为应用。

（五）尊重并关注所谓“学困生”的发展

从学生的个体生命差异出发，全方位、多元化评价学生的发展进步。学生之间有差距，教师眼中无差生。分梯次分项目制定“转差”方案，使“发展处后生”自信自主地实现自我发展。

（六）较好地解决减负问题

坚持因材施教，因人负荷，循序渐进，自我实现。在强化巩固、练习作业方面，按梯度设计作业，适应不同发展程度的学生，分梯级（必做题、选做题、探究思考题）完成作业，学生过重的课业负担自然有所减轻。

链接　实践操作案例

蓝田县城关中学在教学实践中树立梯次循进教育观念，抓住各个环节

和各个细节，在培养目标、教学任务、备课内容、业务培训、动态跟踪等方面具体组织，精心实施。

分层确定培养目标。根据学生现状，分群体制定目标和措施：第一部分为县中考前650名被该校录取的学生，是未来可向高校输送的人才；第二部分为县中考650～850名被该校录取的学生，通过教师的努力，这部分学生会转化成很有希望的学生；第三部分为县中考850名以后的学生，学校有责任帮助他们取得进步，使他们成为合格的高中毕业生和社会欢迎的劳动者。据此确定的教学目标是"'优生'保苗、'差生'转化"，高考基本任务是中考前650名该校录取的学生，高考转化任务是中考650～850名该校录取的学生。他们要求各年级必须完成基本任务，尽可能多地完成转化任务，并且随着教学工作发展动态予以调整。

依照学生进行备课。学校着力推行"从学生出发、集体备课、个别补充、适当删减"的备课形式。集体备课以学科组长和骨干教师为中心，研究知识体系与学生能力，补充资料，讨论教学实施过程，形成一份基本教案。每位教师根据班级学生现状及教学规律，对基本教案进行适当的删减补充，教案备有基础训练题、综合训练题和探究训练题，学习困难的学生可只完成基础训练题，学习优秀的学生完成综合训练题，尖子生还要完成探究训练题。

分层培训教师业务。高三年级任课教师以研究高考、把握高考命题方向为主要学习培训内容。如每年高考之后搜集、整理全国各省市高考试题，分学科按照高考要求全都做一遍，并写出试题分析，同时对全县来年备考工作提出意见和建议。其他教师以新教材为主要学习培训内容，用新的教学理念充实自己，用新的方法去尝试教学。业务能力较差、经验欠缺的教师由教研室安排专人指导，跟踪辅导。通过分层培训，教师整体业务能力得到显著提高。

动态跟踪学习过程。以学生入学成绩为参照，与每次成绩做比较，在三个层次上分析其成绩变化的趋势：第一个层次是科任教师研究单科成绩，寻找变化，掌握学生科目发展动向。第二个层次是班主任研究学生综合成绩，分析学生变化趋势，把握学生成绩的发展动态，注重学生的全面发展，及时发现问题，协调科任教师采取补救措施。第三个层次是学校进行动态跟踪：跨学科分析，对各科成绩进行比较，发现各科之间的不平衡；同科目教师之间比较，探索不同教法之间的个体差异，推广好的教法；班级之间比较，寻找班主任管理的差异；建立学生学习跟踪卡，清楚每个学生，特别是重点学生的学习变化趋势，教师及时调整教学和复习对策。

推行分层课堂教学。为圆满完成教学任务，使学生人人有进步，把学生按相应层次编班。教师根据学生层次确定难度不同的教学内容，选择不同的教学方法，杜绝一份教案走遍各班的做法；注重教学的针对性，确保不同水平的班级、不同层次的学生都能得到发展。

理论指导实践，实践铸造辉煌。梯次发展管理评价在学校实践以来，为教育教学改革和发展注入了新的活力，学校教育教学工作日新月异，质量连年提升。学校会考合格率2004年、2005年、2006年分别为85%、89%、93%，高考二本上线人数逐年增加，三年来分别为102人、110人、116人；2007年高考一本上线达到66人，二本上线达到253人，三本上线达到708人，创城关中学十年来高考最好成绩，使城关中学教学质量实现了历史性的跨越。

蓝田城关中学以及蓝田白村初级中学姚涛等教师，在教学实践中，根据教学内容和学生个体基础，灵活运用七环教学方法，形成了具有各自特色的教学方法。

第二节　课堂教学的“互动互感规程”

教育教学改革探索，要在教与学、教与考、教与管、教与评、教与奖等各个环节上，系统设计，综合施策，以促进人人能动进取，人人自我实现的实践创新。

要积极培植多元选择、个性适切的梯次循进教育生态，让教育不再千人一面、千军一道地推进。

提高课堂教学效果、教法、学法的研究是一个永恒的发展课题，要在实践中不断地推陈出新。

长期教学改革实践探索形成的“互动互感规程”，反复作用于课堂教学，有效促进了学生的发展进步，也使我悟得了许多。

“互动互感规程”，指学生按“自主融入、发现问题、思考问题、分析问题、相互探究、时习领悟、解决问题、总结反思”的程序主动学习，强调学生学习的自主性和自觉性，引导学生学会发现问题、解决问题，追求自我实现。教师依循“了解学生、钻研教材、设计教案、上课、作业处理、辅导、考试测评、分析总结、反思改进”的程序积极教学，强调教师要关注学生个体的个性差异，坚持因人育化，追求有效教学。通过教学过程的互动交流合作，力求产生互感识悟的效应。

“互动互感规程”，其“教与学”的互动，指师生课前、课中、课后教学双向活动的协调运作和有机沟通；“教与学”的互感，指师生双方在互动过程中情感的融合、态度的调适、心灵的碰撞和领悟的生成，主导教学情境中师生思维的积极发散和变通。

“互动互感规程”，强调教师在“教”的过程中明察学情，感悟教法，引导学生在“学”的过程中主动思考，感悟学法。这样的教学活动，丝丝相连，环环紧扣，使课内课外有机衔接，使“教”与“学”的主导与主体二者的积极性、能动性得到充分发挥。

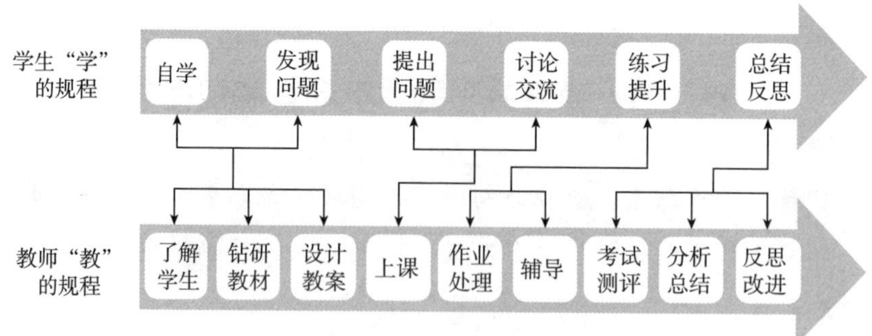

教学“互动互感规程”示意图

我们在课堂教学过程中发现，学生的有疑而问，教师的答疑解惑，这种互动互感的交流沟通，在“动”与“感”角度与程度的把握运用上，往往会因学生的基础差异、思维差异、认知层次的不同而不断地调适，变而通之，其因势利导之妙，催生着因人育化的效果。实践一再告诉人们，教学要相互沟通，互动互感而变通。

我们以课堂为主阵地，在教学活动中充分发挥学生学习的主动性，促进每一位学生可能、可为、可发展，自主能动地自我实现。

第三节　班级管理的“五步行法”

班级管理是学校管理的基础。只有实现班级管理的最佳化，才能实现学校管理的最优化。

班级是学校管理机构层级中最小的组织单元，但是舞台却不小，学校教育的发展目标都是通过班级组织来实现的。

班主任是学校管理组织的末端管理者，地位虽小职责却重大。

一所学校的发展，很大程度上取决于班主任工作群体的智慧水平。班主任工作岗位，小即一个班，大到一片天。在这个平台上，每一位教师都能施展出才能，演绎出精彩。

善于发现人的个性潜质和潜能，激发人的内在动力和进取能量的实践，才是最具生成性和发展性的教育实践。

尊重个体生命，关注个性差异，让每一个学生都表现得阳光自信、自主自觉，为每一个学生提供适切的教育，让每一个学生各得其所地适宜发展，应成为班主任工作的实践追求和价值取向。

1980 年至 1990 年，我一直在白村初级中学工作。这段基层学校的工作经历，从开始的教师角色，到后来担任教导主任、副校长，我一直没有离开毕业班班主任的工作岗位。之所以如此刻意地坚守，是因为我深知班主任是有效指导教学和管理教学不可或缺的岗位，是和广大教师融为一体的合作平台，更是促进学校发展、提升管理水平的实践阵地。在这一岗位上，我可以接触教学实际，了解教师工作，掌握学生发展，施展管理谋略，发现存在问题，验证评价效能。基于这样的认识，作为一位年轻的学校领导干部，尽管工作繁重，但还是执着地坚守着这个岗位。

在教育生涯中，我当过两年小学班主任和十年初中班主任。我在班主任工作管理中提出的“五步行法”概念，是我班主任工作的经验总结。所谓“五步行法”，即“观念引领、目标导向、分类助进、多元激励、主体生成”。

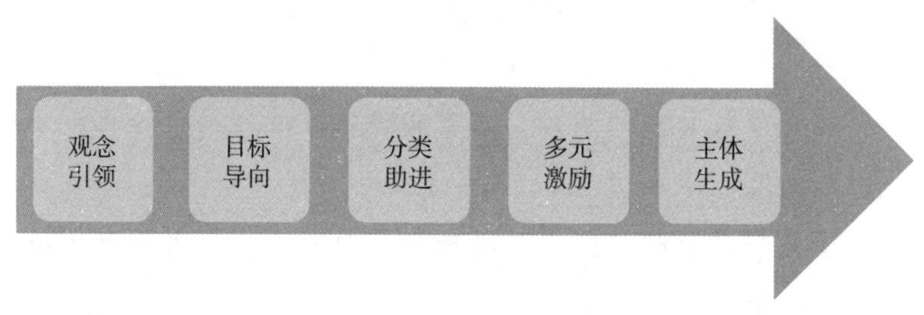

“五步行法”示意图

一、观念引领

以能够激发学习动机和影响行为习惯的认知理念与生活准则启示并引导学生积极进取，让他们学会做人、学会求知、学会健体、学会审美、学会生活，在健康快乐的成长过程中不断地超越自我、收获成就、体验成功、感受幸福。

班级教育管理评价实践活动是师生合作行动的过程。这个过程中管理互主体相互积极能动地作为，不是管理与被管理、评价与被评价、支配与被支配，而是相互作用、相互促进、互为主体、合作共进。我们认为，在相同的生活环境和情境下，学生原本智商和发展情商的差异，决定了我们工作方法的原点驱动，因人育化。处于不同发展原点的学生，不管发展处在什么位次，他们都处在发展变化中，都有体现自身发展价值的空间和舞台。班主任的情感态度，首先是要把思想认知和行为动机放在平等对待每一个学生的工作基准上。教育面前都是才，教师眼里无差生。每个学生都有自己的特质和潜能，成功取决于自我成长、自主创新的自尊和自信，贵在不断进取和能动作为。

“大家不同，大家都好”出自日本女诗人金子美玲的小诗《我和小鸟和铃铛》。教师要引导每一个发展对象明确自我实现的目标取向，追求在原有基础上的提高、提高基础上的发展、发展基础上的超越，积极引导学生各尽所能、各得其所地适宜发展。

班级管理与评价是师生合作行动、共同发展的实践。要注重激发学生自主进步的求知欲和内驱力，让学生积极努力地做更好的自己。

人生的道路所展现的生命价值意义，不在于里程的长短，而在于能否把握生命的每一个时期，做好应该做的事。青少年处在人生成长阶段的黄金时期，要教育引导其树立正确的世界观、人生观、价值观，为终身发展而学习，为人生幸福而学习，为社会文明进步而学习。

二、目标导向

依据人的个体原本状态和发展差异，研定可实现的适切性学习目标，引领学生自尊、自信、自主地发展进步，使每个学生的成长追求都具有方向性和目的性。

“有所追求”是人的一种本能。对美好事物追求向往的价值取向，正反映着人性本质的生存需求。班主任工作实施对学生的目标导向，是在对人本内在和外在生长发展因素和生长教育因素客观分析的基础上，追求教育管理最大化、最优化发展效能的科学制导，是通过“跳一下，够得着”的指标要求，引导学生实现各尽所能的能动发展。

在实践操作过程中，关注学生人本生态差异，制定符合各自发展实际的不同梯次的可实现的目标，激励学生之间比、学、赶、帮、超的能动行为，于积极努力中合作共进。

在管理评价实践中，学生未来发展目标的规划，首先应是基于教育方针、人才培养规格的要求和学生自我实现的自觉向往；其次才是管理者、评价者与被管理者、被评价者的合作研定和互主体的相互认同，进而同向合力追求。

三、分类助进

分类助进是着眼于学生的个体差异，因人而异、因时而异地实现个体个性化教育目标的活动方式，旨在促进学生各得其所地适宜发展。

分类助进的管理意义在于关注客观事物的实际基础，考虑人本主观能动作用的发挥，提高工作质量和效益。在班级管理中，我们坚持最近组类、按类定标、依次推进、动态要求，引导学生自我超越。从发展对象的差异出发，制定经过克服困难和努力可实现的目标，实施分类助进，使管理富有活性，发展充满活力，群体生活充满生机。

分类管理是根据管理对象进行的分类，可以为显性类，也可以为隐性类。这里要强调指出的是，对学生的分类，只能是隐性类，不能无视学生学业成绩的隐私，要尊重学生，这里所谓的类（学习名次和发展位次）是老师和学生自己心中的类，是师生朋友之间共守的秘密。如此的默契共勉，才有利于学生知己知彼、轻松快乐地发奋进取。

四、多元激励

立足学生原本发展基础，关注个性化目标的自我实现，根据单位时空范围综合素质的发展状况和进步幅度，实施多层次、多项目、多点面的多元化全员性奖励措施，激励不同梯阶层次上的发展对象都获得更优更好的发展。

譬如，在促进学生全面发展的班级管理实践过程中，为了强化德育效果，在教育活动设计上，从1980年开始，我在所带的八年（1）班，以“做更好的自己”活动为载体，开展了生动活泼的班级教育活动。在实现“人人进步、人人发展”的班级管理评价激励中，延伸了“三好学生”的评优范围。“三好学生”评优制度的落实，在评选过程中，教师评价学生时往往仅以“智育”作为衡量标准，这就降低了评价激励制度的功能和作用。“三好学生”名额有限，众多学生望之有心，求之却步，学习成绩进不到班级前 10 名就基本和“三好学生”无缘。这就使激励意义客观上失去全员性。因此，要激励全体学生发展进步，使人人感受自我努力的成功荣誉，完善奖励方法就十分必要。

为了激励每一个学生自主能动发展，我们在学生发展评价激励过程中，采用了尊重差异的“梯次”评价。在班级内设置了“五育并举全优奖”“争先冒尖优秀奖”“奋起直追超前奖”“不甘落后进步奖”“发展兴趣特长奖”，建立了依原点、分层次、按增量增值的幅度评价激励的制度和办法。同时设计了体现学生全面发展教育目标要求的众多奖项，如“最爱帮助别人的人”“最爱公益劳动的人”“最讲文明礼貌的人”“最注重锻炼的人”“最能刻苦读书的人”“最有智能创意的人”等，让班级中每个学生在“做更好的自己”的努力进取中获得激励，感受成功的喜悦，极大地增强了学生发展进步的自信心和上进心，从而形成了每一个学生都奋发有为的发展局面。

这些奖项在“三好学生”的基础上扩大了奖励的范围，为学生在班级内提供更多可能奖励的空间，激励全班各个发展位阶上的学生根据自身实际状况奋发向上，使学校成为学生快乐成长的乐园。在这样的激励评价中，每一个学生的潜能明显被激发了出来，有效地体现了奖励应有的激励作用，促进了学生全面发展。

教育评价过程永远呈现为一个发展过程。过程评价和终结评价的概念是相对管理时间周期而言的。终结结果对一个新的管评周期而言，又是基点和起点。过程性管理和评价至关重要，要持续性关注，引领发展的前瞻性，不断刺激诱发学生积极向上的潜在特质和发展动机，点燃个体生命的光亮，彰显个体生命的价值，为每一个学生的阳光人生、智慧人生、成功人生、福乐人生强基固本。

五、主体生成

主体生成是班级管理“五步行法”闭合循环终点的目标追求，强调的是德、智、体、美、劳全面抓的人本教育生成过程。要求在工作过程中始终关注并引导学生从我做起，从现在做起，从身边的事做起，从日常行为习惯养成做起，从小事做起，从点滴做起，从生存需要、生活幸福、生命价值出发，自主自觉地学习，积极进取，不断培养良好的思想品质和行为操守，不断增强社会责任感，不断树立创新精神，不断提高实践能力，不断催生自我实现，为终身发展奠基。

班主任的工作很琐碎，每一件事情其实都非常具体，很多是需要和学生一起合作进行的。在班级教育中，班主任要善于走进学生的心灵深处，发现并掌握学生品质、意志、心理、情感、态度、行为等特性表现状态，实施原点驱动、因人育化，求取不同差异、不同发展原点上每一个个体生命的最大化、最优化发展。

学生发展成长的管理过程，在学校是一个年级接一个年级的学段式教育，是不同年级和学段的班主任一步步、一段段、一个环节连一个环节的智慧接力传递。在这个过程中，班主任工作至关重要，每一个年级和每一个学段都要为学生的健康快乐成长打好基础。

在班主任工作实践中，我们始终坚持把工作的着眼点、立足点和着力点摆在每一个学生的个体生成上，我相信这是对促使学生全面发展进步工作效能的检验，同时也是对班主任工作理念、目标、方法的实践验证。

在班级管理实践中推行“五步行法”，强化了班级教育的德育地位，关注了学生的综合素养，促进了学生的全面发展。我所带的班级教学质量连续三年在全公社（全乡）名列第一，进入全县前茅，得到了市县教育部门的肯定。1985 年首个教师节，我荣获了西安市十佳“优秀班主任”称号。

班级管理的“五步行法”在学校内得到一致认同，各班普遍借鉴应用。1985 年，白村初级中学被评为西安市“全面贯彻党的教育方针，大面积提高教学质量”先进单位。

第四节　教育质量的“四环控制”

教学管理的核心是质量控制。

创新质量控制的手段和方法，是提升教育质量的保障。

立足人本生态差异，实施梯次式差异目标循环控制，以促使每一个学生按规律依程序追求原本发展基础上的自我实现。

为了还原教育生态本真，面向全体学生发展，追求真正完善意义上的教育质量，我们提出并探索了教学质量提升的“四环控制”模式。“四环控制”，即“确认标基，研定标高，实施标管，审论标质”四个环节的实施策略，通过使具有内在关联的四个时空环节在每一个管评周期内按顺序、循环往复、循序渐进地运行发展，以不断面对新的变化因素和问题，进而解决新的困难和矛盾，强化活性管评，实现教育生态的活力发展。

标基，指过去单位时空发展已然形成的基础准状态；标高，指未来单位时空发展应然的目标准高度；标管，指按发展取向研定的全方位、多方面的行为规范管理准要素；标质，指一定管理周期内，管理对象质量生成的增值准判定。

“认基—定标—施管—论质”四个环节，是一个具有内在本质联系和一定程序性运行链的完整的运作圈。周而复始，不断循环，促使人原点驱动，循序渐进。

“四环控制”在周而复始的运行过程中，“标基、标高、标管、标质”的内涵始终处在动态调适变通中，不断趋向合理，迈向新的发展层次。如：上一个管理周期的发展标质，就是下一个新的管理周期的“标基”，期间“标高”的研定，将综合诊断分析后进行合理确定，且得到相互认同。

循环周期可以为一个学期、一个学年、三年或更长的时段。这种周期性循环不是机械固定地循环运行，而是每运行一个周期，管评对象就向高层次迈进一步，不断实现从量变到质变的飞跃。这样的管理实践使教育过程始终处于“人人有方向，人人有目标，人人有进取”的螺旋式发展过程中。

梯次循进教育的“四环控制”运作模式，旨在强化可持续发展的质量控制程序和监控过程。实践中，坚持从学校和学生的原有发展基础与个性差异出发，强调管理互主体正确合理的自我认识和自我定位，通过“确认标基，研定标高，实施标管，审论标质”四个相互联系的环节，实施梯次式制导和周期性循环。“四环控制”是以提高教育质量为核心的教育教学实践活动，通过制定教师和学生可能、可为、可发展的生态目标，实施可持续的“提高—发展—跨越”和“再提高—再发展—再跨越”的加速度式发展过程。

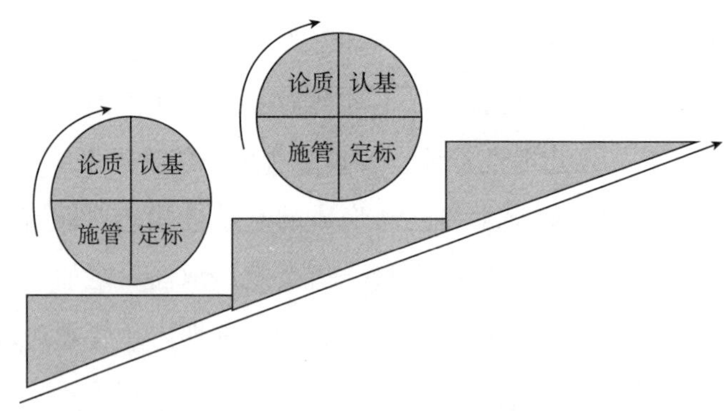

质量管理“四环控制”示意图

推行“四环管控”，确认标基是首先需要研究的，是实施管控的基础。我们认为，认基是前提，定标是措施，施管是保障，论质是关键，超越是目的。

认基是前提。这是实施“四环管控圈”的基础性运行环节。确认标基，强调要做到客观、真实，它剔除了以分数高低排名排序的做法，坚持以综合素质发展位次激励学生跃迁和进步。学生综合发展位次信息，只供教师和学生个体知晓比照，不予公布。这里以“学生甲乙丙在全班 50 人、学校全级 400 人、县域同级学生 9000 人中的综合发展位次”为例说明。

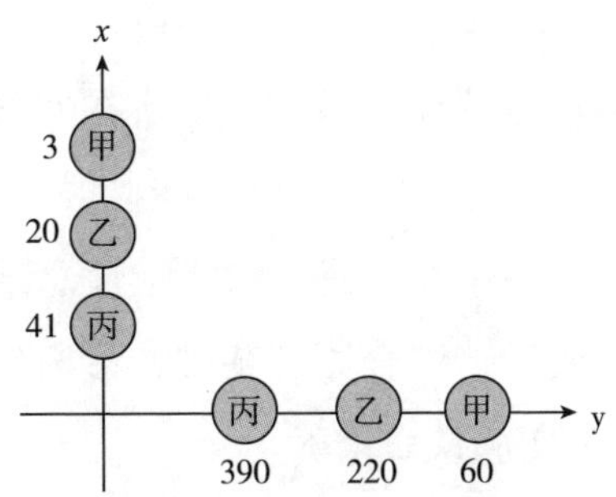

梯次循进管理评价标基图

y 轴表示个体在年级中的综合发展已然状态位次；*x* 轴表示个体在班级中的综合发展已然状态位次。

定标是措施。这是“四环管控圈”的定位性运行环节。研定标高强调坚持从人的原本和发展的生态要素出发，制定发展目标。管理目标力求客观实际、科学合理，体现出可能、可为的最近发展区的价值取向。

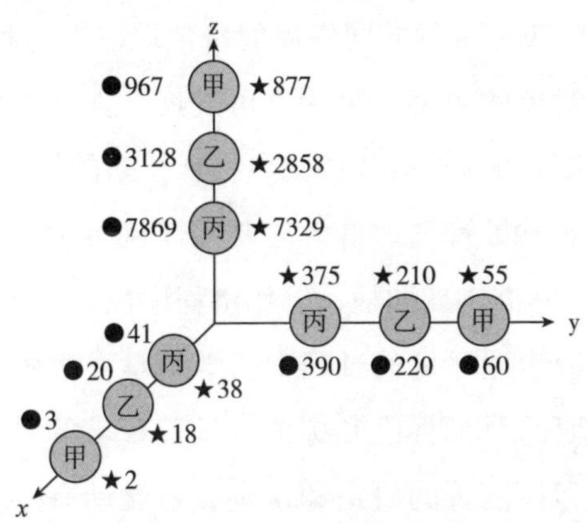

梯次循进管理评价目标图

●为个体在单位时空范围内综合发展已然状态标基位次；★为个体在单位时空范围内综合发展应然状态标高位次。

x 轴表示纵向综合提高在班级范围内应然的标高位次；y 轴表示横向综合发展在学校年级范围内应然的标高位次；z 轴表示边际向综合超越在县域范围内应然的标高位次。

施管是保障。这是“四环管控圈”的关键性运行环节。实施标管强调要围绕目标实现，研定具体的保障措施，切实在实践中贯彻落实，优化实现目标的过程性管理。

论质是判识。这是“四环管控圈”的终结性总结评价环节。审论标质强调在一个管理周期完成后，结合原有基础，诊断研判质量生成，对在原有发展基础上的有效增值实施认质论奖。

超越是目的。实施积极有效的质量控制，推行“四环管控”，旨在优化教育教学管理，促进管理互主体自主创新、自我实现、自我超越。

质量管理是有规律的，人的发展成长同样也是有规律的。人本生态发展的过程是一个周期性生成过程。“四环管控”的生态助生过程，也必然要经历一个由小到大、由低到高、由点到面、由外在到内在、由量变到质变，向更新更高层次状态演绎、发展、变化的过程。

梯次循进教育体系中的“四环控制”，其本质表现为一种生态化的能动管控，其实践过程反映为一种共同发展的价值取向。这种教育生态化管评，关注着每一个管理对象的可能、可为、可发展，强调促使每一个人各得其所地适宜发展，追求让每一个人体验自主发展快乐的教育价值。

科学有效的教学质量管理评价，需要理性从事和对待，因为管理评价活动过程讲科学性，标准讲认同性，操作讲程序性，结果讲生成性。

在实施教学质量管理评价的过程中，学生学习教师工作发展的基础标准和标值，规划进取的目标标准和标值，过程要求的管理标准和标值，结果呈现的评判标准和标值等的研定和认定，是能动有效实施管评的重点和难点。

推行教学质量的“四环控制”，理性地讲，“确认标基，研定标高，实施标管，审论标质”的实践过程，本质上是一个科学而复杂的研判处理过程，各环节要素做到逻辑关系明确且周延确实很难。

我们认为，能把复杂的变为简单的，就是智慧；能把不可为的变为可为的，就是创新。

我们秉持“合情合理，行之有效”的思想原则，工作实践中基于可操作、可比较、可诊断、可研判、可论奖、可促进的积极取向和初心意旨，从实现与未来的发展实际出发研标定值。这里讲的工作“标准”，是具体实施阶段与过程学习工作规范和要求指导性发展意义上的自定义概念；所讲的学习工作目标的“标值”，是具体的发展阶段与过程互认性发展（绝对发展、相对发展、最近发展、最新发展区）意义上的自定义参数。

第五节　目标管理的“三维导式”

人无目标则行无取向。

把每一个学生，每一位教师，每一所学校的特质、潜能和动力，有效激发集成在“有可自应，好动能和”的取向点、差异点和生成点上。

“三维导式”是梯次循进教育实践方法系列中目标引领的一种模式。“三维导式”，指从纵向、横向和边际向三个维度实施立体动态管理评价。其中，纵向管理评价是指将评价对象置于原本发展基础之上研定目标制导发展，重视“绝对发展”增量，讲求“原有基础上的提高”，诊断研判评价对象“是否提高”；横向管理评价是指将评价对象置于更大范围的同级层面研定目标制导发展，针对“相对发展”增量，讲求“提高基础上的发展”，诊断研判评价对象“是否发展”；边际向管理评价是将评价对象置于他校、他县或更大范围的同类发展对象平台之上研定目标制导发展，针对“最近发展区”增量，讲求“发展基础上的跨越”，诊断研判评价对象“是否超越”。这三个维度相互联系，相互作用。

“三维导式”旨在促使管理评价对象与时俱进地拓展最新发展区。它从纵向、横向和边际向三个维度诊断、研判学校办学质量水平、教师工作业绩效果和学生进步成长情况。纵向管理评价解决“是否提高”的问题，考察、诊断其绝对发展增量；横向管理评价解决“是否发展”的问题，考察、诊断其相对发展增量；边际向管理评价解决“是否跨越”的问题，考察、诊断其“最近发展区”发展增量。在这一立体管评方式的制导下，区域教育发展水平、学校教育教学质量、教师与学生发展成长状况清晰可见，使管评工作论质有数据，奖励有依据，同时促使管理评价互主体在实践活动过程中自我发现、自觉创新、自主超越。

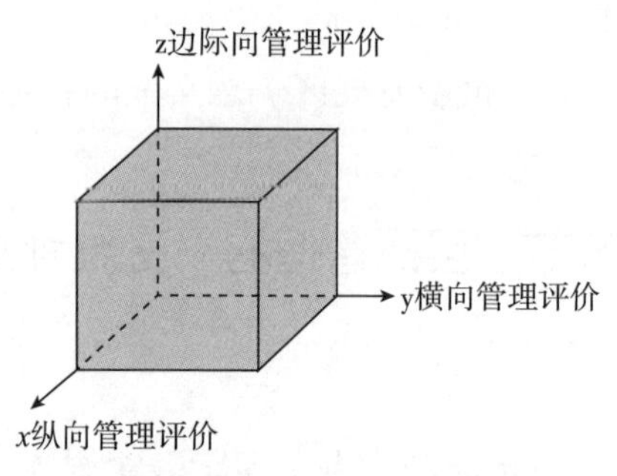

梯次循进“三维导式”示意图

x 轴向表示引领“原有基础上的提高”；y 轴向表示引领“提高基础上的发展”；z 轴向表示引领“发展基础上的跨越”。

“三维导式”建模，体现着现代哲学的“认识论、系统论、控制论”思想，也是建构教育生态个体、群体、群落实践创新的人本科学发展运作模式。

三维评价的理论意义在于把“发展性评价”理念操作化、实践化。以这种方式诊断、研判、审论发展对象的劳动实践成果价值，既考虑了学校的“产出”，更关注了学校的“输入”和“过程”，体现着真正意义上的本真发展，使教育管理评价更具有能动性、生成性和激励性。

三维立体评价，既是增量观察，又是增值研判，更是效能激励。

在管评实践过程中，强调立体、动态地诊断个体、群体的发展态势，主要考查发展增值，通过对发展信息进行分析和反馈，研判管理评价互主体行为的生成因素，适时地调控管评措施，助推教育对象人人都寻找到真实的自我，做更好的自己。

这里以“学生甲、乙、丙在班级 50 人、学校年级 400 人、县域同级学生 9000 人中的发展位次”为例，说明他们在纵向、横向和边际向的三维发展进步比幅程度。

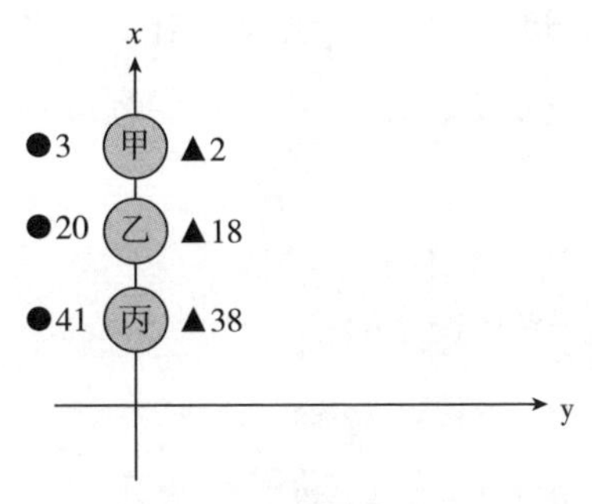

梯次循进管评纵向评价图

●表示发展对象周期性已然的综合发展位次；▲表示发展对象周期性应然的综合发展位次；*x* 轴表示个体在班级群体发展中的已然基础状态和应然提高位次。

纵向指单位时空范围基于自身过去发展基础的目标预设与达成研判。纵向是与自己过去的发展进行比较，诊断研判自身在同一时期的绝对发展程度和提高位次。这里应指出的是，纵向提高的增量，从全班、全级、全局发展的视角而论，其增值往往表现为一种不定性意义，也就是说，自身过去与现在比较，真实的发展进步往往很难判定。

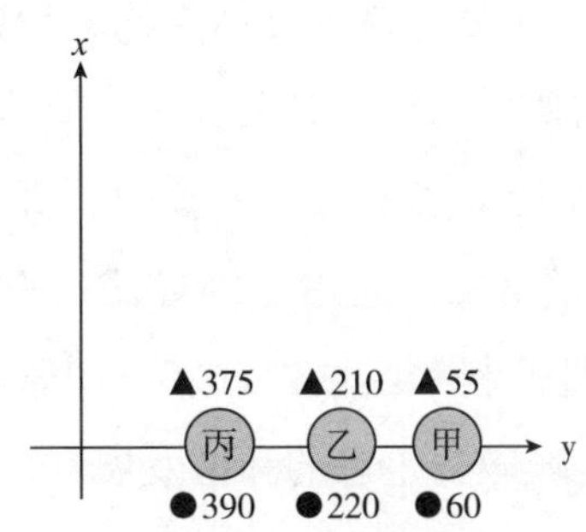

梯次循进管评横向评价图

●表示管理评价对象周期性已然的综合发展位次；▲表示管理评价对象周期性应然的综合发展位次；y 轴表示个体在学校年级的综合发展本然状态和应然发展位次。

横向指与单位时空范围基于同级同类发展对象的目标预期和达成研判。

这样与他人相比，与他班相比，与他校相比，诊断研判同一时期自身在“群体圈”“群落圈”乃至更大范围的相对发展程度和位次。

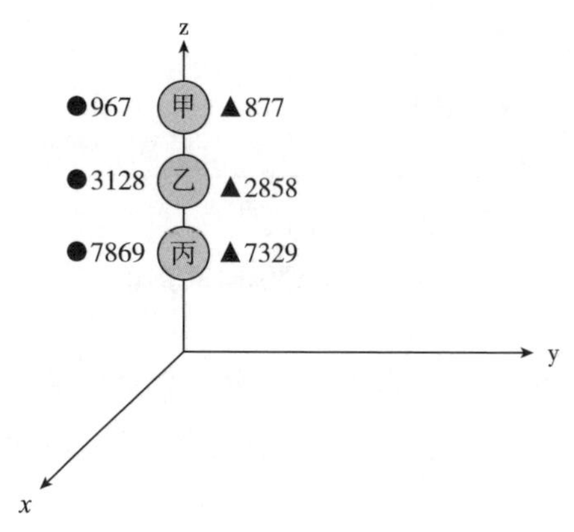

梯次循进管评边际向评价图

●表示管理评价对象周期性已然的综合发展位次；▲表示管理评价对象周期性应然的综合发展位次；z 轴表示个体在县域同年级全体学生中的综合发展已然状态和应然超越位次。

边际向指单位时空范围基于跨越发展的目标预设和达成研判。立足时代发展要求，坚持与预期预想的超越目标相比，诊断研判出同一时期自身最近发展区的绝对发展增值，判识与时俱进的“最新发展区”。

在教育生态化管理评价实践中，广大教师、班主任、校长和教育行政部门管理者，坚持从实际出发，运用三维导式，有效地提高了教学效果、班级管理水平、学校质量控制和区域教育发展的管理效能，促进了教育质量的不断完善，推进了区域教育生态的和谐发展。

第六节　建构实施的“三活效能”

梯次循进教育体系中提出的“活性、活力、活和”的“三活效能”概念，反映着积极的理论意义和能动的实践意义。“活性”，表示教育机制策略科学合理的应然属性；“活力”，表示教育机制策略作用于实践主体能动的应然状态；“活和”，表示教育机制策略作用于实践教育生态发展呈现的应然态势。

梯次循进教育建构与实施的行为研究取向集中反映在“活性、活力、活和”的价值意义追求上。

教育科学的实践之道，是一个不断追求工作效率最高化、工作效能最大化、工作效益最优化的过程。要在工作实践中以既符合客观又符合主观的机制制度，使教育活动术有“活法”，行有“通道”。

30余年来，在课堂教学、班级管理、学校管理、县域和市域管理评价等不同层级和层面的改革创新实践中，我们一直坚持立足客观发展实际，关注教育生态本真发展，提出并推行以人为本、差异公平，原点驱动、因人育化，分类助进、效能激励，因材而笃、守正自化，创新自化、执中致和为基本元素的梯次循进教育行术攻略，以提升教育科学实践效能，促进教育生态和美发展。

梯次循进教育以追求教育和美发展为取向，积极追求其体系的科学性、系统性和实践的效能性、生成性，力图通过“活管活评”行动，彰显“活术活策”效应。

我们坚持从教育生态实际出发，制定教育管评策略和实施方法。在实践中以差异化、多元化制度设计体现管评方法的活性要求，以积极实践行为催生发展活力，追求教育创新发展的活和效能。

推进教育管理评价实践创新，既是一个科学认知的提升过程，也是一个系统机制的建设过程，同时更是一个复杂实践的研究过程。我们将长期追求教育管理评价实践价值的体验、体会和感悟，经过理性升华，将其概括为活性效能、活力效能、活和效能（简称“三活效能”）的意义表达。

教育管理评价活动，反映为管理者与被管理者互主体有机能动的实践过程，其活动特征表现为人际行为的互动性、合作性、共生性和不断进取的可持续发展性。在人际行为相互作用的实践中，组织工作状态始终处于人与人思想的相互统一，认知的相互见长，技能的相互提高，职责的相互履行，愿想的相互成就，不断实现着管评活动术策合道和教育发展生态和美的价值追求。

一、“三活”的基本含义

1. 活性

活性是指教育发展机制和方法作用于人的实践而表现出的物态性质功能和助推发展的生成状态，讲求管理评价制度、机制、模式、方法和措施等工具手段内外在性能功能状态，强调教育工具手段作用于人的主观能动性和发展生成性。

梯次循进教育管理评价体系、标准、方式、方法和措施等的构建和开发，坚持一切从实际出发，充分体现管理评价活动的科学性。在实践中尊重客观、尊重差异，坚持原点驱动、因人育化，分类助进、效能激励，使管理评价活动能够充分激发人的发展激情和创新能量。

2. 活力

活力是指教育机制和方法作用于实践而表现出的生长态势，讲求教育管理评价工具、手段和行为作用于人和事物而表现出的潜能、力能、效能发展状态，强调教育活动必求应然的实践效能。

梯次循进教育管理评价在实践中合理地设定发展目标和指标要素，以激励超越为主要取向，拓展思维，优化机制，多元管评，充分激发每一个人的发展潜能和创造力量，让教育活动展现积极的生成的效能。

3. 活和

活和是指教育机制和方法作用于实践而表现出的人与人、人与社会、人与自然和谐生长、活美发展的状态，讲求教育行为和目的的一致性，强调教育作用于人和事物发展的价值目标追求。

梯次循进教育管理评价在实践中灵活地变通“术”与“策”，以适应发展的需要，使管理评价实践活动始终处于能动、效能的生成状态，不断促使教育生态朝着活生、和谐、美好的方向发展。

二、“三活效能”的概念意义

活性效能，指管理评价的工具与功能作用于实践的性能状态和理性意义。实践中讲求管理评价工具与功能的科学性、系统性、能动性和生成性，强调管理评价机制和方法作用实践的制度激励功能。

活力效能，指管理评价方式与方法作用于实践的过程表现和活动效应。实践中讲求管理评价实践活动和方法要能够面向人人，促进人人进取，强调差异发现、差异开发、差异成就的能动实践效应，关注教育活动的能量集成、动力保持和活力生发。

活和效能，指管理评价行为与取向作用于实践的发展效益和生成价值。实践中讲求发展视野的创新性、前瞻性、系统性、差异性，发展控制的全面性、操作性、能动性、有效性，发展追求的合作性、生成性、永续性、活美性，关注教育生态发展的活生度与和美度，强调教育活动要能动和谐地服务于社会、服务于实践、服务于改革、服务于创新，使不同地区、不同层级、不同类别的发展对象都能够自我实现，使每个人都能得到适宜发展，追求教育生态和美发展。

三、“三活效能”的实践意义

教育学、教育管理学、教育评价学，其本质都是“人学”，都是研究促进人的发展的学问。梯次循进教育追求人本生态的适宜适切育化和各得其所发展，使每一个人可能、可为、可发展，让教育生态和美。

概括地讲，“三活效能”的实践意义就是追求教育管理评价不断求变求新求和求美，强调管理要盘活，评价要导活，建制要灵活，实践要通活；追求人无我有、人有我专、人专我精、人精我特、人特我奇的教育实践创新，推进与时俱进的智慧创生、生态创生。

梯次循进教育“三活效能”的“活”，本质表现为活和、活美之义。实践探索中，讲求天人和、内外和、上下和、左右和的知行境界，追求教育共享差别同谋和，今天明天永续和，现在未来承启和。

四、“三活效能”的实践要求

教育发展的理想，就是成就每一个人的人生理想，帮助每一个人自觉地追求自我实现，让教育生态和美发展。

追求教育的“三活效能”在实践中有以下要求：

一是要提升管理境界，勇于实践创新。要引领团队人员站在发展的制高点，以改革创新改变现实，积极进取。

二是要强化人员培训，提高创新能力。要引领团队人员加强学习研究，在学习中研究，在研究中实践，在实践中创生，不断地充实自己、提升自己、发展自己，在实践创新中敢担当、能担当、善担当。

三是要讲求工作策略，集聚众智群力。管理的活性、人的活力、发展的活和，全在于团队、集体的同心合力，要以靠他、利人的谋略，激发调动全员力量，众志成城，实现发展目标。

四是要促进目标认同，融合组织和个人目标。要把团队个人的发展融入单位组织的发展之中，在成就集体的同时，尽量满足团队人员的个人理想，这样才能使团队的集体管理意志自觉地变为全员的自觉行为，以达到共同目标。

五是要加强自身修养，提升知行境界。领导者的品质、胸怀、修行、意志、能力和勤勉等素养，是决定事业天地的关键。管理者要言传身教、身先士卒，始终与基层职工摸爬滚打在工作一线，既要成为指挥家，又要成为实干家，从而集聚管理创新的人气合力。用“活性、活力、活和”的教育引领发展，成就事业。

教育者要有求“活”的境界、利他的情怀和创新的作为，善谋事、会做事、能干事，与集体、团队人员一起，以智慧的工作活术、活策来引领“活”的实践，追求“活”的事业。

“三活效能”的认知境界，贯穿于管理实践全过程，是一个有机的统一体。实践一再告诉人们，要在教育发展实践中追求“三活效能”，就必须在以下几个方面下功夫。

1. 工作策略的谋划

教育改革本身就是站在时代发展的制高点谋划教育发展的系统活动，因此必须体现视界的前瞻性、全局性和协同性，目标的系统性、导向性和发展性，任务的阶段性、主次性和具体性。坚持从实际出发，因情制宜，谋策布局，制定目标，引领方向，促进发展。

2. 工作机制的建立

在教育发展实践中，建立以制度体系为核心的工作机制是关键，从决策沟通、岗位职责、工作流程、质量控制等方面确立规范，形成常规，达到管理过程的“不推自转”，有效激发人本资源活力，调动人的工作积极性、能动性和创造性。

3. 工作环境的营造

要实现发展理想，还需要有适宜的环境作为保障。创设和营造有利于事业发达、人员发展的环境，包括外在大环境和内在小环境，努力消除环境中消极因素的影响，达到天时、地利、人和，是管理者的职责所在和能力体现。只有这样，团队成员才能达到心无旁骛、自觉自为的自我奋发状态。

4. 工作激励的导向

智慧的管理者善于激发人的进取热情和工作能量，能够引导核心价值取向，描绘美好前途愿景，引领并形成积极向上的团队文化，激发并保持发展动力，运用活的方式满足人员的合理诉求和利益需求，把个人追求融入事业发展之中。

5. 工作情感的融通

人是教育发展的主体，是管理活动的核心元素。心理学研究表明，情感先于认知并影响认知。因此，相对于认知而言，人的情感特质是个体开展一切活动的强劲动力。在教育和学校管评活动中，实现人际情感的沟通、融合，注重制度管理与情感管理的协同作用，体现人文情怀，才能促进工作关系和谐，激发人的内在动力，才能聚集众智群力，实现同心同德同发展。

6. 工作技能的提升

队伍专业成长和能力提升的建设，是提高工作效能的关键。提升全员的工作技能，是教育发展和学校发展的需要，也是每个人的发展需求。教育管理者要利用有效的方式和途径，促进管理者和教职员工的专业发展和业务能力提升。各级管理者不仅应该关注骨干力量，而且更应该关注所有人的专业发展和技能提升，让各个岗位、不同发展水平的人都能在原有技能水平上得到应有的提升和发展。只有这样，才能保持教育发展和学校发展的创新性、创造性和永续性。

7. 工作质量的控制

质量和效益是教育教学活动的最终目标。在教育教学管理和区域教育行政管理评价活动中，质量控制是管理者的中心任务。加强教育教学的过程管理，要通过数据分析、现场评判、信息反馈、反复调研等手段，建立质量标准、目标体系等措施，强化教育教学质量控制。因而，它要求管理者必须是行家里手，还要正确认识和对待质量、效率和效益的关系。只有这样，才能实施对质量提升的有效控制。

8. 工作效果的认定

教育评价作为教育管理活动的核心手段，首先作用于对教师工作效果的认定。客观公正、公平合理、多元多维，是教育教学管理评价的标尺，它能集成所有人的发展活力。梯次循进教育所蕴含的评价理念、方式和手段，较全面地体现了这一标准，可以用来正确判定所有人的工作效果和劳动价值。

9. 工作价值的追求

追求自我价值是人的生命本能和精神寄托，工作价值是自我价值的核心体现。管理者只有悟通了这一道理，才算是把握了教育教学管理评价的核心，才能有意识地洞悉每个人的价值追求目标，才能有的放矢地引导和激发团队人员的工作能动性，并为之提供服务与支持。达到这一境界的管理者，可以称为优秀的管理者，体现这一要旨的实践活动才可称为效能管理。

追求“三活效能”，是教育活动实现预期目标和效果的基本要求，也是衡量教育管理者能力和水平的基本标尺。教育管理者要在改革创新实践中，不断完善并提升教育发展的工具性能和行动效能。

教育发展形态的科学建构，讲求其体系的完整性是行动研究的核心要素。要在实证研究和学理论证中追求命题概念立论理念、实操模式、运行方法一体化的实践建构，以彰显科学性能和实践效能的价值意义。

“梯次循进教育”作为一种新教育形态样本，其主张和提倡的知行理念和实践模式在之前的著作中做了较为系统的论述和阐释。有关体现这种教育基本思想理念和机制模式运用的实践方法论层面的建构，如实践创生的“兴趣自燃法”“个性舒展法”“差异诱导法”“动力自驱法”“量值研判法”“全境育德法”“目标吸引法”“位阶进致法”“对标内驱法”等，都集中反映了梯次循进教育“生态竞合、成长激励”的根本取道之法。这些方法论层面的实践研究和实证案例都在之前的著作中有过具体论述和介绍，这里不再赘言。

第五章　梯次循进教育的探索历程

第一节　课堂教学的梯次式萌生

教学就是教学生学会学习。

师者坚信，每一个学生都能学得好。

爱到行成。教师心中装有学生，就会自觉走进学生的心灵深处，与学生共成长。

习得法灵。学生学会了，会学了，教师就自然悟得了教学的灵验之法。

尊重生命，乃教育天道；差异公平，乃教育本心。上天赐予了每一个个体生命的价值，教育的天职，就是平等地对待每一个不同个性的人，积极塑造其生存的完整品格，提高其生活的智造能力，彰显教育的本心境界。

20 世纪 80 年代初，基础教育领域中小学校的教育教学活动大多行进在升学应试的轨道上，“好教育”的社会评价标准——关注公平存在缺失，“好学校”的唯一评价标准就是看升学率，“好学生”的特定评价标准主要是看分数。这正是我国基础教育的痛点，也是我国教育改革发展实践中应自觉反思并亟待解决的重大课题。

引导学生在生活、情境、游戏、模仿中学会做人、自主成长，让学生自己构建学习认知和学习规律，能动地实现自我，使他们学会生活，学会求知，学会健体，学会自律，学会理解，学会担当，学会宽容，学会感恩，学会创新，学会创造……基于此，我们致力于为学生终身发展，实现价值人生、幸福人生铺阳光之路，搭理想之桥。

一、让每一位学生在充满爱的温馨校园中欢快生活

1979年12月，我从渭南地区大荔师范学校两年制中文班毕业。1980年春，我被县教育局分派至白鹿原安村公社白村初级中学任教，成为一名正式的人民教师，我的教育旅程迎来了一个新的起点。

在大荔师范读书期间，我曾在白村初级中学实习过半年，时间是从1979年9月至1980年1月。那是我学习、工作和生活中非常难忘的一段时光，新的教育理论、教材教法与教学实践的有机结合，让我的课堂教学如鱼得水。对孩子们的喜爱和对家乡的热爱，让我的工作有了无限的活力。所以虽然只是一段短暂的实习，我却给白村初级中学的师生留下了深刻的印象。课堂上，我传授的新鲜知识和运用的灵活方法深受学生们的欢迎；同事间，当别的老师因事请假时，我都会主动替他们代课，除语文外，我教过政治、历史、地理等课程。丰富的实习经历让我的教学技能大幅提升。在白村初中，我得到了学生的认可，受到了同事的尊重，赢得了领导的赏识。因此，毕业回蓝田后，学校向组织提出请求，县教育局分派我到白村初级中学任教，我受到了师生们的热烈欢迎，校长张宏钊、教导主任王志耀直接安排我教毕业班的语文课。领导的信任、同事的接纳、学生的爱戴，给了我极大的鼓舞和信心，我暗自告诫自己，一定要爱岗敬业，忠于职守，言传身教，做好一名人民教师，不负期望，不负岗位，不负职责，不负学生。

受实习经历的启发，我认为，教学必须从学生的个性差异出发，了解学生的差异，尊重学生的个性，让学生在积极参与、主动学习中渐通见新，学有所进；教学方法的改革，一方面要关注学生“主体的学”，另一方面则要关注教师“主导的教”。

基于此，正式参加工作后，我怀抱着教育理想，积极地探寻着教学的规律。“书籍是培植智慧的工具”（捷克教育家夸美纽斯语），深知读书对孩子成长的积极作用，深悟阅读在语文教学中的重要地位，让孩子们亲近书籍，让学生乐于阅读，便成为我教学探索的重要课题。

1980年至1984年，我承担了学校“语文教学培养兴趣、扩大阅读的实践探究”的教改实验课题。

当时，农村学校没有图书室，也没有一本学校藏书。为了给孩子们提供书籍，我将附近乡村一些读书人家的藏书借到学校，鼓励学生将家里的读物拿来与同学们分享交换，每周还专门为孩子们开辟阅读时间，并在课堂上为孩子们指导阅读方法，组织交流阅读体会，共享读书笔记。

书籍中的知识、人物、故事如涓涓细流，浸润着孩子们的心田，让他们的视域走出了田野，为他们的心灵插上了翅膀……

课堂是语文教学的主阵地。当时我发现，常用的讲授式教学方法不能有效地激发学生的学习兴趣，而且教学效果较差。出于对眼前状况的反思，我开始思考课堂教学方法的改革。我时常想起至圣先师孔子的名言：“知之者不如好之者，好之者不如乐之者。”如何最大限度地调动班级内所有学生学习的积极性，成了我课堂教学探索的方向。

那个时代的农村，成年人的娱乐方式多为看戏、说快板、听乡亲们讲故事等，孩子们受环境的熏陶，耳濡目染，再加上年龄的特点，也就喜欢听顺口悦耳的东西。我抓住他们的这一特点，积极改进语文教学方式，将课文内容与孩子们的爱好相结合，把需要背诵和熟记的贤文、格言、妙语刻印成活页供学生阅读，激发学生兴趣，创设情境式课堂。孩子们脸上呆板的表情生动起来了，课堂上沉闷的气氛活跃起来了，学生们学习的兴趣浓厚了，这一创意收到了很好的教学效果。作为一名教师，在有机互动的课堂上，看到孩子们脸上的笑容，眼睛里的亮光，我内心充满了喜悦。

农村孩子从小在山野中成长，个性更为活泼好动，我从孩子们的个性特点出发，在课堂上创造一切让学生动起来的机会和条件，调动他们自主学习的积极性，增强他们自觉学习的意识，提高他们自主学习的能力。我的课堂教学45分钟，每节课的前10分钟都由学生主宰，为全班同学提供展示的机会和平台，被学生誉为“开心十分钟”。在教学中坚持发挥学生的内因作用，想方设法把课堂的有效时间和空间多给予学生一些，积极开展师生讨论交流的活动，把讲授和学生课堂活动结合在一起，穿插小故事、名人名言、激情演讲、逸闻趣事、新鲜见闻、精彩描述、情景模仿、才艺展示等内容，使课堂气氛变得活跃。灵活的教学方式，优美的语言浸润，传神的言辞表达，激发了学生的学习兴趣，使学生的学习动力明显增强，学习效果有效提升。

为了让教学内容的展示具有较强的系统性和艺术性，使学生在听讲和做笔记的过程中易于掌握、完整掌握所学知识，形成系统的知识链，我坚持探索更好的课堂教学板书设计。在一个常备专用教案本上，我记录着所上过的每节课的板书设计，在日复一日、年复一年的课堂教学中，也积累了不少心得，我常常对板书的设计加以提炼和优化，促进课堂教学效果积极生成。

因人育化的教学，不断激发着学生的兴趣，学生们爱上了语文课，同时也逐步提高着学习能力，更加热爱校园生活。

二、善于发现并开发每一位学生的个性特质和潜能

每个学生原本都有一种相对独立的个性特质。教学中，教师要善于发现学生的个性潜能，引导学生自主寻找自我的发展空间，这应是工作的出发点、切入点和着力点。

数年的教学实践，使我很快掌握了教育教学的基本规律。当时，许多教师只注重学习能力靠前的学生，认为这些学生将来可以保证升学率，因此把更多的关注给予了这部分学生。这样做，使得升学无望的学生自觉不自觉地消磨着人生的黄金时光。带着诸多问题，我思考着我们的教学实践，并悟得：升学率并不完全代表教育质量，每个学生都有所提高进步，才是真正意义上的质量。让每个学生各展其能的助学之术，就是好的教学之法；使每个学生都得到发展，就是好的教育。因此，我的教学原则是使每个学生都获得各得其所的发展。这种让人人都发展的认知和行动，在教学实践过程中，我一以贯之，持之以恒。

在认真反思和不断感悟的基础上，对于班级学生“两头小，中间大”的橄榄球形发展状态，坚持区别对待，激励超越。区别对待并非宠爱或歧

视，而是对客观差异状态的认知和尊重，是不以同一标准衡量进步，评价优差，而是坚持差异发现、差异开发、差异激励。坚持面向所有学生，从学生的个性特质出发，让每一个学生在原本基础上求新向高，才是教学的真目标。

工作中，充分考虑学生的发展状态，同时兼及学生在少年时期思维活跃、心理承受能力弱、可塑性强等特点，对学生实施分类指导，因势利导，因人育化。

出于对人的成长规律的认识与思考，在教学中不以伤害学生情感的简单粗暴的方式来对待学习有困难或调皮捣蛋的学生，而是积极主动地查找原因，循循善诱，帮助其一点一滴地养成良好的行为习惯和学习兴趣，使其在生活和学习中不断进步成长。

对待学习有困难的学生，我采取的具体办法是多给予关爱，使之树立自信，增强能动性。才智的焕发来自于竞进的本能。做事的关键在于决心，有了竞进的意识和信心，就能自己寻找出路。竞进意识是学生自主学习的根本动力，树立竞进意识就是让处于落后处境的学生自觉发奋，主动地迎头赶上。在班级管理中，强化学生摆脱困难的有效方法就是适时激励，不断润泽其自尊心，激发其进取心。

对待频繁违纪的学生，我们从不放弃他们，并且从思想上、行动上给予更多的关爱，积极帮助。面对未成年人的过失，不要大惊小怪，学生违纪并非全是坏事。班纪班规是一种束缚力，敢于冲破这种束缚的人，虽然具有一定的破坏性，但同时也可能具有创造力。讲得远一点，我长期从事教育的经验表明，在学校学习不好的学生，相当一部分在社会上都表现出了持业有成之处。我认为，对待违纪的学生，不能治标不治本，应该从其内心予以矫正，致其向好，“齐之以规，因势利导”。“齐之以规”怎么做？我的做法很简单：要求有违纪行为者向“优秀生”看齐，不断地养性修行，反之暂缓评优。“因势利导”怎么做？充分扬其所长——管不住自己的好动者当文体委员，喜欢生事的强势者做劳动委员，上课爱传话者让其领读课文……这样一来，既巧用了他们的精力和时间，还让他们在当班干部的过程中增强了自我约束的能力，在师生更多的交流互动中，促使他们改变自我，不断地进步成长。

在语文学科教学质量管理中，我坚持从每一个学生原本的实际出发，规划其学习发展的目标，通过一个个不同梯度层次的指标要求，引导学生在提高进步中寻找自我，使学生有尊严、有自信地积极进取。作为教者的我，也在与学生的相互活动中不断改进和生成着有效的教学之法。

三、教研教改要围绕“方法”和“质量”主题而深化实践创新

创新教育教学方法，完善教育教学质量，是每一位教师在教研教改工作中面临的主要课题。

在小学、中学的三尺讲台上，我度过了十多个春秋。工作中，我着意坚持学习研究，始终把创新教学方法、改进课堂教学、提高教学质量作为教改的重点。

长期的教学实践使我们深刻认识到，成功的教学是一个师生课前、课中、课后互动互感的变通活动过程，也是教学双方不断实现知行统一、合作共进的实践过程。这个过程其实也始终表现为一个教师、学生心灵和行为互感共生的发展过程。

有心必有成。1980 年至 1990 年，我连续九年承担着毕业班语文教学工作，所带班级的学生都在原有基础上收获着各自的进步，班级整体教学水平大幅度提高。1980 年至 1982 年，所带毕业班的语文单科成绩居全乡（当时还叫“人民公社”）第一；1983 年至 1989 年，在全县高中招生统考中，我所带班级的语文平均成绩连续五年荣获全县语文单科成绩第一名。

教学实践使我深切感悟到：学生学会了，才说明教师真正找到了有效的教学之法。

基层学校三尺讲台的历练和体验，使我经历并实现了由一个初出茅庐的师范毕业生到能够熟练驾驭教学工作的优秀教师的角色转变，个人的职业境界、心理素质和业务能力在不断地改变并提高，与时俱进的价值取向和实践追求，也不断提升着自身的专业素养。

20 世纪 80 年代初，在那个思维意识逐渐思变求新的转型期，人们都极力挣脱束缚，在各自的工作岗位上，以新的方式，追求着改革创新的成果。

白村初级中学 10 年课堂教学改革过程中的一些实践探索，使我个人对教学改革有了新的认知和思索：

教学改革，重点是课堂教学改革；课堂教学改革，关键是教育方法改革。

教学常规其实是依循发展规律运行的普遍规程；教学过程其实是教者和学者互动互感的有机变通过程；教学方法其实是因人而异的活动手段和行为方式。

教学之法，有常规而无常法。面对不同的对象，方法选择当因人而异、因人而宜、因人育化。也就是说，要从学生本原和发展实际出发，尊重差异，关注个性，多元制导，激发能动，让学生养成自觉学习的习惯，会学乐学，自我实现。

链接一　学生回忆案例

犹存的记忆

（此文节选自 1982 年 82 级 7 年级（1）班学生牟鹏的回忆文章。他先后到过韩国、伊朗、沙特阿拉伯、坦桑尼亚、布隆迪、卢旺达、约旦、苏丹等地进行技术支持工作，现任深圳市中兴通讯股份有限公司通信技术工程师。）

我记得很清楚，第一节课田征老师讲的是毛泽东的《沁园春・和柳亚子先生》。作为语文课代表，田老师让我领读了一遍课文，便开始讲解这首词。整堂课田老师从未动过课本，他时而侃侃而谈，时而激情吟诵，时而又以潇洒遒劲的笔体疾驰板书。从诗词结构讲到词牌名称的由来，从古代诗词讲到现代诗歌的发展，再到文章的解读，纵横对比，上下延伸，整堂课讲得激情澎湃、气势如虹，将一代伟人对一个伟大民族复兴的美好愿景和远大抱负讲解得淋漓尽致，使年少的我们深受感染，心中充满了豪情壮志。一节课终了，我们听得意犹未尽，只嫌上课时间太短。

第二节课学生集体朗诵这篇课文，我感觉同学们都进入了词的意境中，领悟良多。真诚坦白，我对语文的爱好，源于田老师的影响，是他使我找到了自信。

我和同学们常常感慨，田老师的课堂如一股清新的春风，唤醒了我们当时幼小闭塞的心灵，甚至对我们的人生观产生了深远的影响。他不仅在当时点燃了大家学习语文的热情，甚至在以后，班上的许多同学选择了教书育人的道路。

链接二　学生回忆案例

此文节选自学生牟鹏。

当时的我，语文水平充其量就是中等，学习上也是得过且过，只是爱读一些文学作品。在作文中每有几个新颖的词句出现，田老师总是用红笔勾画出来，并大加赞扬。这样的鼓励，令当时年少的我信心十足，学习热情高涨，成绩不断进步，最终名列前茅。

当时的农村学校环境闭塞，大多数老师的教学方式比较单一，简单地将学生分为好学生和差学生。而田老师接管我们班后打破了这个局面，对学习成绩差的学生倾注了大量的心血。他常言：一花独放不是春，百花齐放春满园。他给不同学习程度的学生布置不同的作业，从薄弱环节抓起，进行查漏补缺。这样一来，他的工作量就可想而知了，但同学们却学得轻松了，班里人人都有进步，人人都有提高，班级整体学习成绩也逐步提高了。

田老师当年实行的“小先生”制度，让班上同学人人模拟老师走上讲台，极大地调动了同学们学习的积极性，激发了班级每位同学的学习热情，当时在学校曾引起不小的轰动。

此外，他还用写小纸条的方法，将每位同学身上的优点挖掘出来，并用纸条的方法加以传递鼓励，使大家觉得自身都有发展的潜力，都体验着成功的快乐，由原来的“要我学”变成“我要学”。

学习不用功的潘 ×× 是我们班的“捣蛋大王”，老师们见了他都头疼。

但田老师却发现他在音乐方面有天赋，让他实现了当文体委员的梦想，并通过激发他的文艺潜质，让他在其他方面更加有信心，他成为当时班级进步最大的典型人物。

第二节　作业与学业的梯次式管评

教学是有规律的，也有常规，然而墨守成规是不可取的。

常规讲共性法则，不完全针对个性而言。常规是死的东西，人是活的，变化的，教学方法应适应变化着的人的发展。

从一定意义上讲，教无定法是教学艺术的至高境界。

教无定法，讲求“因人而宜”的灵活教法，追求“因人育化”的适切教道。

《国家中长期教育改革和发展规划纲要（2010—2020年）》将“减轻中小学生课业负担”作为义务教育发展任务的重要部分，明确指出：“学校要把减负落实到教育教学各个环节，给学生留下了解社会、深入思考、动手实践、健身娱乐的时间。”西安高新一中初中校区学区长学校作为陕西省义务教育的排头兵，从2002年起就开始关注学生的课业负担问题，并着手寻求解决办法。与此同时，素质教育梯次循进管理评价体系，给了他们很多有益的借鉴和思考。

在尝试与实践的基础上，学校逐步形成了符合国家教育方针、符合教育教学规律并与新课程理念相适应的特色做法。学生作业分类布置、假期布置探究性作业等已经成为学校教学的一个亮点。

一、学生作业分A、B、C三类布置

早在新课程改革前，学校就对传统的作业布置做了理性的思考。

众所周知，每个学生由于家庭教育、兴趣爱好、智力、体力、心理等诸多因素的影响而存在个体差异，这是一种客观实际。著名教育心理学家

加德纳提出“多元智力结构理论”，认为每个人都有七种智力结构，七种智力结构在每个人身上的组合标准不同，就形成了不同的个体智力结构，形成“不同的个性”。素质教育要求我们的教学理念一定要尊重客观事实，并且要辩证地看待个体，要强化“唯物唯人，认同差异”。

那种教师选择、编制统一的作业题目，让全班所有学生每天完成相同的作业的传统方法，表面上看是面向全体学生，想让每一位学生取得较好的学习成绩，其实质是抹杀个体差异的一种行为。

在作业设计上，我们根据学生的个体和整体特点进行层次性划分，即将程度基本相当的学生分为一个层次，一般可划分为三个层次，即“优等生”“中等生”“学困生”，也就是“发展处前学生”“发展处中学生”“发展处后学生”。学校要求教师按 A、B、C 三类布置作业，A、B 两类作业的补充题应视当天教学内容和学生实际而定，每科每天作业量对相应层次的学生而言，均控制在半小时之内。学生每天根据当天学习的具体情况，自愿选择 A、B、C 类中的一类，不搞一次定位。

之所以要进行这样的实践，是因为批改作业反馈的结果告诉我们：对于优秀生来说，他们本来可以在课堂学习的基础上拓宽学习领域，深化所学知识，但是由于要完成老师统一布置的作业，特别是那些简单重复性的作业，一定程度上浪费了他们的宝贵时间，导致他们无暇顾及更广、更深的知识与方法，影响了发展。对学困生而言，他们因基础较差而无法完成难度较大的作业题，即使通过同学间讨论、询问老师等途径完成了，也是一知半解，囫囵吞枣，很难达到真正理解和掌握的效果。

因此，根据不同学生的学习需要设计不同难度和数量的作业，是进行有效教学的迫切需要，也是真正体现新课程所倡导的“面向全体，关注差异，满足不同学生的学习需要”这一理念的有效做法。

我在早年的教学探索中，尝试过“必做题、选做题、拓展题”的梯次式作业布置，颇有效果。从 2002 年起，蓝田教育在全县范围改革作业布置办法，实行梯次分类布置。具体办法是：教师每天根据实际情况设计难度和数量不同的 A、B、C 三类作业供学生选择。各类作业的标准是：

C类作业:《课程标准》中规定的基础知识、基本方法、基本技能的相关题目。主要是教材中编排的习题。

B类作业：选择C类部分题目，增加对基础知识适当拓宽、深化，以及对基本技能要求较高的题目。增加的题目主要是教材中难度较大的习题以及教师根据《课程标准》选编的补充题。

A类作业：选择B、C类的部分题目，适当增加对基础进行拓宽、深化，具有一定综合性、灵活性、开放性的题目。增加的题目主要是教师根据《课程标准》和学生实际能力设计的补充题。

长期实践表明，A、B、C梯次分类作业的效果十分显著，突出表现在以下几个方面。

1. 有效解决了面向全体与关注个体的矛盾

梯次分类作业推行以来，广大教师逐步理解了梯次分类作业的科学性、重要性和有效性，认识到分类布置作业既符合教育教学规律，又体现了新课程所倡导的先进的教育教学理念，很好地满足了不同层次学生的学习需求，有效地解决了面向全体与关注个体的矛盾，大大增强了作业的实效性。全体教师在教学中按照教研组的统一安排，主动承担梯次分类作业的选编任务，根据学科特点创造性地设计出了形式灵活、内容丰富、适合不同学生学习需要的梯次分类作业。数学组、物理组率先为每一节课设计了A、B、C梯次分类作业，编制完成了校本分层练习册，并在教学中使用，收到了非常理想的效果。

2. 学生完成作业的态度明显改变

优秀生选择A类作业，因为有一定数量的综合性、灵活性、开放性题目，大大激发了他们的求知欲和积极性，他们不再因简单重复的作业感到乏味。“学困生”选择C类作业，因为主要是巩固基础和课堂所学知识，他们不再因作业过难而整日愁眉苦脸，或因为每天要面对满本子的错误而感到无地自容，甚至渐渐丧失了信心。不同层次的学生在完成作业时都是“跳一跳，够得着”的状态，都会从完成作业的过程中感受到成功的喜悦。由于梯次分类作业从难度到量都更加适合学生自身实际，所以每一位学生完成作业的时间相对就更加充足，态度更加积极、主动、认真，完成作业的质量普遍提高。

3. 实现了“减负增效”

分类布置作业的最大特点是针对性增强，它量体裁衣、量身定做，使各类学生都有了选择作业的权利，学生不再因完成过难或过于简单的作业而抱怨，不再感到完成作业是无效劳动和浪费时间。各类学生完成作业的量相对少了，但是每一类作业对该层次的学生而言都是最合适的，每一道题目都是教师精选的和必需的。学生通过完成较少的、有针对性的作业，既掌握了必要的知识，又有时间在完成作业后查漏补缺，深入钻研，发展特长，为自身的全面发展和健康成长奠定了基础，真正实现了“减负增效”。

梯次循进管理评价响亮地提出了“让每个人都奋发有为”“让每个人可能、可为、可发展”的发展理念。实施梯次分类作业，不是简单地给学生分类或排队，而是尊重差异，因人施教，因人施管，分类施管，循序渐进。经过一段时间的学习，根据学生学业成绩状况，在老师的指导下，学生的梯次分类作业也相应地有所调整，部分学困生的作业可以尝试着由C类调整为B类，中等学生的作业尝试着由B类调整为A类。事实证明：梯次分类作业，让学生没有心理负担，从而乐学好学。

二、布置探究性作业

学校在改革日常作业的过程中，以结合新课程培养学生创新精神和实践能力为核心理念，同时开始研究学生假期作业布置的新型模式。假期不再布置那些枯燥的、千篇一律的练习题，而是尝试着给学生布置探究性作业。所谓探究性作业，就是指“学生在教师的指导下，以现行教材或学生对周围世界和生活实际中的问题为基本探究内容，以学生独立自主学习或合作讨论为学习形式，以探究实践为主要学习方式，以增强学生的探究意识、培养学生的探究精神为目的”的一种作业。它很好地体现了新课程所倡导的“动手实践、自主探索、合作交流”的理念。探究性作业设计要强化“层次推进、激励超越”的梯次循进方法，根据教学的实际需要和学生的兴趣来合理制定。具体做法如下：

1. 将探究性作业的布置制度化

从2003年起，学校在寒暑假、五一、十一期间，不再布置传统类型的作业，而是为学生精心编制一份探究性作业。要求各学科教研组在认真讨论的基础上，广泛搜集有关资料信息，结合学生实际和学科特点，编制与学生生活紧密联系的探究性作业，做到“立足教材，关注生活，突出学科特点，侧重探究实践”。让作业与生活相融，让作业与社会相连，让完成作业的过程成为培养探究能力的一种途径。假期结束后，教师根据各学科作业的特点选择适当的方式进行评价，如学生自评、学生小组评价、教师评价等。班主任还会选择学生的优秀作品在教室里进行展览，让学生之间相互学习，相互借鉴，相互促进，资源共享。学校还为学生搭建展示自我的平台，选择优秀作品举办“探究性作业展”，激发学生进一步探究的动力，引导学生形成“搜集信息—整理概括—探究论证—形成结论”的科学意识，培养学生的科学素养。探究性作业已成为学校假期作业的一种特定形式，也是学校新课程教学中的一种新尝试。

2. 探究性作业实施的效果

探究性作业激发了学生学习的浓厚兴趣。著名心理学家皮亚杰也说：“所有智力方面的工作都依赖于兴趣。”探究性作业不论是呈现形式还是内容都非常新颖、有趣，如动手操作题、开放题、生活实践题等。作业过程是学生主动参与，而不是被动接受。通过这样的作业设计和探究，学生在学习中不断体验到学习的乐趣和创造性完成作业的成就感。因此，学生的学习总是兴趣盎然，乐此不疲。

探究性作业提高了学生的思维能力、动手操作能力、合作能力和创新能力。

探究性作业既动手又动脑，既模拟又创造，充分发挥了学生的主体作用。学生完成编制题目、设计自己家的用水方案、制定有利于健康的食谱、撰写调查报告等探究性作业，不仅激发了他们的兴趣，还增强了他们动手操作、动脑思考的能力；不仅培养了学生勇于探索、积极思考的进取精神，使学生的思维和学习都处于最佳状态，还培养了学生的质疑能力和批判精神，提高了学生的创新意识和创造能力。

探究性作业以“问题提出—启发诱导、自主探究—设疑质疑、合作探究—解惑释疑、拓展引申”的模式，将学生的学习活动一步步引向深入。它没有固定的解答方向和范围，却具有一定的深度，鼓励学生利用自己的知识储备，从不同方向、不同角度、不同层次来寻找答案，客观上有利于学生突破思维定式，发展了学生思维的深刻性、创造性、批判性和创新性，有利于学生思维能力的培养。

探究性作业引导学生关注发生在自己周围的日常生活问题，应用所学知识去观察问题、思考问题、解决问题，培养和发展了学生分析问题和解决问题的能力。

探究性作业有时需要合作完成，一些作业已不再是个人能独立完成的，而是需要与社区、家庭以及他人协同合作。这样的作业给予学生更多的实践机会和更大的自由空间，也给了学生更多的交流机会，让学生在互帮互助的合作交流中学习，有利于学生合作能力的提高。

为了进一步总结、提升经验做法，学校加入了陕西省基础教育科研重大课题“陕西省中小学减负与学生创新素质培养实验研究”的行列，将“梯次分类作业与探究性作业实验研究”作为子课题，确定了一批实验教师，制定了课题实施方案，做好了各方面的准备工作，积极探索“减负增效”的新路径。

初中生的身心正处于发展阶段，可塑性很强，我们的教学管理行为立足于使每个人“可能、可为、可发展”，这就要求注重从学生实际出发，促进学生发展到较为理想的状态，让每个人都能发展，让每个人都能奋发有为，关注每一个学生，尊重每一个学生，培养每一个学生，成就每一个学生，让每一个学生都能享受成长、成功的快乐，都能不断提升自己的人生价值。

第三节 班级管理的梯次式评价

班级是学校教育的主阵地，班主任是学校管理与发展的主力军。班级工作状态，很大程度上反映着一所学校的管理水平和发展态势。

班级工作是学校教育最富有活力的发展平台，班主任可以大有作为。我们说，梯次循进教育，全然在于点燃每个学生的发展激情，让每个学生奋发有为。

教育教学，要善于拓展学生自主自由的学习空间，培养学生自信自觉的学习状态，激发学生自奋自发的学习动力。

我有十余年的基层学校工作经历，在这十余年中，我从未放弃班主任的身份和工作。我始终认为，班级教育是学校教育的基础，只有实现了班级管理的最优化，才能实现学校教育的最优化。

一、引导学生认识自己，激发自我的实现

班主任是班级工作的组织者、领导者、管理者、教育者，是班级的灵魂。发现人的个性特质和个性潜能，激发每个人的内在动力和进取能量，正是一名班级管理者最具生成性和发展性的效能实践。

苏格拉底曾经说过:“一个人是否有成就只要看他是否具有自尊心和自信心两个条件。”这说明了自信心与成功的紧密联系。在学习上，如果缺少了自信心，就会缺少前进的动力。发展处后生更是如此，因此在课堂上我尽量采用一些游戏、故事、比赛等方式进行兴趣引导，多表扬，少批评，引导他们发现闪光点，鼓励扬长避短不断进步，逐步改变，培养自信、自尊，激励他们积极学习。有时针对个别学生进行一种特殊方法尝试。例如，每次考试前，我都单独辅导几个同学，并悄悄告诉他们，过几天考试，这些内容的题都变着形式出现，如果不会还可以再问老师与父母。他们在不知不觉中爱上了学习，学会了独立思考，学会了向他人请教，自信心也增强了。

以往的“三好学生”激励制度在实践操作层面其实更多就是成绩好的“一好学生”，激励功能值得商榷。我认为，教育应该推行不同发展梯级层次上的全员目标、全员进取和全员激励，让每个层面处于不同本原基础上的人都体验到自我发展的快乐，这才是教育发展的应然的本真状态。

为了让每位同学都能奋起直追，都能有发展的空间，我们特别设立了“五育同步全优奖”“争优冒尖优秀奖”“奋起直追超前奖”“不甘落后进步奖”“发展兴趣特长奖”等。

二、在“尊重差异”中关注学生的个性成长

正如世界上没有两片完全相同的树叶一样，学生个体也是千差万别的，因为学生之间存在着先天素质、生活环境的不同，其心理特征、生理特点、兴趣、爱好与不足之处也均有所不同，发展的速度和轨迹也有所差异。

在班级管理中，为了激发学生的积极性、能动性和创造性，应该给学生制定一个目标，但要将总目标分解成若干个呈梯级的子目标。一旦学生实现了第一级子目标，就通过了门槛，再加上适时得当的鼓励和引导，使学生体验到成功的喜悦。然后逐步提高目标的层次，就像登楼梯、上台阶一样，一级一级，最终达到预期的总目标。这样周而复始地持续发力，不断实现新的目标。这样教育就是在求取“最近发展区”效益的基础上拓展“最新发展区”，就是“梯次循进教育”的基本实践意义。

素质教育要关注学生的个体差异，因人育化，让其个性健康地自由延伸，使其创造性潜力得以充分挖掘。差点教育要求教师要认识到每一位学生都有最优秀的方面，要用不同的尺子衡量学生，发现学生的长处，包容学生的不足，给学生成长预留空间。教师对学生的教育目标要呈现螺旋式发展，激发学生的求知欲望，让他们在获得成功的基础上产生继续突破的愿望。

因此，作为班主任，我在制定具体的学生发展目标时，遵循以下原则：

1. 目标的合理性

制定目标时，一定要考虑学生发展的实际基础和学生的心理承受能力。子目标要与学生心理发展水平处于同一层次，学生通过努力就可以达到，

让学生“跳一跳，摘到桃子”。在制定目标时，班主任要全面分析学生各方面的情况，以确保目标的合理性和可行性。

2. 目标的层次性和具体性

每个学生的基础知识与学习态度都存在差异。为了真正落实因人育化，必须分析不同层次学生现有的发展水平，根据发展处前生、发展处中生、发展处后生的知识基础与表现，制定不同层次的、具体的目标，使每个学生都能获得成功的喜悦。

3. 教育者的参与性

学生在实现目标的过程中，教师不仅要尊重学生，注重学生的主体地位，发挥其主体作用，而且自己也要积极参与其中。在学生迈“门槛”的过程中，要积极引导，学生一旦达到某个阶段的子目标，更要及时加以鼓励，使学生产生兴趣与动力，产生一种满足感，从而激发学生产生实现更大目标的动力。

每个生命个体都有存在的价值和意义，每个人都是唯一的、不可替代的自己，教育理应没有“差生”而只有“差异”，教育要培养和促使学生差异化成长和发展。我们只有客观上认同学生的个体差异，才有可能把学生的个性潜质充分挖掘出来。尊重生命，尊重生命差异，这不仅是教育，也是社会生活各个方面应该坚持的人性理念和道德标准。

三、在多元目标、多元培养中塑造学生

我们的教育长期存在只见分数不见人、只看升学率而忽视综合素养、只重知识而轻能力、只关注少数人而忽视大多数的问题。如何改变这一现状？我认为，教育要面向全体，尊重差异，关注个体，多元激励学生进步成长。教学方法的改革创新，是一个永恒的研究课题。教育教研教改的重点是课堂教学改革，课堂教学改革应重在“学法”和“教法”的改进。教学研究重在方法研究，教育管理的艺术全在于师生心灵的对话。

学生个体的差异性表现是各异的，比如有的学生具有言语智能优势，而有的学生具有音乐节奏智能或身体运动智能优势。基于学生智能优势的

教育，对学生不能一概而论，而是要了解学生在不同智能领域的不同表现，发现学生的闪光点，让它成为成就学生美好未来的重要基石。差异教育要促进每一个学生的发展，让每个学生都能体验到自己的能力和成功，所以我们在实际操作中要引导学生，使其优势智能得以发挥。同时，借助有针对性的指导，帮助学生积极有效地挖掘有待开发的潜能，力求让学生在个性发展的基础上，实现真正全面和谐、自然本真的发展。

20 世纪 80 年代初，我的班主任工作方法得到了同行的广泛认同。在我的影响下，教师们把更多的工夫用在了班级管理上。作为 60 个学生的班主任，白村中学青年教师韩杰依照学生的道德品质、习惯兴趣、学习成绩等，施以不同的教育方法：如果学生自制力强，能自主学习，就要求他们开阔眼界，面向生活，融入社会，寻求拓展；如果学生能认真听讲，按时完成作业，但学习方法比较呆板，偶尔比较懒惰，就要求他们发展求异思维，慢慢学会举一反三，逐步培养其参与班集体事务的意识；如果学生学习主动性不强，厌学情绪比较严重，自卑感强烈，就只要求他们完成简单的作业，从品德、劳动、个性上找其长处，培养其兴趣和自信。学期末，韩杰设置了进步奖、优秀奖、特长奖等奖项，对不同层次表现突出的学生分别予以奖励。经过努力，她的班级整体有了很大的进步，凝聚力强了，乱糟糟的局面得到了改善。

其实，像韩杰这样的老师，在 21 世纪初的蓝田众多学校还有很多，他们留下了大量探索的案例。杨小宁在分类管理学生的基础上融入了丰富多彩的活动，以促进学生的全面发展；瞿民乾把分类管理和名人志士的故事结合起来，激发学生的自强自信；王磊以分类管理为纲，以学生个性展示为目，组建起“家—校—师”联动教育网络；张芙蓉把分类管理与学生个体尊严教育结合在一起；三里镇中心小学的老师把分类管理和争夺小红旗、红五星擂台赛整合到了一起。

四、激励学生在原有基础上不断增量增值发展

作为一个老师，我始终认为，学生不管是发展处前生、发展处中生，

还是发展处后生，都具有自我发展的空间和舞台。而且个体或一部分人的发展进步不代表完善意义上的教育质量，完善意义上的教育质量，讲求的是使每一个人都各得其所地适宜发展。因此，我们一定要以发展的眼光看待学生，以发展的标尺评价学生，以原有基础上的发展增值研判学生，肯定并激励学生。

苏霍姆林斯基说："所有的学生都无例外的是有天赋的，有才能的。发现、显示、爱惜、培养每个学生的独特的个人才能——意味着把个性提高到人的尊严充分发展的高度。"以"面对有差异的学生、实施有差异的教育、促进有差异的发展"为核心的梯次循进教育，主张并倡导在尊重人性、尊重差异、尊重科学、尊重生态本真发展的基础上，关注人的发展过程的本原内因的先决条件和内在动力的主管作用，激发人认识自我、发现自我、超越自我的发展动力，引领教育教学服务于人的全要素自觉驱动，促进人的各得其所的适宜发展，实现教育生态和美发展的理想。

因此，教师要尊重并发挥学生的个性，为每个学生提供适应其发展的教育机会与条件，让学生人尽其才，满足学生的个体发展诉求和全面发展需要，让每一个学生都在自我反思和自我超越中实现最优化的发展。教育梯次式生态化管理评价，强调关注不同发展对象的原本性态和状态，强调坚持人本差异开发，着力催生人的自主学习的行为意向和兴趣爱好，追求人本生态本真发展的实践价值。真正的育人管理，一定是以发展的眼光看待人，以发展的理念引导人，以发展的目标激励人，以发展的标尺衡量人，以发展的增值肯定人，以发展的进步鼓舞人，以发展的美好愉悦人，如此，才能引领每个学生不断实现执中致和的发展，和而不同的发展，美我所美、好我所好的人尽其才的发展。

第四节　学校教育的量化管理探究

漫谈学校发展和管理评价，是不是可这样去思考——

学校发展的活性、活力和活和，全在于生态培优、生态竞优和生态创优。

“新优质学校”教育发展的样态，一定是德智体美劳全面发展工作机制的生态活性，良好学风、教风、校风环境氛围的生态活力，梯次循进发展格局的生态活和。

一、学校量化管理的思考

新生事物是时代孕生的婴儿，是逆于习惯思维的革故鼎新的产物，是孕育新生的活载体。

1985 年 1 月，蓝田县教育局任命我为安村乡白村初级中学教导主任，我由一位普通教师走上学校管理岗位。改革开放的潮汛，催生着创新发展的思维，我以思变求新的心态和行动面对职责与使命，迈出了创新发展的新步伐。对发展的把握，对职责的领会，对使命的感悟，使我为自己树立了全新的奋斗目标。面对县域学校长期以来的人治模式和粗放式管理现状，改革学校管理、激发办学活力、推进科学管评、激励创新能量的管理思路在悄然地孕育着……

在课堂教学工作和班级管理实践探索中，我的一些工作方法也潜移默化地影响着同事们的创新意识和行为，这是白村初中提高教学质量、持续创新发展的积极影响因素。面对学校硬环境和软实力两方面的不足，我们在校长张宏钊的鼓励和支持下，坚持从学校管理大局出发，积极推进学校管理和教学评价改革，力求从制度建设和机制创新等环节入手，以切实可行、科学有效的方式方法指导教师的教学行为，激发教师的工作动力，以全新的管理制度、工作状态、工作作风和工作效能，促使学校办学质量和发展水平迈上新台阶。

（一）20 世纪 80 年代我国基础教育发展的趋势

1985 年是国家执行经济体制改革决策的第一年，面对国家对外开放、对内搞活、经济体制改革全面开展的形势，面对世界范围的新技术革命正在兴起的形势，我国教育事业相对落后的问题就显得更加突出。面对现实，人心思改；变革教育，势在必行。

人类社会正在走向一个以充分发挥人的创新精神，以智能、知识为核心的高度发达的知识经济和信息社会。在这一社会中，科学技术是生产力，人类的全部精神财富同样也是生产力。因此，改革教育，提高民族素质，开发智力，培养人才，在20世纪80年代成为社会主义物质文明和精神文明建设的战略重心。

基础教育作为培养人才的关键工程，在这一时期受到了普遍重视。因此，其面临的许多问题也使其必须迅速进行改革。就教育而言，教学质量偏低，管理水平落后，就是一个十分严重的问题，很不适应改革开放时代发展的需要。如何改变这一状况，加强对学校教育教学的科学管理，是值得重视和研究的首要问题，全国各地许多学校都在进行着积极大胆的改革尝试。

（二）西安蓝田白村初级中学校的情况

这一时期，白村初级中学的办学条件极为简陋，基础设施是土木结构的瓦房，低矮的院墙，全校14间教室有9间属于危房，窗户没有玻璃，地面凹凸不平，缺桌少凳，没有一间教室的门是完整的。全校没有一个功能部室或功能教室，实验课全为黑板上的实验描述。师资力量也十分薄弱，学校共有37名教职员工，他们知识结构偏低且层次不一，中师学历和相当于中师学历的7人，其余的都是高中、初中学历和水平，大专以上学历的教师一个都没有。全校有13个教学班885名在校学生。“教师工作良心账，干好干差一个样”的思想观念，“重视毕业班，忽视起始和过渡班级”的管理做法，“学有所教，教唯课本”的低层次追求，“严而无方，宽而无度”的管理局面，严重影响着教育质量的提高。

在学校管理评价方面，每到学年末，都要惯例式地对教师进行评优选先，按常规就是开会推荐或投票评选。推荐时要么无人发言，出现冷场；要么一人发言，大家附和，被提名者就得以确定，选上者很难说就是真正的优秀者，而工作成绩突出者却不一定能被评上。领导决定时往往很为难，不得已就以无记名投票折中了事。这种流于形式的评比结果，留给人们的感慨是人情面子扭曲了良心，人缘关系抹杀了实情，旧的管理方式造成了不公。

对教师创造性的劳动缺乏客观的绩效评价，没有量化考核标准，使优劣、好坏、勤懒分不开。这样的管理评价不但起不到激励导向的作用，而且常常会挫伤教师工作的积极性。

记忆中，那时白村初中的管理基本上是依靠校长的“人治”，完全处于一种粗放式管理和教职工自我约束的状态，凭着一份教学工作计划、一张课程表来管控工作运行，就是基本的管理机制。教职工星期日晚上按时到，星期五下午按时回。教师教学效果的优劣没有评定标准，教师的教研活动也只是阅读、学习报纸上有关教育教学的零碎材料。学校偶尔也举办几节所谓的观摩课，教师们很少在一起研究教材和教法，似乎并不注重针对学生的个性特质实施有效教学，课堂上只是一味地不考虑对象差异的“满堂灌”。年终评先选优唯一的办法就是民主推荐，模糊性的认定，造成了教学效果平平而人缘较佳的人被推评为先进教师的情况。这些状况我是看在眼里，忧在心头。作为学校教导主任，我开始构思推进学校管理模式和教育教学改革的路径与方法。

立足白村初级中学的管理状况，经过深刻反思，我认为，学校管理评价的目标内容和标准，要重在教学常规和质量形成过程诸要素研究设定，不仅要使广大教师默默认同，而且积极能动趋同，唯有如此，才能不断革故向新，建新章，立新制，以科学能动的管理求取高质量的发展。

（三）顺应时代发展趋势的学校管理评价机制改革创新行动

在加快提升管理水平和教学质量目标的促使下，我们把积极传承借鉴、吸纳古今中外先进管理理论和经验，作为构建新型学校管理机制的学研立新的基础。

我们认为，教育教学管理评价机制改革是提高学校管理水平的关键。为进行这一改革，我们认真学习了十一届三中全会以来有关教育的方针、政策、制度，形成了众多笔记和心得体会，并吸纳先进的教育理念和管理思想，将其与我们的教学实践和实际情况相结合，逐步形成并完善了“教育教学目标管理积分制”这一教学管评机制的改革成果。来自欧美和日本的质量管理研究成果为这一机制和相关管理文件的制定提供了丰富的营养。

“教育教学目标管理积分制”是当代世界先进企业管理理论启示下中国化、本土化的产物，是我们在改革创新学校管理评价机制过程中，学习借鉴日本质量管理专家石川馨教授的“品管圈”理论和美国质量管理专家戴明博士的“戴明循环理论”后产生的管评制度。这一过程可概括为：深刻反思，分析类比，移植嫁接，有机融入，关注要素，有效控制。

从融会贯通、触类旁通的角度来讲，戴明循环对我们的学校管理改革是颇有启迪意义的。另外，日本质量管理专家石川馨教授有关“品管圈”的管理思想也给我以深刻的启发。为此我们编制了《白村初级中学中期教育教学改革与管理规划（1985—1987）》，力争在三年内把学校建设成全县教学质量一流的学校。

二、目标量化管理积分制

教育科学管理与评价，关注差异是前提，彰显公平是核心，激励进步是目的，正确导向是灵魂。

于学生学习、教师工作、学校发展而言，关注原有基础上的提高和发展的增量增值，才是最具教育生态和美发展意义的效能管评。

在学校总体发展规划的指导下，准确审视国家教育发展态势和趋势，深刻把握教育发展规律，立足白村初级中学的发展环境、办学条件、组织格局、管理状态等基础因素，对各类问题加以汇总分析，经过深思熟虑、积极酝酿，我将“品管圈”、戴明循环等世界先进管理观念和方法融入学校的管理机制构建和工作实践中，形成了“教育教学目标管理积分制”具体实施方案。可以说，白村初中教育教学管理改革的建模理论基础和古今中外许多教育家、管理学家的思想观念是一脉相承的，并在改革实践中形成了具有时代精神和本土化特色的诸多进步元素。

现在看来，当时的“教育教学目标管理积分制”尽管并不完全符合完善意义上的梯次循进教育生态化管理评价体系和标准，但从实质上讲，它已体现出了梯次循进教育的内涵核心和实践方法。可以认为，它反映着梯次循进教育体系的原生形态。

在教育评价实践层面，不存在理想化的标准管理，要切忌使用程式化的东西。为了方便实施操作，我们在学校管评实践中采用了要素考评法。

（一）“教育教学目标管理积分制”主体内容

“教育教学目标管理积分制”依据教育对象应达到的目标，构建了三级评价指标体系，既倡导共性，又发展个性，其操作过程借鉴美国兰德公司提出的德尔菲（Delphi）法，对每个指标在综合评价中的地位和贡献以及重要程度做出估计，确定出各级指标所占的权重分值，从而确保了目标管理积分制的科学实施。

“教育教学目标管理积分制”方案，其评价目标项主要是从“德、识、责、能、勤、绩”六个方面确定管理指标要求并实施运行考评工作，简称“六维度管评”。

“六维度管评”示意图

实施方案的主体内容包括领导干部工作积分制、教师工作积分制、班主任工作积分制和后勤工作积分制等方面。1985 年，我们的改革实施方案全面启动。

1. 领导干部工作积分制

学校校长及领导干部班子成员在学校管评中是制度的执行者，同时也是被管理者。我们对领导干部工作的管理，主要从“德、识、责、能、勤、绩”六方面定标考核。考核内容主要包括职业道德、办学思想、办学目标、工作作风、管理方式、工作绩效、创新工作、获奖情况、全员民主综合评管等，主要通过领导互查互评、考评组考评、民主评议认定等方式评判学校管理者的履职履责和工作绩效。

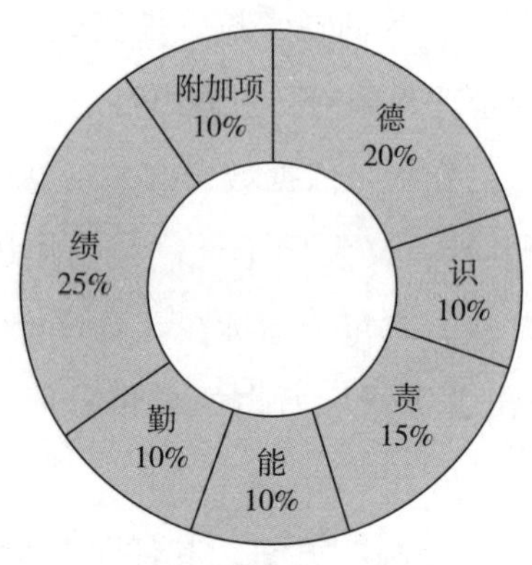

“领导干部工作积分制”
考评指标权重示意图

链接一　量化管理改革的实施方案

白村初级中学领导干部工作积分管评方案

被考评人________
考评人员（1）________（2）________（3）________　　　　19____年____月____日

指标维度	指标框架	指标要素	权重	考评方法	考评赋分
A_1 德（40）	B_1 职业道德高尚，办学思想正确（12）	C_1 坚持改革开放，办好为人民服务的教育，尚德重教，忠于职责	2	师生评议	
		C_2 认真学习教育科学理论，积极参加政治学习活动，并善于把科学教育教学理论与学校实际结合起来，同商共计最优的治校方案	3		
		C_3 思想政治教育放在首位，重视文明建设，坚决制止打架斗殴、违法乱纪、刑事犯罪等事件	2		
		C_4 明确党政关系，处理好上下级关系，相互尊重，相互监督，团结共事	2		
		C_5 尊重教师劳动，关心教师生活，帮助教师排忧解难	3		

续表

指标维度	指标框架	指标要素	权重	考评方法	考评赋分
A_1德（40）	B_2忠诚教育事业，追求教育价值（6）	C_6把学校发展放在工作的第一位	2	师生评议	
		C_7全心全意办校，从不见异思迁	1		
		C_8尽职尽责工作，从不患得患失	1	考评组考评	
		C_9想方设法干事，力争多做贡献	2		
	B_3遵循发展规律，办学思想端正（8）	C_{10}有明确的服务方向和培养目标	2		
		C_{11}管理坚持德、智、体、美、劳五育全面抓，不片面追求升学率，对每个学生负责，对每一位家长负责	3		
		C_{12}在教育内容、教学方法上不断创新	2		
		C_{13}按上级政府和教育部门的各项要求办事	1		
	B_4工作作风规范，为人处事正派（14）	C_{14}勤俭办校，秉承优良传统	1		
		C_{15}以身作则，堪为教师表率	2		
		C_{16}心胸旷达，广纳众智群力	2		
		C_{17}谦虚谨慎，善于合作共事	2		
		C_{18}平等待人，主持公平正义	3		
		C_{19}廉洁奉公，勇于抵制歪风	2		
		C_{20}求实务本，绝不虚夸轻浮	2		
A_2识（20）	B_5熟悉教育管理知识，具备领导工作素质（20）	C_{21}认真学习领会党和政府的教育方针政策，具有较先进的政策理论水平	2	领导互评 师生评议 考评组考评	
		C_{22}学习掌握教育学、心理学、学校管理学的基础理论知识，注意学习先进的教育教学改革做法和经验，具有较高的理论水平	2		
		C_{23}坚持从职责出发，研究探索管理新方法，不断学习，丰富管理专业知识，具有较高的组织管理能力	5		
		C_{24}注重业务进修，不断更新和丰富专业知识，积极教研教改，具有较高的教育教学水平	5		
		C_{25}有开拓、进取、创新、超前的谋略、胆识和行动	6		

续表

<table>
<tr><th>指标维度</th><th>指标框架</th><th>指标要素</th><th>权重</th><th>考评方法</th><th>考评赋分</th></tr>
<tr><td rowspan="8">A_3责（30）</td><td rowspan="8">B_6全面履行工作职责，学校之事常系心中（30）</td><td>C_{26}以学校发展、安全稳定、提高质量为天职己任、敢于担当</td><td>3</td><td rowspan="8">师生评议
领导互相监督
考评组考评</td><td></td></tr>
<tr><td>C_{27}能真情关心爱护帮助教职员工</td><td>5</td><td></td></tr>
<tr><td>C_{28}充分发挥职能作用</td><td>3</td><td></td></tr>
<tr><td>C_{29}坚持“五育”并举全面抓，各个年级全面抓，各个学科全面抓，各个层次学生全面抓</td><td>5</td><td></td></tr>
<tr><td>C_{30}全力实现任职管理工作目标</td><td>5</td><td></td></tr>
<tr><td>C_{31}坚持经常深入班组，深入教学第一线，坚持听课制度</td><td>3</td><td></td></tr>
<tr><td>C_{32}要求教师做到的自己先做到</td><td>3</td><td></td></tr>
<tr><td>C_{33}认真分析教情、学情、管情，全面总结改进工作</td><td>3</td><td></td></tr>
<tr><td rowspan="6">A_4能（20）</td><td rowspan="6">B_7善于学研长才干，尽其才创新业（20）</td><td>C_{34}有驾驭全局、履行职责的工作能力和水平</td><td>3</td><td rowspan="6">教师评议
考评组考评</td><td></td></tr>
<tr><td>C_{35}能制定出切实可行有效的治校方案，并付诸实施，具有实践创新的执行力</td><td>3</td><td></td></tr>
<tr><td>C_{36}治校有道，管理有术，工作有策，具有创新发展的落实力</td><td>3</td><td></td></tr>
<tr><td>C_{37}善于聚合人气，集合力量，形成强有力的群体凝聚力</td><td>3</td><td></td></tr>
<tr><td>C_{38}知人善用，能调动起学校全员工作的积极性、主动性和能动性，形成推动工作的战斗力</td><td>5</td><td></td></tr>
<tr><td>C_{39}善于解决各种矛盾和问题，营造人和校兴的发展环境</td><td>3</td><td></td></tr>
<tr><td rowspan="5">A_5勤（20）</td><td rowspan="5">B_8以身表率带好头，先来后走不缺勤（20）</td><td>C_{40}每学期开学按规定时间到职，倡导提前到岗</td><td>3</td><td rowspan="5">教务处考查
领导互评
校长审评</td><td></td></tr>
<tr><td>C_{41}周日下午坚持到校</td><td>3</td><td></td></tr>
<tr><td>C_{42}坚持“例会”（政治学习会、党员生活会、业务学习会、教学研讨会）制度</td><td>3</td><td></td></tr>
<tr><td>C_{43}不因事借故离职缺岗</td><td>5</td><td></td></tr>
<tr><td>C_{44}代课不因故耽误学生课程</td><td>6</td><td></td></tr>
</table>

续表

指标维度	指标框架	指标要素	权重	考评方法	考评赋分
A_6 绩（50）	B_9 科学管理讲成效，实干巧干出能效（50）	C_{45} 任课满工作量，按工作职责和分工履职尽责	12	教师评议 考评组考评	
		C_{46} 工作有阶段性计划、实施目标和落实措施	3		
		C_{47} 出色完成既定发展目标，完成上级分配的各项工作任务	8		
		C_{48} 自身职责和工作范围内，无责任事故和问题发生	5		
		C_{49} 教育教学管理改革实践有新举措，有阶段性成效	6		
		C_{50} 每学期干几件有创意、有成效、有影响的实事、大事，教职工看得见、得实惠	5		
		C_{51} 有履职学期、学年工作总结报告并有未来发展思考建议	3		
		C_{52} 履行职责有绩效，深受广大教师的欢迎和信任，赢得当地群众的好评和支持，受到上级部门的认可	8		
A_7 附加项（20）	B_{10} 创新工作性（5）	C_{53} 教研总结出一两项创新实践的特色工作	5	考评组考评 师生无记名投票认定	
	B_{11} 获奖情况（5）	C_{54} 国家级奖励	2		
		C_{55} 省级奖励	1.5		
		C_{56} 市级奖励	1		
		C_{57} 县级奖励	0.5		
	B_{12} 全员民主综合评管（10）	C_{58} 教职员工对履职尽责工作实绩的综合认可度	10		

注：

①考评对象包括学校中层以上领导干部；

②考评方案总分实行标准分值 200 分制；

③考评积分在 170 分以上认定为优秀等次；

④考评积分在 160 分以上认定为良好等次；
⑤考评积分在 120 分以上认定为合格等次；
⑥考评积分在 119 分以下认定为有待学研提高等次。

1985 年 3 月

2. 教师工作积分制

学校对教师工作的管理，坚持从教师工作实际出发，重点坚持几个原则：考德与考能相结合，考勤与考绩相结合，全面考核与重点考核相结合，奖与惩相结合。

学校主要从“德、识、责、能、勤、绩”六个方面定标考核，力求明确具体，符合教育规律，全部实行量化。考核内容包括职业道德、教育思想、工作作风、理论学习、责任担当、教学计划、教学方法、教学效果、特色亮点工作、获奖情况、全员民主综合评教等。本方案设立了“全员民主综合考评”一项，使管理融入了民主评议的成分，体现了民主监督、民主监评、民主评判的意义。考核评价赋分通过教师自评、学校考评组考评、职能处室联评、教研组考评、教务处考查、平时联合抽查、专项联合检查、学生评议、考评小组审查、师生无记名投票等方式方法开展。工作中坚持层层负责，分口把关，各考核项目做到管理者责任落实。

我们把考绩作为评德选优的重要积分项目，考绩包括教学过程考核和效果考核两个层次，以过程考核为主。过程考核采取学校领导、教务处、教研组抽查和学生民主评议相结合的方法，效果考核主要是以学校统一检测和升学率来进行。

质量管理具有科学性，主要标志就是以事实为依据，让数据说话。因此，教师工作积分制考评指标权重示意图要确保积分的可比性和公正性。例如，教学质量效果的考核尤其要思想重视，科学从事，周密设计，认真安排，规范程序，从严要求，严格监考，细心评卷，精心汇总，使之能真实客观地反映教学效果，考核数据能够真正作为计量、比较、奖励的依据。

学年终根据综合工作总评累计积分名次，诊断研判管理、评判质量效果。学校按教师人数 10% 的比例，经学校教师大会审定评出先进教师，并给予先进教师精神激励和物质奖励。

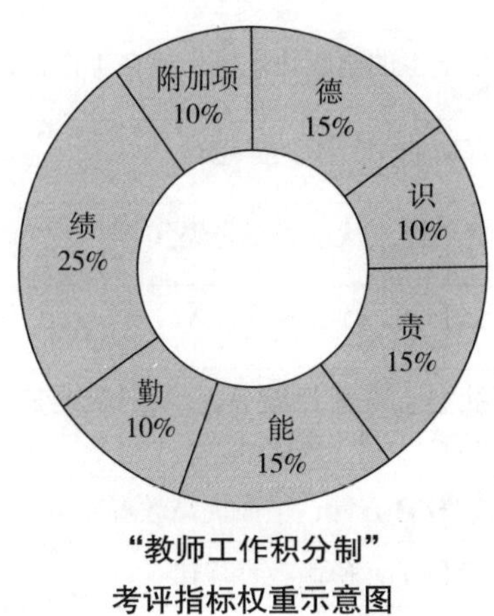

“教师工作积分制”
考评指标权重示意图

链接二　管评方法案例

白村初级中学教师教学工作标准及积分考评方法

被考评人________
考评人员（1）________（2）________（3）________　　　　19____年____月____日

指标维度	指标框架	指标要素	权重	考评方法	考评赋分
A_1 德（30）	B_1 职业道德高尚，既教书又育人（8）	C_1 拥护支持改革开放，在政治上和党中央保持一致，在大是大非面前，态度明确，立场坚定。注重职业道德修养，为国为民育人	2	教研组评议	
		C_2 认真学习教育科学理论，积极参加政治学习活动，并善于把科学的教育教学理论与教学实际结合起来，提升教育境界，修养育人情怀	2	学校考评组考评	
		C_3 把思想道德教育放在首位，重视文明校园建设，学高为师、身正为范，积极培养学生遵纪守法、行为规范的良好习惯	2		
		C_4 尊重差异，关爱生命，既教书又育人	2		

续表

指标维度	指标框架	指标要素	权重	考评方法	考评赋分
A_1德（30）	B_2忠诚教育事业，追求职业价值（7）	C_5把每一个学生的健康快乐成长放在工作首位	1	教研组评议 学校考评组考评	
		C_6热爱教育事业，从不见异思迁	2		
		C_7尽职尽责工作，从不患得患失	2		
		C_8想方设法干事，倾心为国育才	2		
	B_3教育思想端正，关爱学生成长（7）	C_9教育为社会主义建设服务，为人民服务，对每一个学生负责	2		
		C_{10}全面贯彻教育方针，全面提高教育质量	2		
		C_{11}坚持教育科学，遵循教育规律	1		
		C_{12}关爱学生，关注每一个学生的差异，促使每一个学生都得到发展	2		
	B_4教育情怀真诚，工作作风严谨（8）	C_{13}为人师表，堪为学生楷模	2		
		C_{14}虚心好学，善于合作共事	2		
		C_{15}爱生如子，关爱学生成长	1		
		C_{16}为人正直，勇于抵制歪风	1		
		C_{17}忠于职守，全身心投入工作	2		
A_2识（20）	B_5注重进修学习，提高知识水平（20）	C_{18}认真学习领会党和政府的教育方针政策，具有较先进的政策理论水平	2	教研组议评 学校考评组考查考评	
		C_{19}学习掌握教育学、心理学、教材教法，学习先进的教育教学改革做法和经验，具有较高的理论水平	3		
		C_{20}积极研究探索教学方法，不断学习丰富专业知识，具有较强的组织教学能力	5		
		C_{21}注重业务进修，适应时代发展要求，积极教研教改，具有较高的教育教学水平	5		
		C_{22}锐意改革，大胆创新，强化专业素质，提高研习境界	5		

续表

指标维度	指标框架	指标要素	权重	考评方法	考评赋分
A_3责（30）	B_6尽职尽责，为学生保质保量求发展（30）	C_{23}讲责任、能担当，坚持向学生负责、向家长负责、向群众负责、向学校负责、向上级组织负责	3	教务处考评 学生评议 考评小组审查	
		C_{24}接受和完成任务情况	5		
		C_{25}坚持德、智、体、美、劳全面抓，各层次学生全面抓	5		
		C_{26}能较好完成学校下达的质量目标指标	3		
		C_{27}坚持听课制度，有观摩课、示范课	3		
		C_{28}坚持进行家访活动	2		
		C_{29}创造性地开展第二课堂实践活动	3		
		C_{30}要求学生做到的自己首先做到	3		
		C_{31}积极维护校园财产安全和师生人身安全	3		
A_4能（30）	B_7提高工作能力，改进教学方法（20）	C_{32}制订符合学情、行之有效的教学工作计划，并积极实施	5	教研组同行评议 学生评议	
		C_{33}育人有道、管理有术、教学有法，能驾驭课堂教学，引领学生自主发展	5		
		C_{34}善于和学生交朋友，能走进学生心灵深处，激发调动起学生求知进取的积极性	5		
		C_{35}善于制导课堂教学学生注意力，培养学生的表达力，具备自我发展的学习力	5		
		C_{36}善于解决学生之间的问题和矛盾，善于发现问题，及时处理问题，能应对突发事件	5		
		C_{37}关注学生动手操作的实践能力，培养创新精神	5		
A_5勤（20）	B_8遵纪守规出满勤，勇于担当履己任（20）	C_{38}按时到校、按时到岗、按时完成工作	3	值周员领导、教师考勤考评 考评组审核备案	
		C_{39}周日下午坚持到校	3		
		C_{40}坚持“例会”（政治学习会、党员生活会、业务学习会、教研工作会）制度	3		
		C_{41}不因事借故缺职旷工，有事的情况下同学科间自行安排课程	3		
		C_{42}不缺学生一节课，不误学生一节自习辅导	5		
		C_{43}完成学校领导临时交办的工作任务	3		

续表

指标维度	指标框架	指标要素	权重	考评方法	考评赋分
A_6 绩（50）	B_9 教学效果有提高，学生人人有发展（50）	C_{44} 任课满工作量	10	教务处考评 教研组考评 学生评议 考评组考评	
		C_{45} 工作计划设计科学具体可行	2		
		C_{46} 备课认真，做到备教材、备教法、备学生	3		
		C_{47} 上课精神状态良好，坚持精讲多练，坚持双边互动，能吸引启发学生	5		
		C_{48} 作业批改做到全收全改，面批面改，注重“差生”转化	3		
		C_{49} 辅导注重查漏补缺，答疑解惑，分类助进	3		
		C_{50} 检测考试从严要求，不弄虚作假，真实再现学生学业水平	3		
		C_{51} 教学效果生成（科平均成绩、优秀率、及格率、转差率）	15		
		C_{52} 重视教研教改，有课改专题和实验项目	2		
		C_{53} 教学书面小结有改进措施意见	2		
		C_{54} 教学工作学期有中结、学年有总结	2		
A_7 附加项（20）	B_{10} 特色亮点工作（5）	C_{55} 原则上只能申报一项	5	考评组审评 师生无记名投票认定等级	
	B_{11} 获奖情况（5）	C_{56} 国家级奖励	2		
		C_{57} 省级奖励	1.5		
		C_{58} 市级奖励	1		
		C_{59} 县级奖励	0.5		
	B_{12} 全员民主综合评教（10）	C_{60} 教职员工及学生对教学工作综合情况的认可度	10		

注：

①考评对象为学校所有任课教师；

②考评方案总分实行标准分值 200 分制；

③考评积分在 170 分以上认定为优秀等次；
④考评积分在 160 分以上认定为良好等次；
⑤考评积分在 120 分以上认定为合格等次；
⑥考评积分在 119 分以下认定为有待学研提高等次。

1985 年 3 月

3. 班主任工作积分制

班级是学校的基层组织，教学工作以班级授课为基本组织形式，学生的思想品德教育工作，也主要是以班级为基本单位进行的。班主任是班级管理工作的组织者和领导者，在学校的统一领导和各科教师的共同协助下开展工作。班主任是学校教育工作的主力军，学校工作在很大程度上是通过班主任贯彻落实的，班主任工作做好了，教育学生的工作就落到了实处。所以，班主任工作的好坏，关系着学校教育教学工作任务能否顺利完成。

我们推行班主任工作积分制，根据班主任工作的任务和要求，着重提出了教育管理观念、班级建设目标、优化管理方式、常规工作推进、班级工作效果等六方面的工作指标考核要求。其具体项目为更新管理观念、自觉成长发展、追求生命价值，坚守管理常规、重视品德养成、坚持正确取向，尊重个性差异、坚持分类指导、实行原点驱动，规范日常行为、落实常规活动、引领特长发展，创新性工作、获奖情况、全员民主综合评价定性等级等方面。考核赋分通过班主任自评、考评组评议、教务处考评、考评组评审、校长审核等方式来实施管理。学年根据班主任全面工作和班级各项工作质量与水平，总评累计积分名次，激励先进，鞭策后进。学校按班数 25% 的比例确定先进班主任和文明班集体，并予以表彰奖励。

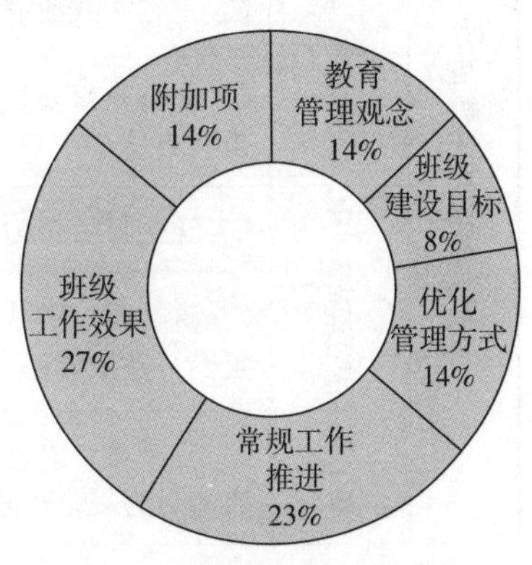

“班主任工作积分制”考评指标权重示意图

链接三　管评方法案例

白村初级中学班主任工作积分管评方案

被考评人________

考评人员（1）________（2）________（3）________　　　　19____年____月____日

指标维度	指标框架	指标要素	权重	考评方法	考评赋分
A_1教育管理观念（30）	B_1更新管理观念（7）	C_1坚持面向未来，培养德智体美劳全面发展的合格人才	2	班主任自评 考评组评议	
		C_2为每个学生提供发展的机会和空间	2		
		C_3让每个学生都能自我实现	3		
	B_2自觉成长发展（8）	C_4树立人人奋进的自信	2		
		C_5发扬比、学、赶、帮、超的风格	3		
		C_6养成自我超越的自觉	3		
	B_3讲求生命价值（15）	C_7教育引导学生求知习能	5		
		C_8教育引导学生创新进步	5		
		C_9教育引导学生成人成才	5		
A_2班级建设目标（20）	B_4坚守管理常规（6）	C_{10}创新求成，目标引领，每项工作有目的、有进取，工作有计划、有措施、有激励方法	2	教务处考评 考评组评审	
		C_{11}主题实践活动有目的、有针对性、有程序设计	2		
		C_{12}提高教育质量有目标、有途径、有方法、有效果、有体会	2		
	B_5重视品德养成（7）	C_{13}学生日常行为规范从一点一滴抓起	3	教务处考评	
		C_{14}讲文明、讲礼貌、讲卫生、讲秩序、讲道德的氛围日益浓厚	2		
		C_{15}心灵美、语言美、行为美、环境美的精神状态成为行为规范追求和品德修养	2		

续表

指标维度	指标框架	指标要素	权重	考评方法	考评赋分
A_2 班级建设目标（20）	B_6 坚持正确取向（7）	C_{16} 树立珍爱生命、热爱党、热爱祖国、热爱社会主义、热爱学校、孝敬父母、尊敬师长、热爱同学的情感取向	2	考评组评审	
		C_{17} 坚持爱科学、爱学习，尊重知识、尊重人才，立志成才的行为取向	2		
		C_{18} 追求做社会主义现代化建设的合格接班人，创造个体生命幸福的价值取向	3		
A_3 优化管理方式（30）	B_7 尊重个性差异（10）	C_{19} 平等地对待每一个学生，不歧视进步慢的学生	3	教务处考评 考评组评审	
		C_{20} 从个体生命原本基础出发，关注每一个学生成长进步	3		
		C_{21} 善于开发差异潜能，以适切的教育方法让每一个学生奋发有为，自我实现	4		
	B_8 坚持分类指导（10）	C_{22} 了解学生，差异发现，差异开发	3		
		C_{23} 最近组类，按类定标，能动进取	3		
		C_{24} 因人育化，循序渐进，自主超越	4		
	B_9 实行原点驱动（10）	C_{25} 尽自身所能，求自我获得	3		
		C_{26} 在原有基础上求进步	3		
		C_{27} 充分释放潜在能量，创造自我发展价值	4		
A_4 常规工作推进（50）	B_{10} 规范日常行为（14）	C_{28} 按时到校，不迟到、不早退、不旷课	4	值周员、教务处考评 考评组评审	
		C_{29} 遵规守纪，举止文明，讲普通话，写规范字，不讲粗俗之语，不打架骂人，不损坏公物	5		
		C_{30} 不损害庄稼，珍惜劳动成果。团结同学，助人为乐，勤奋学习，积极进取	5		

续表

指标维度	指标框架	指标要素	权重	考评方法	考评赋分
A_4 常规工作推进（50）	B_{11} 落实常规活动（21）	C_{31} 卫生习惯良好，安全意识牢固	3	值周员、教务处考评 考评组评审	
		C_{32} 早操、课间操纪律良好，活动认真	4		
		C_{33} 运动会、文艺演唱会、专项体育比赛、各种社团、兴趣小组等活动有成效、影响好	6		
		C_{34} 坚持家访活动	3		
		C_{35} 注意开展多项目的社会实践活动，多元激励学生发展	5		
	B_{12} 引领特长发展（15）	C_{36} 设计并开展有创意的主题教育活动	5		
		C_{37} 个性差异教育落得实，有活动、有效果	5		
		C_{38} 每个学生都表现出闪光的自己	5		
A_5 班级工作效果（60）	B_{13} 群体精神状态好，学生发展质量高（60）	C_{39} 班级管理有章法，班级教育有创新	10	教务处考评 考评组评审	
		C_{40} 各项活动有名次，学习风气有转变	20		
		C_{41} 考试成绩有进步，个性发展有特长	20		
		C_{42} 学生精神状态好，全校师生评价高	10		
A_6 附加项目内容（30）	B_{14} 创新性工作（10）	C_{43} 特色工作评定认同度高	6	考评组审评 校长审核	
		C_{44} 特色工作评定认同度一般	4		
	B_{15} 获奖情况（10）	C_{45} 市级以上集体和个人奖励	4		
		C_{46} 县级集体和个人奖励	3		
		C_{47} 乡级集体和个人奖励	2		
		C_{48} 校级集体和个人奖励	1		
	B_{16} 全员民主综合评议（10）	C_{49} 优秀等次	5		
		C_{50} 良好等次	3		
		C_{51} 一般等次	2		

注：

①考评对象为学校所有班主任，以年级为单位考评激励；

②考评方案总分实行标准分值 200 分制；
③考评积分在 170 分以上认定为优秀等次；
④考评积分在 160 分以上认定为良好等次；
⑤考评积分在 120 分以上认定为合格等次；
⑥考评积分在 119 分以下认定为有待改进提高等次。

1985 年 3 月

4. 后勤工作积分制

对后勤服务人员的管理，每学期根据学校既定目标和计划要求，逐人按岗分工，明确职责，然后提出具体的岗位目标要求，对他们的工作分项考查，并逐月在教师中通过民主测评来考查评价，年终对工作任务完成好、服务质量水平优、教师满意度高的人员进行表彰奖励。

在推行教育教学目标管理积分制的学校内部管评机制改革实践中，我们依照学校全员不同的工作性质、职责和要求来确定考核内容项目，力求明确具体，便于考核衡量。学校全员各方面工作有了标准要求和考评方法，同时我们也制定了具体进行考评积分的操作办法要求，实现了既研判评价对象的工作状态和过程，又兼顾了评价对象的工作结果。

（二）量化积分管理改革考评的实施方案

1. 量化积分管理考评的目的和意义

（1）量化积分管理考评要不断强化工作职责，规范工作行为，激发工作热情，提升工作效能，提高工作质量，创造工作价值。

（2）坚持创新发展的知行取向，能动激活人的进取心和创造力。

（3）学校内部管理改革要充分体现工作质量控制的科学性和合理性。

（4）要建立学校管理用事实说话、让数据说话的量化管理工作机制。

（5）推行量化管理评价要充分体现激励导向作用和活性、活力效能。

（6）考评工作要认真、严谨、精细。考评积分要考虑人们的情感承受能力，要在关爱呵护人性自尊的基础上，激发人的内驱力，养成人上进、向好、求新的自觉知行习惯。

（7）要以量化数据标识人的劳动质量和工作水平。

（8）考评操作赋分坚持做到客观、公平、准确、无误。

（9）力戒工作粗放、疏忽，以免挫伤教职工的工作积极性。

2. 量化积分管理考评的工作原则

（1）科学性原则。量化管理考评赋分要坚持定量与定性相结合，能定量的尽量定量，难定量的采用定性分等的方式评分，过程管理考核的负积分项给值不宜过大，适量而不使人过分看重。

（2）公平性原则。管理考评项目、标准、程序、权重分值、实际评分、考核过程和结果全公开、全透明。

（3）公正性原则。考评赋分坚持一把尺子量到底，一视同仁，确保规范运行、分值同一、客观公正。评优奖励严格以考评结果为依据，不掺杂个人情感因素。

（4）全纳性原则。在学校管理面前，只有岗位任职者，没有岗位特权人。学校全员都被纳入考评之列，每一个岗位的职责和工作质量全考评。

（5）认同性原则。实施教育教学管理评价，许多方面都很难量化，勉强生硬的量化缺乏科学性，定性分等的分值也很难界定范围。在量化积分的管评实践中，对一些相对模糊的范畴进行等级认定，实际操作中等级之间赋分值的差距不宜过大，且必须被管评对象普遍认可。要注重听取群众意见，适时动态地对分值进行调节，使之合情合理。

（6）程序性原则。考评活动要严格按规定的程序要求进行，即查即记，即记即报，即报即考，即考即评，即评即积，即积即告。做到阳光透明，全员监督。

（7）民主性原则。人人都是管理的主体。教育管评活动要给予教职工更多的话语权和更深入的参与度，使教职工对量化评分的标准和尺度、对工作的过程和结果心知肚明。

（8）弹柔性原则。教育管理是对人的管理，没有人情的管理是短命的管理，缺乏人性化的做法是不得人心的做法，也是缺乏智慧的管理。学校管理，该严的一定要有刚性，该宽的一定要有柔性，如此人际关系才会和谐。对教职员工遇到的一些特殊情况，考评要区别对待，灵活处置，合乎情理，讲究柔和。如因婚丧大事，父母、夫妻、子女偶发病恙不适，甚或一些突发祸患的缺职旷工、超假耽误的情况，要区别对待，切忌因生冷机械处置而伤害人情世故之礼。

3. 量化积分管理考评的实施要求

（1）考评工作要在学校考评组的指导下，以客观再现教师劳动为前提，以激发教职员工的工作积极性、主动性、创造性为取向，以提高教育教学质量为中心，以数字量化表现工作绩效为手段，以强化过程管理为途径，以提升管理评价效能为目的，认真严谨、精细准确地实施考评工作。

（2）学校全员都是被考评的对象，人人都要自觉参与、积极配合，以促进考评工作规范有序运行，与学校内部管理改革同进步、共成长，一起在探索创新中实现健康发展。

（3）学校中的每个人都是管理改革的责任人。各职能组织和个人，要明确分工，恪守职责，按照时限，遵循程序，严格标准，认真考查、考核、考评，确保每一项考评结果为人信服，把不满与质疑的发生率降到最低。

（4）未经全教会审议通过的有关工作标准和考量尺度不得随意使用，以免影响人的情绪，冷落了人的情感。

（5）实施过程中发现问题要立即调整改进，不能积小疾而成大患，最终伤及改革的元体真气。

（6）考评量标是静态的，也是发展的，要不断适应动态目标，要在实践认同中求得相对稳定，科学的尺度是管理互主体的相互认同度，要善于把脉诊断、智慧能动地发挥管理的应有效能。

（7）考评操作中，各方案目标指标项目实际赋分原则上不出现负积分项目值。

4. 量化积分管理考评赋分标准和要求

（1）领导干部工作考评积分的具体实施标准和办法

①关于“德”的修行表现情况的考评赋分

第一，考评赋分每学年进行两次，每学期在全校期终工作总结考评例会上，由全体教职工进行等级认定。

第二，等级分为优良和良好两个档次，优良档次按 40 分值赋分，良好按 35 分值赋分。教职工评议认定等级，“优良档次”认定人数超过 85% 的定为“优良”，低于 15% 视为良好（考核赋分计算公式为 x=a/b。x 表示等级，a 表示评议等级认定人数，b 表示参评总人数）。

下列情况给予负积分赋分：

第一，有重大失误行为的负积分 2 分，一般失误行为的负积分 1 分。

第二，领导之间在教师和学生面前争执吵架有失道德修养和形象的，双方负积分各 1 分。

第三，政治理论和业务学习会缺一次负积分 1 分。

第四，深入教研组、班集体活动缺一次负积分 1 分。

第五，为教职员工和学生服务满意度低于 90% 的负积分 2 分。

②关于“识”的进取提高表现情况的考评赋分

第一，每学年进行两次，评价结果分为优秀和良好两个档次。

第二，每学期在全校学期工作总结考评例会上由全体教职员工进行评议。

第三，评议认定为优秀档次的考评人员超过 85% 的，考评定为优秀，低于 15% 的，定为良好。

下列情况给予负积分赋分：

第一，课堂教学经常出现知识错误的负积分赋值 2 分。

第二，没有参加在岗进修或自学进修计划的负积分赋值 1 分。

③关于“责”的表现情况的考评赋分

第一，每学年考评两次，每学期终结分别进行一次。

第二，学校全员在学期总结考评例会上根据每位领导履职述职并结合平时情况进行评价认定等级，获优秀档次的积分值 28 分、良好 25 分。

第三，过程考评由考评组随时实施客观表现的证实考核。

考评实行负积分的赋分计量标准：

各领导成员履职没有完成学校安排的相关教育教学活动任务，每一项次负积分 1 分。

④关于“能”的表现情况的考评赋分

第一，对领导干部能力表现的考评赋分每学年进行两次。每学期期终全校教职工总结考评会上进行综合评议定等认定，等级认定分为优秀和良好两等，考核为优秀档次赋分 20 分，良好档次赋分 18 分。

第二，考评组对每位领导平时的工作实行履职尽责跟踪考评，对出现工作失误的实行负积分赋分，根据工作失职失责造成后果的轻重酌情考核登记，负积分区间原则上控制在 1 ～ 2 分。

⑤关于“勤”的表现情况的考评赋分

第一，按常规要求履行积分赋值。

第二，出满勤，无缺岗、缺勤、失职行为的赋值 2 分。

实行负积分考评的赋分计量标准：

第一，迟到一次负积分 1 分，早退一次负积分赋值 2 分。

第二，周日下午未按时到校每次负积分 0.3 分。

第三，晚上例会每缺旷一次负积分 0.3 分。

第四，缺课一节负积分 0.5 分，缺辅导课一节负积分 0.3 分。

第五，无理由旷课一天负积分 1 分。

第六，非规定事假缺岗一天负积分 0.2 分。

⑥关于“绩”的表现情况的考评赋分

第一，学校对领导干部绩的考核，实行按工作行为效果的事实进行考核，由考评组考核评议认定。

第二，C_{45} 按任课工作量、分工履职情况赋分。分三个档次：工作尽职尽责、任课超量赋值 12 分；工作状况良好、任课满量赋值 10 分；工作状态一般、任课不满量赋值 8 分。

第三，C_{46} 工作有阶段性计划、实施目标和落实措施，赋 3 分。

第四，C_{47} 个人述职，考评组赋分，原则上掌握在 7 ～ 8 分区间。

第五，C_{48} 个人述职，工作无疏漏，可按 5 分赋值。

第六，C_{49} 个人述职，按事实表现赋分可掌握在 5 ～ 6 分区间。

第七，C_{50} 个人述职，按客观事实赋分可掌握在 3 ～ 5 分区间。

第八，C_{51} 个人述职，按文本资料考查结果，凡有者可赋值 3 分。

第九，C_{52} 根据个人述职和相关事实记载，以及工作客观效果，赋分掌握在 6 ～ 8 分区间。

⑦关于“附加项”的表现情况的考评赋分

第一，C_{53} 由校长和考评组评审核定，实施定性分等赋分，优秀档次赋值 5 分，良好档次赋值 4 分。

第二，C_{54} 由考评组按证件实物审核认定赋分。

第三，C_{55} 核定赋分由考评组组织实施。优秀档次赋值 10 分，良好档次赋值 9 分，一般档次赋值 8 分（评议认定为优秀档次的人数，高于 85% 的评定为优秀；评议认定为优秀、良好档次的人数，高于 70% 的评定为良好；评议认定为优秀、良好档次的人数，低于 30% 的定为一般。考核赋分计算办法为：x=a/b。x 表示等级，a 表示参评等级认定人数，b 表示参评总人数）。

（2）教师工作考评积分的具体实施标准和办法

①关于“德”的修行表现情况的考评赋分

考评每学年进行两次，每学期期末由教研组组织评议，考评组审议备案。

等级分为优良和良好两个档次，优良档次按 30 分值赋分，良好按 25 分值赋分。考评组评议认定等级，评议认定为优良档次的人数，高于 85% 的评定为优良；评议认定为优良、良好档次的人数，高于 70% 的认定为良好。

考核赋分计算办法为：x=a/b。x 表示等级，a 表示参评等级认定人数，b 表示参评总人数。

下列情况给予负积分赋分：

第一，工作中出现较大失职行为的负积分 5 分，一般性过失行为负积分 3 分。

第二，政治理论和业务学习会缺席一次负积分 1 分。

第三，作风不正，在学校产生恶劣影响的，负积分 2 分。

第四，教研组活动、班集体活动缺席一次负积分 1 分。

第五，在学校全体师生中满意度低于 90% 的负积分 2 分。

②关于“识”的成长表现情况的考评赋分

第一，每学年进行两次，评价结果分为优秀和良好两个档次。

第二，在每学期期末由教研组实施评议、报考评组审议备案。

第三，参评认定为优秀档次的人数，高于 85% 的认定为优秀；评议认定为优秀、良好档次的人数，高于 70% 的认定为良好。优秀档次赋值 20 分，良好档次赋值 18 分。

下列情况给予负积分赋值处理：

第一，课堂教学经常出现知识错误的负积分赋值 2 分。

第二，没有参加在岗进修或无自学进修计划的负积分赋值 1 分。

③关于“责”的表现情况的考评赋分

第一，考评工作每学年进行两次，分别在每学期期终实施。

第二，履行工作职责的具体要求全部定量考核，量标值控制在 0.5 ～ 1 分区间。

第三，履行工作职责的情感态度表现通过任课班级的学生评议定等考核，分优秀和良好两个档次，优秀档次赋分 30 分，良好档次赋分 28 分。

实行负积分考评赋分的计量标准：

各教师履职没有完成学校安排的相关教育教学活动任务，每一项次负积分 1 分。

④关于“能”的表现情况的考评赋分

第一，对教师能力表现的考评赋分每学年进行两次。在每学期期终全校教职工总结考评会上进行综合评议定等认定，等级认定分为优秀和良好两等。考核为优秀档次赋分 30 分，良好档次赋分 28 分。

第二，考评组对每位教师平时的工作实行履职尽责跟踪考评，对出现工作失误的实行负积分赋分，根据工作失职失责造成后果的轻重酌情考核登记，负积分区间原则上控制在 2 ～ 3 分。

⑤关于“勤”的表现情况的考评赋分

第一，按常规工作要求实施考核。

第二，出满勤、无缺岗缺勤、无失职行为的赋值 2 分。

第三，凡学校规定的工作时限和工作活动要求，均在考勤中严格记录，对不按时出勤出工者实行负积分考核。赋分坚持触及性适量给值，不予刺激性过量给值，赋值一般控制在 0.1 ～ 0.5 分，对教师缺课、缺辅导课的行为要从严对待。

第四，到校迟到一次负积分 0.5 分，提前私自离岗一次负积分 1 分。

第五，周日下午未按时到校每次负积分 0.3 分。

第六，晚上例会每缺旷一次负积分 0.3 分。

第七，缺课一节负积分 1 分，缺辅导课一节负积分 0.5 分。

第八，无理由旷课一天负积分 2 分。

第九，非规定事假缺岗一天负积分 0.5 分。

⑥关于“绩”的表现情况的考评赋分

第一，学校对教师绩的考核，实行按工作行为效果的事实进行考核，由教务处、教研组、考评组考核评定，实施定量和定性分等赋分，每学期期中、期末各考评一次。

第二，C_{44} 按任课工作量、分工履职情况赋分。分三个档次：工作尽职尽责，任课超量赋值 12 分；工作状况良好、任课满量赋值 10 分；工作状态一般，任课不满量赋值 8 分。

第三，C_{46} 教研组根据对备课的课案检查情况赋分，优秀课案赋值 3 分，良好课案赋值 2.5 分。

第四，C_{47} 教务处根据随时对上课情况的巡查赋分，原则掌握在 4 ～ 5 分区间。

第五，C_{48}、C_{49} 教务处考评，优秀档次 3 分，良好档次 2.5 分。

第六，C_{50} 考评组按统一测试巡考感观和相关考试违纪记录情况进行赋分，原则上掌握在 2.5 ～ 3 分区间。

第七，C_{51} 按同学科统一测试的教学成绩效果名次和比率进行赋分。居第一位次 15 分，第二位次 13 分，第三位次 11 分。学科平均分差距在 1 分之内趋上一等第认同，比率差距在 2% 之内趋上一等第认同。

第八，C_{45}、C_{52}、C_{53}、C_{54} 教务处按对文本材料考查情况赋分，凡有者赋值 2 分。

⑦关于“附加项”的表现情况的考评赋分

第一，C_{55} 由教务处评审核定，实施定性分等赋分，优秀档次赋值 6 分，良好档次赋值 5 分。

第二，C_{56} 由考评组按证件实物审核认定赋分。

第三，C_{57} 核定赋分由考评组组织实施。优秀档次赋值 10 分，良好档次赋值 9 分，一般档次赋值 8 分（评议认定为优秀档次的人数，高于 85% 的评定为优秀；评议认定为优秀、良好档次的人数，高于 70% 的定为良好；评议认定为优秀、良好档次的人数，低于 30% 的定为一般。考核赋分计算办法为：x=a/b。x 表示等级，a 表示参评等级认定人数，b 表示参评总人数）。

（3）班主任工作考评积分的具体实施标准和办法

①关于“教育管理观念”的考评赋分

第一，考评赋分每学年进行两次，每学期期末由考评组进行等级认定。

第二，各项内容按常规要求履行积分赋值。

第三，考评等级分为“先进”和“较先进”两个档次。“先进档次”认定人数超过 85% 的定为“先进”，低于 15% 视为较先进（考核赋分计算公式为 x=a/b。x 表示等级，a 表示评议等级认定人数，b 表示参评总人数）。先进档次按 30 分值赋分，较先进按 25 分值赋分。

②关于“班级工作目标”的考评赋分

第一，每学年进行两次。每学期期末由教务处考评，考评组评审赋分。

第二，评价结果分为优秀和良好两个档次。评议为优秀档次的考评人员，超过 85% 的，考评定为“优秀”，低于 15% 的，定为良好。优秀档次赋值 20 分，良好赋值 18 分。

③关于“优化管理方式”的考评赋分

第一，每学年进行两次，每学期期末进行一次。

第二，考评组根据对班主任日常工作方法和开展情况的平时检查记录进行定性分等赋分，等级分为“科学”和“比较科学”两个档次。“科学”

档次赋值 30 分，“比较科学”赋值 28 分。

④关于“常规工作推进”的考评赋分

第一，此项依据平时检查考核和工作活动开展效果考评赋分。

第二，C_{28} 由教务处配合考评组根据值周员校务日志记录和平时检查记录赋分，赋值掌握在 3 ～ 4 分区间。

第三，C_{29} 由教务处配合考评组根据平时检查考核记录赋分，赋值掌握在 4 ～ 5 分区间。

第四，C_{30} 由教务处配合考评组依据校情反映和平时检查考核记录情况赋分，赋值掌握在 4 ～ 5 分区间。

第五，C_{31} 教务处配合考评组根据卫生专项检查评比记录和安全事故记录情况赋分，赋值掌握在 4 ～ 5 分区间。

第六，C_{32} 教务处配合考评组根据值周员规定的活动表现事项记录赋分，赋值掌握在 3 ～ 4 分区间。

第七，C_{33} 教务处配合考评组根据活动比赛名次和活动效果赋分，赋值掌握在 4 ～ 6 分区间。

第八，C_{34} 教务处配合考评组根据教师开展记录赋分，凡参加者均赋值 3 分。

第九，C_{35} 教务处配合考评组根据班务记录，按活动的次数和效果酌情赋分，赋值掌握在 4 ～ 5 分区间。

第十，C_{36} 教务处配合考评组根据班主任上报的主题活动方案赋分，赋值掌握在 3 ～ 5 分区间。

第十一，C_{37} 教务处配合考评组根据班主任工作总结反映的情况赋分，赋值掌握在 4 ～ 5 分区间。

第十二，C_{38} 教务处配合考评组根据班级学生全面发展的质量提升情况赋分，赋值掌握在 4 ～ 5 分区间。

⑤关于“班级工作效果”的考评赋分

第一，考评赋分每学年进行两次，每学期期末由教务处考评，考评组评审进行等级认定。

第二，C_{39} 教务处配合考评组依据班务日志、班主任提供的文本总结材料和平时的检查考核情况进行赋分，赋值区间原则上掌握在 8 ～ 10 分。

第三，C_{40} 教务处配合考评组依据校级活动档案资料和平时检查考核记录情况进行赋分，赋值区间原则上掌握在 15 ～ 20 分。

第四，C_{41} 教务处配合考评组根据班级学科成绩在全年级各班的名次和班主任工作总结材料反映内容进行赋分，赋值区间原则上掌握在 15 ～20 分。

第五，C_{42} 考评组根据平时的检查考评观感进行赋分，赋值区间原则上掌握在 8 ～ 10 分。

⑥关于“附加项”的考评赋分

第一，C_{43}、C_{44} 教务处考评，优秀等第 6 分、优良等第 4 分。

第二，C_{45} 由考评组按证件实物审核认定赋分。

第三，C_{46} 核定赋分由考评组组织实施。优秀档次赋值 5 分，良好档次赋值 3 分，一般档次赋值 2 分（评议认定为优秀档次的人数，高于 85% 的评定为“优秀”；评议认定为优秀、良好档次的人数，高于 70% 的定为良好；评议认定为优秀、良好档次的人数，低于 30% 的定为一般。考核赋分计算办法为：x=a/b。x 表示等级，a 表示参评等级认定人数，b 表示参评总人数）。

实施全方位、多角度的量化管理，对引领德智体美劳全面发展的教育方向，强化教学质量形成的过程控制，促进学校薄弱环节的综合治理，增强教师各尽所能、人尽其才的工作积极性、能动性和创造性，推进学校管理科学化、制度化、精细化、效能化的发展进程，具有积极的实践意义和管理价值。

实施量化管理，“定标定值”是最值得关注和研判的。定标要体现发展性，定值要关注科学性，实施要把握可行性。也可以说，评价指标考量的赋分标准，要科学界定取值范围，理性进行权重分配。从一定意义上讲，指标赋分标准权重值体现着学校的发展理念、发展重点和管理制导侧重，直接影响着教职员工的行为取向，要注重在管理过程中不断地分析论证和研究制定。我们在推行目标管理积分制的实践探索中，坚持“规划目标”

指导下的管理指标设计，实行了动态化“定标定值”。

推行“教育教学目标管理积分制”，坚持按教育发展方向和学校办学目标，研究制定管理评价的指标体系。在评价指标项的考评赋分标准研定方面，根据学校管理“纠偏取全”的发展侧重，实施了“综合定标，动态定值，权重赋分，量化考核”。各项指标赋分标准的取值范围，根据各指标项在支撑学校发展中所占比重，确定其赋分的权值大小。评价指标赋分标准随着管理取向和侧重调比定值，也就是说，评价指标考核考量的赋分标准值不能是一成不变的，而是要根据发展需要适时适当地调整变化。

（三）“教育教学目标管理积分制”配套措施

“教育教学目标管理积分制”构建成形以后，学校领导班子围绕学校全员的群体意愿和学校发展规划，积极推动管理改革探索取得理想成效。为了不断完善管理，提升管理水平，促进教育质量大幅度提升，我们相继制定了一系列管理配套措施，全方位地细化和丰富了学校管理评价体系的内涵。

1. 从严执教，加强教师“教”的质量形成过程管理

教师的知识水平和教学能力不等于教学质量；教师讲清楚、教明白，不等于学生听清楚、学明白；教师教出去，不等于学生学到了手。每一个学生都学得好，才能真正体现教学质量。因此，我们非常重视教师教学过程的管理，即常规教学管理。

2. 从严治学，加强学生“学”的质量形成过程管理

初中学生从入学到毕业，由于年龄增长、生理心理变化、课程递增、知识积累、思维发展等原因，表现出十分鲜明的阶段性特点。这就要求我们认真研究其阶段特点，并进行有针对性的管理引导，从而达到预期的质量效果。学生是教学的对象，也是学习的主人，又是质量的载体。因此，我们在抓教师教学全过程管理的同时，着重强化了学生学习的全过程管理。

学生学习的全过程一般包括制订学习计划、预习、听课、复习、完成作业、考试、总结、自我反思等八个环节。实践证明，只管“教”的过程而不管“学”的过程，就不可能获得高质量的教学。为此，我们首先制定

了十条学生一日生活常规，要求其遵守，重点抓预习、听课、复习、完成作业等环节。抓预习，突出一个“引”字，布置预习题，提示阅读资料，把学生引入新的知识领域；抓听课，突出一个“活”字，要耳听、脑记、口述，抓住重点，触类旁通；抓复习，突出一个“恒”字，即“学而时习之”，使复习经常化、周期化；抓作业，突出一个“实”字，既要扎实地完成作业，又要真实地体现自我习作水平。学校进行抽查、展览、评比，把各班学生完成作业的情况加以汇总，给予相应的积分，纳入班级量化管理中去。在学生中形成一个“平时过得硬，考时过得去”的共识，坚决消除侥幸过关、突击求成等不良现象，使学生严守学习常规，稳扎稳打。

为了充分激发学生的学习兴趣，增强他们的竞争意识，我们分类推进，设立了量级相等的奖项，如“五育并举全优奖”“争优冒尖优秀奖”“奋起直追超前奖”“不甘落后进步奖”“发展兴趣特长奖”等，并根据质量目标经常召开同层次的（年级、学习成绩）学生会议，举行不同层次的学科技能演练。

此外，为了科学合理地约束、引导学生的学习、生活与行为，我们给学生制定了尊师公约、学习生活常规、值日生守则等规章制度，学生们积极认真遵守规章制度，学习和生活有序而有效地进行着。

3.“抓一促二保三”的教学管理指导要求

长期的教学实践一再证明：重视毕业班，忽视起始、过渡年级，不仅费力、效果差，而且会造成恶性循环。这种管理思想指导下的做法是违反教育规律的，是舍本逐末。初中教育作为基础教育的一个阶段，包括三个层次，初一是基础，初二是关键，初三是重点。只有初一基础打得好，初二做好引导，防止分化，初三才会有保证，才能大面积提高教学质量。基于这种认识，我们采取了“抓一促二保三”的管理方法，变过去“教学管理重点着眼于毕业班”为“一手抓毕业班一手抓非毕业班”，即在抓毕业班的同时狠抓基础。努力协调各方力量，合理安排师资，想方设法调动教师的工作积极性，切实保证教学质量大面积提高。

根据各年级的特点和管理工作侧重点，初中三年可概括为“严”“导”

"巧"三字。初一新生从入学之日起，就狠抓校纪、校规，使其树立良好的学风，工作突出一个"严"字。初二课程门类增多，容易两极分化，成绩好者自满不前，成绩差者泄气掉队。因此，面向全体、缩小分化是工作重点，要通过多种学习演练活动，激发学生的学习兴趣，形成比、学、赶、帮、超的局面，使学风日益浓厚，工作突出一个"导"字。初三阶段把好复习关，优化学科教学时间，避免教师争抢时间蛮干，工作突出一个"巧"字。

抓非毕业班工作，坚持在强化班主任工作的同时，经常深入学生实际，每学期都召开不同学业水平的学生会议，分别对其提出不同的要求，加强分类指导，促使学生不断提高。

4. 推行目标指导下的自我竞进管理

学校目标管理的目标取值，是原本发展基础上提高理想值，同时也是为管理互主体认同。搭建公平竞争的平台，促进办学主体和学生增强自我竞进自觉，对标自我，自找赶超目标。

（1）"三定"岗位责任制

①研定学校办学主体"管理层人员、教师、后勤服务人员"三方面人员的职责。

②教学质量监测评价的"三定"：一定新生入学质量基础；二定学年结束"三率"（及格率、优秀率、合格率）的提升幅度；三定班主任、科任教师交接班或所教科目的质量标准基础。

（2）目标管理

①形象目标

我们把县上办学思想端正、教学改革迈步大、教学质量一流的学校作为赶超的目标。同他们比德、智、体诸方面的并进，比"三风"（校风、教风、学风）的良好，比"四率"（优秀率、优良率、及格率、升学率）的提高。

为了确保这个方案顺利实施，我们领导班子还制定了《领导干部工作十五要守则》《教师工作守则》等一系列配套规章制度，约束和引导全体教职员工为了共同的目标而努力进取。

②学生分类推进目标

我们按班级、学科分别提出了学生分类推进的指令性目标和要求，根据学生的思想、学业、体质等，把学生分成“发展处前生”“发展处中生”“发展处后生”等几种类型，并与各班班主任、科任老师签订目标责任书。

③学生成绩提升目标

我们建立了“三定”教学岗位责任制。一定新生入学质量基础；二定学年结束学生成绩“三率”的提升幅度，即优秀率、及格率提高多少，“差生”率降低多少；三定班主任、科任教师交接要求，即初一学年结束时，以各班各科平均成绩作为初二各班的基础，初二学年结束时以各班各科平均成绩作为初三各班各科的基础。

④毕业生的理想目标

初级中学担负着为高一级学校输送合格新生和为社会培养合格劳动力的双重任务，因此，我们结合学校实际和近几年学校毕业生升学情况，确定本学年毕业生的综合质量发展目标，使“四率”和升学目标落实到每个教师的工作追求上，通过教师进而落实到激励每个学生自我实现的发展目标上。

根据校领导班子集体的发展愿想，我们紧紧围绕“教育教学目标管理积分制”这一主体制度，制定了各种配套措施和办法，细化、延展、丰富并强化了管理内涵与质量控制，使学校的管理工作不断趋向规范化、精细化，为学校不断冲刺新的发展目标奠定了制度基础。白村初级中学由此开始走上内涵式发展轨道，朝着光明的前景大步迈进。

第五节　县域教育发展的梯次式均衡推进

创新发展是一个永恒的实践命题。

推进区域教育跨越式发展检验着教育工作者的心智、心力和心境，要不断提振发展精神，不断坚定发展意志，不断提升发展理念，不断优化发展方法。

教育要立足现实，紧跟时代，面向未来。

提高科学发展的洞察力、判断力和执行力，增强创新发展的自发力、融通力和创造力，是实现教育战略和既定发展目标的必然要求。

社会化大教育实践，构建教育生态宜生宜长的合作发展链是关键。要以科学的机制和方略引领教育教与学、质与量、管与评价值的大境作为，追求活性、活力、活和的发展意义，促进教育生态和美发展。

一、县域教育的发展思考

（一）蓝田县教育的发展

20世纪80年代，蓝田县搞“普教”投入近1000万元，解决了“一无两有”，告别了“黑屋子，土台子，泥孩子”的历史。20世纪90年代实施“普六”“普九”——“两基”达标，投入1.77亿元，在全省贫困县中率先实现了“两基”普及目标，这是我县基础教育发展的一个新的里程碑。21世纪初，大力巩固提高“两基”成果与质量，全县投入9041万元，新建、改扩建学校164所，其中2002～2003年两年就接近100所。用经营教育理念积极加大高中阶段教育建设步伐，创造条件投入6176万元，完成校建面积71499平方米，极大地改善了高中办学条件，为“普高”创造了良好的条件。这一时期，我县教育发展步入一个新阶段：全系统行风明显改变，中小学领导作风明显好转，呈现出抓管理、求质量、促发展的喜人态势；中考成绩明显提高，全县在教改中涌现出一大批先进集体和先进个人；2002～2003年，我局均获市局和县委、县政府目标责任制考评一等奖；2003年，教育局荣获“西安市纪检监察信访工作先进单位”和“西安市理论学习先进集体”，荣获县委、县政府“党建目标责任管理先进党委”“贯彻落实党风廉政建设责任制先进党委”“调研工作先进单位”等称号。我县教育发展的成就，为教育的跨越式发展奠定了基础，创造了条件。

（二）蓝田县教育与兄弟区县的差距

新世纪要站在时代发展的制高点看教育，论发展。

从全市横向看，与兄弟区县尚有较大的差距。就 2003 年高考、中考而论，高考二本上线人数居西安市各区县倒数第二，中考总评成绩与市总评成绩存在 15.58 分的差距。以西安市高考各区县二本上线人数占人口比例统计，蓝田县为 0.12%，位列倒数第 1 名；中考低于市总评成绩 30 分以上的学校有 13 所，理化、数学、英语平均成绩分别居 13 区县的第 10、11、11 名。

我县教育有许多不适应时代发展的不平衡点：学段发展不够平衡，小学管理抓得不实，初中管理抓得不活，高中管理抓得不力，争优创名失衡。

教育发展的失衡与被动提醒我们，只有抬头看他县、他校、他人发展，低头反思自己之短，正视现实，冷静分析，主动感悟，客观、正确地认识自我，完善自我，体现自我，超越自我，求真务实，才能变被动为主动，才能牢牢把握发展的先机，在竞争大潮中永立潮头，才会大有作为，摆脱落后，快速发展。

（三）蓝田县教育再出发

21 世纪初，新一届蓝田县教育局领导班子在积极反思教育发展历史经验与教训的基础上，提出“以评价为导向，以管理为抓手，提振发展精神，增强发展自信，激活发展潜能，聚焦发展目标，实现发展跨越，让教育告别贫困”的号召，相继提出并构建起“教育教学梯次式动态目标管理评价”系列制度和办法，以之激发调动跨越式发展的潜能和活力，坚定地走自主创新发展之路。

教育教学梯次动态目标管理评价的目标设定，按照素质教育和实践创新的发展要求，我局制定了中小学《教育教学梯次式动态目标管理评价实施方案》，从“科学教育教学管理，坚持面向全体学生，坚持全面发展学生素质，培养学生个性特长，激励教育教学创新”五个方面，对乡（镇）教育组、高中、初中、小学均提出了相应的评价要求。

新的教育管理评价坚持以发展的眼光看世界，以发展的价值论创新，以发展的标尺审进步，以发展的文化领未来。坚持用事实和数据说话，追求教育公平，创建人文环境，实现生态活美。

在推进和深化素质教育的实践中，首先要更新教育观念，突破教育发展与管理的“评价瓶颈”，公平公正地看待教育、学校、教师、学生的发展，这是时代发展对教育的呼唤，也是教育改革与发展的必由之路，更是教育管理与评价实践的必然举措。立足历史发展的新起点，如何破解教育存在的难点问题？如何探求基础教育的解困路径？如何还原教育生态的本真发展？如何整体提升县域教育的质量和水平？我们通过对外部发展客观环境和系统内部各种问题的综合审视与长时间的集中讨论研究，面对新世纪经济社会发展带来的新机遇和新挑战，深入思考并谋划着改革思路和发展措施。

穷则思变、改则变通。蓝田县作为西安市唯一的省级贫困县，在基础教育发展长期滞后的历史境遇下，只有立足长远，放眼未来，自主创新，与时俱进，才能不断实现县域基础教育的跨越式发展。

二、以目标引领发展

梯次循进教育理念，倡导还原教育生态本真，追求教育生态的和美发展。教育的意义反映为尊重个体生命差异，讲求人本生态求真，实现人的各得其所的适宜发展。

发展本有律，道法于自然。教育发展的过程，当为一个不断求真向善趋美的实践创新过程。

目标是行为价值的取向。一个人心里有了目标，就有了前进的方向和动力。

顶层设计，高端定位。坚持把追求教育跨越式发展的目标落实到每一个人新的发展起点上，落实到每一项工作任务关键支撑点和重要环节上。

教育的终极目标是促进人的发展。推动教育可持续发展，促使人自主能动、全面健康发展，从而满足社会多样化的人才需求，是教育改革创新的实践追求。

“公平、质量、均衡”是新时期教育发展的战略主题，为促使蓝田教育跨越式发展，我们坚定改革创新发展的信念不动摇，坚持探索科学管理评价的方式不动摇，搞调研、定目标、拟措施、抓落实，不断加快改革发展的步伐，积极向着更新更高的目标奋进。

2004 年 4 月，全县“中小学教学管理调研月”活动结束后，我撰写了《蓝田教育发展纵横论》调查报告，集中阐述了深化改革，创新自信，追赶超越，加快推进发展的思路、措施和要求以及开创未来的信念和向往。

（一）结合“变作风，抓落实，强化管理，提高质量”的教育实践活动，正确认识和看待强化中小学教学管理的目的和意义

转变领导作风，落实领导责任，是改革发展的需要，是促进教育事业前进的根本保证。推动教育实践活动深入基层，是深化改革、加速发展的重大举措。转变作风、落实责任、强化管理、提高质量是我们推进工作的永恒主题，要常抓不懈，常抓常新。

1. 活动背景

（1）党中央号召，要大力弘扬求真务实精神，大兴求真务实之风。

（2）省委提出“基层工作年”，强调要深入基层。

（3）市委提出要“求真务实，狠抓落实”。

（4）县委、县政府提出今年为“变作风，抓落实”活动年。

（5）局党委、教育局为了贯彻落实县委、县政府的部署，在全系统开展“变作风，抓落实，强化管理，提高质量”主题教育年活动，并确定 3 月为“中小学教学管理调研月”。

2. 活动要求

在主题教育年活动中，我们要集中解决教育系统各级领导干部中存在的作风不实、落实不力问题，集中解决各级学校中表现出的小进即安、发展缓慢问题，集中解决教育教学管理中存在的管理不力、水平偏低问题，集中解决教师队伍中存在的缺乏进取精神、工作动力不大的问题。

3. 活动目的

变作风是要求，抓落实是重点，强化管理是措施，提高质量是目的。通过开展主题教育年活动，要切实提高思想认识，达到理清思路、明确目标、转变作风、落实责任、强化管理、改进工作、提升质量、促进发展的效果。

3月开展的“中小学教学管理调研月”活动，重点对田家炳中学、城关中学、蓝田初中、北关小学、东街小学、白村初中、普化初中、马楼初中、许庙初中、冯家村初中、金山初中，11所好、中、差层级典型的中小学校进行检查调研。这是“变作风，抓落实，强化管理，提高质量”年活动的一个重要内容。其目的是掌握现状，规划未来，找准问题，集中整改，创新管理，促进发展；是抓两头，带中间；是抓典型，促全面。

（二）从均衡发展战略出发，查找我县教育不适应时代发展的不平衡因素

均衡发展反映着基础教育的前进方向，是广大人民群众的愿望和要求，更是山区人民的强烈期盼。讲均衡发展就是要讲资源的合理调配，讲发展的合作共生，讲质量的不断完善。

1. 发展研究背景

（1）知识——日新月异。

（2）经济——快速发展。

（3）教育——改革不断深化。

（4）其他县——教育发展长足奋进。

（5）重点学校——在激烈的竞争中拓展生机。

2. 客观环境透视

（1）我县经济基础相对薄弱。

（2）教育发展与发达地区相比差距明显。

（3）教育质量提高缓慢。

（4）学段发展不够平衡。

3. 主流评价声音

小学管理抓得不实，初中管理抓得不活，高中管理抓得不力。

（1）人的消极发展因素表现明显

第一，精神不振，思维不活。

第二，理念不新，学风不浓。

第三，作风不硬，管理不力。

第四，竞争不强，效率不高。

第五，创新不卓，小进不争。

第六，质量不佳，落后不醒。

（2）教学质量定数显现失衡

第一，2003 年高考，六区县高考二本上线人数占总人口比率统计：户县（今鄠邑区）0.36%，第 1 名；高陵 0.25%，第 2 名；临潼 0.22%，第 3 名；周至 0.21%，第 4 名；长安 0.19%，第 5 名；蓝田 0.12%，第 6 名。

第二，2003 年中考，我县薄弱学校、薄弱学科较多，低于市总平均成绩 30 分以上的学校有 13 所，理化、数学、英语平均成绩分别位居 13 个区县第 10、11、11 名。

4. 争优创名知行缺失

（1）倾向性缺失

第一，办学理念存在发展视野不宽广的问题。

第二，提升质量存在发展方式不科学的问题。

第三，创新管理存在发展特色不明显的问题。

第四，争优创名存在发展定位不准确的问题。

第五，教育评价存在只关注分数和升学率的问题。

第六，我县中小学一些优秀学校没有形成校本特色，管理没有形成相对稳定的有效模式。从领导到教师没有形成“管理催生质量，质量成就名校，名校造就名师，名师支撑名校”的主流发展观念和品牌塑造的工作格局。

第七，许多中小学领导和教师对计划经济与市场经济质量标准和薪酬标准的分配认识不到位：“计划调控，平均分配”的计划经济质量要求和取酬分配特征，更多是关注于量；“市场调控，优质优酬”的市场经济质量要求和取酬分配特征，更多是关注于质。因此，利益分配纷争不休，管理效能限制较多，直接影响了学校发展主体主观能动性的发挥。

（2）困扰因素表现

第一，不少优秀教师外流。

第二，2003 年近 100 名高中优秀新生外流。

第三，西安名校不惜重金挖“优生”，“优生争夺大战”波及初中。

第四，高中大量教师校外兼课和城镇一些学校教师家庭式补课。

第五，优质学校保控优秀生举措不力。

（3）应思考的问题

第一，“条件留人，待遇留人，感情留人”，我们的校长做何理解？

第二，“人本管理”“校本管理”“质量立校”，我们的校长怎样认识？

第三，学校科学管理的“生长机制规律”，我们的校长如何把握？

第四，“合作组织规律”“生态目标管理”“发展性评价”，我们的校长如何积极实施？

这些状况不正是教育发展的不平衡点吗？我县高考、中考质量数据不正显现着与兄弟区县发展的差距吗？现实失衡与发展被动的状况提醒我们，只有抬头看他县、他校、他人发展，低头反思自己之短，正视现实，冷静分析，积极感悟，自觉地认识自我、完善自我、超越自我，才能变被动为主动，才能牢牢把握发展的先机，才会大有作为，摆脱落后，在竞争大潮中永立潮头。

（三）从人生价值取向出发，审视教育事业、教师岗位，落实管理、教书、服务“三育人”职责，加速推进蓝田教育发展

教育是人类最崇高的事业，教师是太阳底下最神圣的职业。知识经济时代的特征，提升了教育和教师的价值，提高了教育和教师的地位。面对全球性就业难的现实，教师作为相对稳定的职业，也使其成为人们择业的热门，同时也提高了教师职业的门槛。但是，教师岗位不是铁饭碗，也不可能一职永逸，更不敢高枕无忧。所以，我们广大教师要有责任感和危机感，只有干一行，爱一行，专一行，兴一行，居安思危，从我做起，从岗位做起，从今天做起，讲求作为，追求卓越，我们的事业才会兴旺，我们的人生才有意义。

为此，我们要清醒地认识到我们所面临的困难和挑战。

1. 教育改革不断深化，素质教育全面推进，新课改实验逐步启动，面临诸多问题。

2. 校长岗位任期制，教师职业准入制、聘任制和职级制，使学校内部的教师优化组合已成趋势。

3. 本科学历将成为教师资格准入的最低门槛。

4. 2004 年，我国已全面推行教师聘任制，实行“资格准入，竞争上岗，全员聘任”。我以为，面对发展要求，任何岗位的是“留”是“去”，最终取决于个人自身的职业精神和工作状态。

——发展是硬道理。

——徘徊就是落后。

——低速度就是倒退。

——有为才有位，无为就换位。

——不注重学习和提高必然会被淘汰。

因此，我们校长和广大教职员工都要正视和面对这样一个现实，应该时刻厘清管理育人、教书育人、服务育人的职责，矢志不渝、脚踏实地投身并致力于自己的人生价值取向和追求，以饱满的激情、创新的精神、作为的姿态，忠诚事业，忠于职业，自主创新，合作发展，全力推动我县教育事业跨越式前进。我深信：明日的辉煌一定属于孜孜以求的开拓者、创新者和奉献者！

（四）从求真务实作风出发，知不足而自谦，明差距而自奋，全力打造优质教育品牌学校

认清现实、躬身务实、反思差距、谋求发展是推动我县教育事业迈上新台阶的重要保证。我们要在全县中小学创建并树立一批办学思维新、理念新、定位新、目标新、举措新、模式新、标准新、要求新、教法新、格局新的名校品牌，并充分发挥这些先进典型的带动辐射作用，以推动全县中小学办学效益和水平的整体提高。为此，我们要想方设法，通过提升品牌学校在同级别同层面同层次学校中的知名度和在全县人民心目中的满意度，不断提升蓝田教育在全市乃至全省的影响力。

1. 背景分析

（1）全县各学段发展相对好的学校，视野范围受限，跳不出蓝田，找不准位置，缺乏较大范围的争优创先意识，心志不宏，底气不足。

（2）完全高中、初中、小学在全市同梯级层次上名副其实，影响力较大的品牌学校太少，甚至就没有。

2. 现状透视

（1）全面实施素质教育、全面推进教育创新的实践探索成果微乎其微。

（2）2003 年高考，田家炳中学文、理、外二本上线人数仅 425 名。

（3）2003 年高考，城关中学文、理、外二本上线人数仅 121 名。

（4）2003 年中考，白村初中超全市总平均成绩 33.69 分，未跻身全市 50 强初中之列；蓝田初中超全市总平均成绩 5.13 分，全市 100 强也难以入围。

（5）北关小学、东街小学“窗口”“实验”作用不强，市级以上高品位的教研课题和教学研究成果寥寥无几。

……

教育局“打造优质教育品牌学校战略”，要着力于指导和支持各学校实施“优质教育品牌学校创建工程”，各学校也要全身心投入此项创建工作中。

（五）从创新工作机制出发，积极推行教育教学梯次式动态目标管理评价，向科学管理要质量

“向科学管理要质量”是人们的共识。管理出质量，管理出效益。学习管理，研究管理，创新管理，并且有效地实施科学管理，是现代教育发展和正相向竞争的需要。不学习管理、不研究管理、不善于管理的领导，就不具备现代领导的基本素养，就不是合格的领导。坚持素质教育思想理念，按照现代教育发展要求，我们要在管理创新上发挥大手笔，做好大文章。

1. 梯次式动态目标管理评价机制的理念视野

遵循教育生态本真发展规律、教育规律、教学管理规律、教学质量形成规律、科学管理观与评价观，追求教育和人的发展真、善、美的境界。

2. 梯次式动态目标管理评价模式的管理原则

主要包括方向性原则、科学性原则、全面性原则、发展性原则、公平性原则、公正性原则、可行性原则、实效性原则、激励性原则、反馈性原则等。

3. 梯次式动态目标管理评价方法的理论意义

（1）讲求同级别、同层次上的同类学校相对公平地竞进。

（2）对不同地域、不同条件、不同级别、不同学段、不同层面、不同层次的个体对象和群体单位均具有约束和激励作用。

（3）可有效实施管理并不断完善管理，有利于对劳动工作质量的科学认定，注重过程设计和实施的控制，终结评价认可客观公正，具有教育教学管理导向作用，有助于充分激发和调动学校教职工的工作积极性，促进学校教学质量不断提高。

4. 梯次式动态目标管理评价机制的实践价值

追求管评对象实现原有基础上的提高，提高基础上的发展，发展基础上的跨越；以发展的增量增值评价激励学校、教师、学生的发展进步。

5. 中小学教育教学梯次式动态目标管理评价的目标设定

我局制定了《教育教学质量梯次式动态目标管理评价方案》，从实施“科学教育教学管理，坚持面向全体学生，坚持学生素质全面发展，培养学生个性特长，激励教育教学创新”五个方面，分别对各乡镇教育组，各高中、初中、小学提出了管理评价的目标指标要求。

（1）高中教学质量指导性目标

第一，省级重点中学田家炳中学实现“985”工程、“211”工程重点大学和一本院校的上线率有较大提高。（指标论证提请确定依据：2001 年高一入学成绩全县前 51 名中，田家炳中学录取 49 名，城关中学录取 2 名。）

第二，田家炳中学、城关中学二本上线率在西安市省、市重点中学中分别提升 3 个位次，农村普通高中逐年提升在全市普通中学中的专科上线率位次。（指标论证提请确定依据：2003 年高考，全市省重点中学 31 所，田家炳中学二本上线率居第 29 位；全市市重点中学 30 所，城关中学二本上线率居第 24 位；六区县普通高中 42 所，玉山中学专科上线率居第 25 位，焦岱中学居第 30 位，孟村中学居第 33 位，泄湖中学居第 34 位，前卫中学居第 40 位。）

第三，田家炳中学、城关中学、农村普通高中二本上线率分别提升9、6、1个百分点。（指标论证提请确定依据：我县2003年高考各高中二本上线率和市均二本上线率的差距与2002年相比，田家炳中学提升了13.21个百分点，城关中学提升了9.21个百分点，普通高中提升了1.21个百分点。）

第四，田家炳中学、城关中学，高考二本上线绝对人数力争实现510名、230名的目标。（指标论证提请确定依据：全国2004年高考计划录取人数400万，比2003年计划录取人数375万扩招了25万，扩招比率为5%，扩招部分重点用于本科招生；2003年高考我县文、理、外二本上线人数比2002年增加240人，2004年指导目标较2003年增加200人；2001年高一入学全县前900名，田家炳中学524名，城关中学366名。）

（2）初中教学质量指导性目标

第一，白村初中、安村初中、草坪初中、聚庆初中、高堡初中、蓝田初中、民生初中、泄湖初中等11所学校，在原来超过市总平均成绩的基础上，再提高2个以上百分点。

第二，文姬初中、前卫初中、史家寨初中、焦岱初中、小寨初中、杨坡头初中、尧山初中、三官庙初中、吴村庙初中、华胥初中、马楼初中等11所学校，力争达到市总平均成绩。

第三，与市总平均成绩差距在50分以内的学校（9所），缩短与市总平均成绩差距5个以上百分点。

第四，与市总平均成绩差距超过50分的学校（5所），缩短与市总平均成绩差距8个以上百分点。

（3）小学教学质量指导性目标

面向所有学科，面向所有学生，面向学生的每一个方面，进行探究性教学和个性化培养，全面实施素质教育，全面提高教学质量，合格率逐年提升，为初、高中教学质量的提高夯实基础。

我们的教育教学质量梯次式动态目标管理评价仅处在探索推行阶段，还不完善。希望管理者积极研究，认真论证，逐步完善这一管评机制，使它能真正成为实施科学管理，促进教育创新，实现教育跨越式发展的好模式，使我县教育教学管理水平更上一层楼。

（六）从现代哲学“三论”出发，建新章立新制，科学规划并推进蓝田教育发展

实现蓝田教育事业跨越式发展，是促进区域经济腾飞的战略目标，是县委、县政府“科教兴蓝”战略赋予我们的神圣使命。要站在认识论、系统论、控制论的高度，思考发展，梳理问题，研究管理，构建模式，科学规划县域教育发展蓝图，促进教育事业发展。

1. 规划视野

（1）时代发展的新目标新要求。

（2）教育改革与发展趋势。

（3）“科教兴蓝”战略取向。

（4）全县人民渴求优质教育的诉求。

（5）我县经济社会发展的蓝图。

2. 规划框架

（1）教育可持续发展——明确着眼点、切入点、关键点、着力点、支撑点。

（2）教育服务“三农”——坚持“农科教结合”。

（3）教育协调发展——坚持“三教统筹”。

（4）教育均衡发展——坚持“学前教育抓普及，义务教育抓均衡，高中教育抓特色，各学段同步发展，提速发展，优质发展”。

（5）教育科学管理——坚持“质量立校”，完善“管理模式”。

（6）教育多元评价——倡导差异公平，还原生态本真。

（7）教育条件改善——依靠政府，加大投入，主动作为，改善环境。

（8）教育队伍建设——打造学习型、管理型、专家型的干部队伍和学习型、研究型、事业型的教师队伍。

3. 发展理念

树立“三全、三新、三高”的兴教理念。

（1）三全：全面贯彻教育方针，全面实施素质教育，全面促进教育创新。

（2）三新：树立新理念，构建新模式，开创新局面。

（3）三高：坚持高标准，讲求高效率，追求高质量。

4. 管理理念

（1）着眼高中，着力初中，狠抓小学。

（2）跳出蓝田观大局，立足蓝田谋发展。

5. 管理模式

（1）教育教学梯次式动态目标管理。

（2）“倒塔式”拓展，“顺塔式”攀升。

6. 小学段教学质量三年发展目标

（1）不断提高全县小学整体办学质量和水平，促进其逐步均衡发展。

（2）打造一批设施一流、管理一流、教学一流、质量一流的品牌学校，创建一批市级艺术教育特色学校。

（3）全面提高教学质量，为初中发展夯实基础。

（4）培养学生的劳动实践能力，重视学生个性特长培养，促使学生全面发展。

7. 初中段教学质量三年发展目标

（1）不断提高全县初中整体办学质量和水平。

（2）打造一批设施一流、管理一流、教学一流、质量一流的品牌学校。

（3）促使各校大幅度提升在全市的教学质量位次，2006 年超过市总平均成绩的学校力争达到 10 所以上，为高中发展夯实基础。

（4）注重职业技术教育，增强毕业生创业能力。

8. 高中段教学质量三年发展目标

（1）逐年提升重点高等院校的录取比率。

（2）逐年提升各校在全市同等学校中的位次。

（3）促使各校二本上线率大幅度提高，2006 年全县二本上线人数力争大幅度提高。

（4）奠定合格劳动者较扎实的技能基础，增强农业劳动力转移竞争力，为学生创业服务。

为了有效发挥“教育教学梯次式动态目标管评制”在助推教育发展中的活性机制功能，我们在总结过去教育管评成功实践经验的基础上，不断丰富梯次循进教育的发展内涵，完善实践应用操作体系。2007年，县教育局发文成立了多个课题小组，开展专题研究，完善和优化工作机制和系列制度，有效指导，深入推进教育生态化管评实践创新，不断提升梯次循进教育理论与实践的意义。

三、质量梯级目标管理制

教育公平基于差异公平。差异管评是公平选择，差异助进是活和发展。

关注教育生态差异，促进每一所学校在原有基础上获得提高，是教育管理评价的着眼点、立足点和出发点。

找准不同层次学校的“最近发展区”，研定自我实现的生态发展目标，让每一所学校积极主动地拓展属于自己的“最新发展区”。

从学校到教育局工作职能的变化，管理层次的转换，对我来说，是一个新的机遇，同时也是新的挑战。白村初中管理评价机制构建的整个过程及其实施效能让我反思良多。从管理一所学校转而负责县教育局教育科的工作，是一个新的起点。经过一段时间的工作和学习，我很快适应了角色的转变，深感工作赋予自己的职责重大、任重道远。

教育管理评价要关注类的差异、类的平等去分析研究问题。统观县域教育发展态势，我们清楚地看到，历史、文化、地域、经济、资源等诸多因素，使教育发展对象呈现出发展不平衡的生态差异。

面对各类教育对象的生态发展状态，首先要尊重差异，认同差异。差异是客观事物原本的和发展的外在与内在表现的自然状态，教育生态的发展以及学生、教师、学校的发展也存在差异，这是发展的客观表现。其次要从实际出发，按类定标，层次推进，实现各中小学校自主、适宜、持续、快速发展。

县教育局教育行政工作岗位，对我来说是一个更能发挥管理潜力的平台。面对以往工作中存在的与时代需求不和谐的各类问题，我们认为应从管理评价机制改革入手。20 世纪 90 年代的“八五”期间，县教育局在教育管理改革方面着力推进了以下几项工作。

1991 年，在全县范围内进行了教师队伍建设和教育教学秩序整顿，使全系统的教育工作作风和教学秩序都发生了很大变化。

1992 年，在县域教育管理层面，我们首先以整顿中小学学籍管理为突破口，以此作为区域教育改革的切入点，解决了长期以来学籍管理混乱的问题，为“普六”“普九”和质量管理奠定了基础。

学籍反映着各学段学生在校的数量，也从另一个侧面反映着教育质量，它是教育局研究制定发展规划和管理评价方案的基础依据。当时，全县中小学普遍存在学籍管理混乱的现象，严重影响了教育评估的客观性和准确性，在一定程度上影响着教育局的工作决策。为了规范管理，我们制定了《蓝田县中小学生学籍管理实施方案》，经过逐级核查汇总上报，摸清了全县中小学生的准确人数和基本情况。学籍管理制度的推行遏制了随意转学、留级、复读、休学、退学等混乱现象的再发生。

学籍管理改革，极大地促使学籍管理工作逐步趋向规范化、程序化，为教育局出台各项决策，尤其是为制定新型管理评价机制提供了客观依据，使教育目标设置和教育评估趋向客观化、合理化、精确化，有效控制了学生流失现象，促进了“普六”工作的实施，赢得了西安市教委的肯定和表彰。

同年，我们研究制定了《教育教学质量梯级目标管理制》，并先于初中试行，分川塬片和山岭片实施管理。

1993 年，在高中推行《教育教学质量梯级目标管理制》，分重点高中、县城高中、农村高中三类实施管理。

几年间，我们在教育管理改革层面，继学籍管理整顿改革之后，又推行了中招加试体育、教学常规管理、中学劳动技术教育和教学质量监测等一系列改革探索，提升了区域教育管理水平，促进了教育质量的不断提高。

1995 年，组织任命我为蓝田县教育局副局长。按照局党委和教育局的总体发展思路与目标，在以往改革探索成功经验的基础上，我们加大了教育教学管理改革的步伐和力度，坚持深入基层学校实地调查研究，与各学校领导、教师代表共同商议，进一步推进适应时代发展的教育教学管理评价机制改革的实践探索。同时，我们广泛地学习研究了国内外教育学、教育心理学、管理学、评价学的有关论著和国家教育发展政策要求，为构建新的管理评价机制奠定了理论基础。

我们从蓝田不同地域、不同学校办学条件的实际出发，推行目标管理改革。由于地缘、经济等主要因素，蓝田教育事业的发展极不均衡，重点学校、县城学校、农村及贫困山区中小学在办学条件、师资、生源等方面差别很大，多年来的教学质量评价采用一把尺子衡量，教学质量评价仅以统考分数为依据，致使一小部分学校依赖优越条件故步自封、小进即安，绝大部分学校教学的积极性受到挫伤。为改变这种管理状况，我们查阅了连续三年的教学统计资料，进行了大量扎实的汇总计算，多次召开分析论证会，研讨适合不同学校办学条件实际的教育教学质量梯级指标，我们坚持全面质量观，遵循教育规律，借鉴白村初中教育教学目标管理积分制改革模式的实践追求和意义，把《教育教学目标管理制积分》发展为《教育教学质量梯级目标管理制》，构建起县域教育新的管理评价机制和实施方案。

苏联心理学家维果茨基的“最近发展区”理论给了我们很大的启迪，为我们制定管理策略提供了借鉴。维果茨基的研究表明，教育对儿童的发展能起到主导作用和促进作用，但需要确定儿童发展的两种水平：一种是已经达到的发展水平；另一种是儿童可能达到的发展水平，表现为“儿童还不能独立地完成任务，但在成人的帮助下，在集体活动中，通过模仿，却能够完成这些任务”。我们领悟其中蕴含的发展规律，在为学校设定发展目标的过程中，尽量使管评对象“跳一下能够得着”，通过自身努力可以达到，做到既增添动力、激发士气、鞭策进取、引领创新，又不至于形成过大的压力，影响能动，以致灰心丧气，弱化管理效能。

我们教育管理改革的实践策略是以提高教育教学质量为目的，以改革教育管理评价机制为中心，以调动每所学校奋发有为为重点，先从初中的教学质量管理抓起，推行教育教学质量等级目标管理。依据我县川、塬、山、岭学校不同的发展态势，为各初中研定不同的最近发展区目标。我们将川、塬片区的学校划定为一个管理单元，将山、岭片区的学校划定为一个管理单元，实施分类管理，分类评价，分类激励，促使每一所学校在相对公平的基础上积极进取，自主创新。相继又在高中和乡镇小学推进教育教学质量等级目标管理的实践创新。

教育教学梯级目标管理制模式，旨在建立一种按不同管理层级、事业单位、学段、学校和管理对象的发展层次，实施尊重差异的教育生态发展管评机制和方式。

链接一　管评目标案例

1995 年蓝田县梯级目标管理初级中学类级目标指导值

学校区域	川塬学校			山岭学校		
等级	Ⅰ	Ⅱ	Ⅲ	Ⅰ	Ⅱ	Ⅲ
巩固率 /%	>80.0	>70.0	>60.0	> 75.0	>65.0	>55.0
平均率 /%	>55.9	>51.1	>43.6	>51.6	>44. 1	>39.3
合格率 /%	>86.4	>73.3	>53.3	> 79.6	>57.5	>37.2
体育 / 分	>27.4	>26.0	>24.7	>27.2	>26.4	>23.8
劳技 / 项	ABC	AB	A	ABC	AB	A

说明：目标中的巩固率较 1994 年提高了五个百分点；文化课两率等级的确定，学校数所占比例Ⅰ级控制在 10%，Ⅱ级控制在 20%，Ⅲ级控制在 40%，其下控制在 30% 以内。

链接二　管评方案案例

蓝田县普通高中教学质量梯级目标管理实施方案

（此方案 1993 年制定并开始推行）

为了认真贯彻落实《中国教育改革和发展纲要》，围绕党的十四大提出的“两全”目标，坚持教育体制改革的“三个有利于”标准，进一步深化教育改革，加快教育发展，经研究决定，在普通高中实施教学质量等级目标管理。

（一）目的意义

实行教学质量梯级目标管理，建立教学质量标准和质量指标体系，是教育质量管理的一项改革措施。其目的是通过实施教学质量梯级目标管理，克服在抓质量问题上的一些若明若暗、若即若离的现象，消除教学质量评估上的片面性，促进教育观念和教育实践转变，构建办学竞争机制，挖掘学校的内在发展潜力，使学校办学有特色；建立激励机制，充分调动教师的工作积极性，使他们潜心致力于教育教学，努力使我县教育质量再上新台阶，实现“科教兴蓝”的战略目标，更好地为蓝田经济建设服务。

（二）实施的范围和时间

从 1993 年起，在全县普通高中实施教学质量等级目标管理。

（三）管理层次及梯级目标的制定

根据我县各高中不同的性质以及在师资、生源、教学设施等办学条件方面存在的差异，统观全局，从实际出发，着眼各校的质量基础，本着在原有基础上有所提高的原则，分重点中学、县城中学、农村中学三个层次，高考、会考两个质量体系，分别制定梯级目标实施管理。

（四）梯级目标

1. 高考质量梯级指标体系

（1）升学率

管理层次	重点中学			县城中学			农村中学		
等级	Ⅰ	Ⅱ	Ⅲ	Ⅰ	Ⅱ	Ⅲ	Ⅰ	Ⅱ	Ⅲ
应届 /%	≥ 35	≥ 25	≥ 20	≥ 15	≥ 10	≥ 5	≥ 6.5	≥ 3.5	≥ 0.5
往届 /%	≥ 52	≥ 47	≥ 42	≥ 40	≥ 35	≥ 30	≥ 13	≥ 10	≥ 7

（2）总平均成绩

①文科

管理层次	重点中学			县城中学			农村中学		
等级	Ⅰ	Ⅱ	Ⅲ	Ⅰ	Ⅱ	Ⅲ	Ⅰ	Ⅱ	Ⅲ
应届 /%	≤ 92.1	≤ 102.1	≤ 112.1	≤ 122.1	≤ 132.1	≤ 142.1	≤ 137.2	≤ 147.2	≤ 157.2
往届 /%	≤ 35.6	≤ 45.6	≤ 55.6	≤ 59.6	≤ 69.6	≤ 79.6	≤ 102.3	≤ 112.3	≤ 122.3

②理科

管理层次	重点中学			县城中学			农村中学		
等级	Ⅰ	Ⅱ	Ⅲ	Ⅰ	Ⅱ	Ⅲ	Ⅰ	Ⅱ	Ⅲ
应届 /%	≤ 66.1	≤ 76.1	≤ 86.1	≤ 108.7	≤ 118.7	≤ 128.7	≤ 105.4	≤ 115.4	≤ 125.4
往届 /%	≤ 13.4	≤ 23.4	≤ 33.4	≤ 35.8	≤ 45.8	≤ 55.8	≤ 130.6	≤ 140.6	≤ 150.6

说明：总平均成绩的高低，以平均差分来表示，平均差分指当年省划高中专录取分数线与当年各层次总分平均分的差值。

（3）单科成绩

①文科

管理层次		重点中学			县城中学			农村中学		
等级		Ⅰ	Ⅱ	Ⅲ	Ⅰ	Ⅱ	Ⅲ	Ⅰ	Ⅱ	Ⅲ
政治	应届 /%	≤ 32.3	≤ 37.3	≤ 42.3	≤ 36.6	≤ 41.6	≤ 46.6	≤ 42.1	≤ 47.1	≤ 52.1
	往届 /%	≤ 25.4	≤ 30.4	≤ 35.4	≤ 30.2	≤ 35.2	≤ 40.2	≤ 37.6	≤ 42.6	≤ 47.6
语文	应届 /%	≤ 43.9	≤ 48.9	≤ 53.9	≤ 51.5	≤ 56.5	≤ 61.5	≤ 55.9	≤ 60.9	≤ 65.9
	往届 /%	≤ 41.4	≤ 46.4	≤ 51.4	≤ 47.1	≤ 52.1	≤ 57.1	≤ 50.7	≤ 55.7	≤ 60.7
数学	应届 /%	≤ 52.4	≤ 57.4	≤ 62.4	≤ 63.5	≤ 68.5	≤ 73.5	≤ 69.5	≤ 74.5	≤ 79.5
	往届 /%	≤ 37.3	≤ 42.3	≤ 47.3	≤ 47.1	≤ 52.1	≤ 57.1	≤ 61.7	≤ 66.7	≤ 71.7
历史	应届 /%	≤ 42.7	≤ 47.7	≤ 52.7	≤ 49.7	≤ 54.7	≤ 59.7	≤ 51.6	≤ 56.6	≤ 61.6
	往届 /%	≤ 29.3	≤ 34.3	≤ 39.3	≤ 36.7	≤ 41.7	≤ 46.7	≤ 43.0	≤ 48.0	≤ 53.0
地理	应届 /%	≤ 42.0	≤ 47.0	≤ 52.0	≤ 48.6	≤ 53.6	≤ 58.6	≤ 52.3	≤ 57.3	≤ 62.3
	往届 /%	≤ 32.5	≤ 37.5	≤ 42.5	≤ 38.9	≤ 43.9	≤ 48.9	≤ 42.3	≤ 47.3	≤ 52.3
英语	应届 /%	≤ 38.2	≤ 43.2	≤ 48.2	≤ 44.9	≤ 49.9	≤ 54.9	≤ 52.9	≤ 57.9	≤ 62.9
	往届 /%	≤ 28.8	≤ 33.8	≤ 38.8	≤ 36.6	≤ 41.6	≤ 46.6	≤ 44.8	≤ 49.8	≤ 54.8

说明：单科成绩的高低，以平均差分来表示，平均差分指该科的满分与当年各层次单科平均分的差值。

②理科

管理层次		重点中学			县城中学			农村中学		
等级		Ⅰ	Ⅱ	Ⅲ	Ⅰ	Ⅱ	Ⅲ	Ⅰ	Ⅱ	Ⅲ
政治	应届 /%	≤ 30.1	≤ 35.1	≤ 40.1	≤ 35.9	≤ 40.9	≤ 45.9	≤ 43.5	≤ 48.5	≤ 53.5
	往届 /%	≤ 24.5	≤ 29.5	≤ 34.5	≤ 29.4	≤ 34.4	≤ 39.4	≤ 38.4	≤ 43.4	≤ 48.4
语文	应届 /%	≤ 45.0	≤ 50.0	≤ 55.0	≤ 50.0	≤ 55.0	≤ 60.0	≤ 55.1	≤ 60.1	≤ 65.1
	往届 /%	≤ 43.0	≤ 48.0	≤ 53.0	≤ 45.3	≤ 50.3	≤ 55.3	≤ 53.3	≤ 58.3	≤ 63.3
数学	应届 /%	≤ 40.4	≤ 45.4	≤ 50.4	≤ 50.3	≤ 55.3	≤ 60.3	≤ 59.9	≤ 64.9	≤ 69.9
	往届 /%	≤ 32.5	≤ 37.5	≤ 42.5	≤ 34.0	≤ 39.0	≤ 44.0	≤ 51.2	≤ 56.2	≤ 61.2
物理	应届 /%	≤ 36.5	≤ 41.5	≤ 46.5	≤ 45.1	≤ 50.1	≤ 55.1	≤ 53.7	≤ 58.7	≤ 63.7
	往届 /%	≤ 27.8	≤ 32.8	≤ 37.8	≤ 28.0	≤ 33.0	≤ 38.0	≤ 45.9	≤ 50.9	≤ 55.9
化学	应届 /%	≤ 36.5	≤ 41.5	≤ 46.5	≤ 46.8	≤ 51.8	≤ 56.8	≤ 53.1	≤ 58.1	≤ 63.1
	往届 /%	≤ 27.7	≤ 32.7	≤ 37.7	≤ 31.5	≤ 36.5	≤ 41.5	≤ 46.8	≤ 51.8	≤ 56.8
英语	应届 /%	≤ 32.5	≤ 37.5	≤ 42.5	≤ 41.1	≤ 46.1	≤ 51.1	≤ 49.7	≤ 54.7	≤ 59.7
	往届 /%	≤ 28.1	≤ 33.1	≤ 38.1	≤ 32.0	≤ 37.0	≤ 42.0	≤ 42.7	≤ 47.7	≤ 52.7
生物	应届 /%	≤ 19.7	≤ 24.7	≤ 29.7	≤ 26.6	≤ 31.6	≤ 36.6	≤ 30.5	≤ 35.5	≤ 40.5
	往届 /%	≤ 13.8	≤ 18.8	≤ 23.8	≤ 17.8	≤ 22.8	≤ 27.8	≤ 27.1	≤ 32.1	≤ 37.1

2. 会考质量指标体系

（1）等第优秀率

管理层次	重点中学			县城中学			农村中学		
等级	Ⅰ	Ⅱ	Ⅲ	Ⅰ	Ⅱ	Ⅲ	Ⅰ	Ⅱ	Ⅲ
等第优秀率 /%	≥ 35	≥ 30	≥ 25	≥ 25	≥ 20	≥ 15	≥ 20	≥ 15	≥ 10

（2）等第及格率

管理层次	重点中学			县城中学			农村中学		
等级	Ⅰ	Ⅱ	Ⅲ	Ⅰ	Ⅱ	Ⅲ	Ⅰ	Ⅱ	Ⅲ
等第及格率 /%	≥ 98	≥ 95	≥ 90	≥ 90	≥ 85	≥ 80	≥ 85	≥ 80	≥ 75

说明：学科成绩均以等第率高低计算。

（五）奖励办法

根据教学质量梯级增量增值情况论奖。奖励分综合奖和单项奖两类。

1. 综合奖

设“大面积提高教学质量奖”。按高考和会考两个等级指标体系，根据加权值大小，全县奖励前三名。

2. 单项奖

高考设“为国育才贡献奖”“学科优胜奖”“特殊专业人才培养奖”；会考设“学科优胜奖”。

（1）高考“为国育才贡献奖”

根据高考升学率达等级情况，按权重值大小奖励前两名。

（2）高考“学科优胜奖”

分文、理科根据学科达等级情况，按权重值高低奖励第一名。

（3）高考“特殊专业人才培养奖”

奖励在体育、飞行员及其他艺术类招生中做出成绩的学校。

（4）会考“学科优胜奖”

根据会考学科达等级情况，按加值大小奖励前两名。

（六）几点具体规定

1. 招生办会同局教育科按规定掌握好预考人数指标的分配。

2. 教育科负责搞好学籍管理，区分好应届生和往届生。

3. 教研室负责搞好质量分析，按奖励办法计算并拿出奖励名单。

4. 未尽事宜，另行安排。

5. 本方案解释权归蓝田县教育局。

链接三　管评操作案例

教学质量梯级目标管理制实施的可行性论证说明

（1993 年蓝田县教育局教育科对改革方案的说明）

为什么要在蓝田县普通高中实施教学质量梯级目标管理？我们不妨对蓝田县的教育管理现状进行一个比较客观实际的把握。以往对教学质量监测评估，客观地讲，存在不少问题，各校管理者及任课老师反响也比较强烈，问题主要表现在没有建立起一个公平竞争机制，评价论质表彰奖励缺乏激励作用。为了解决教育评估中存在的实际问题，促使我县教学质量持续稳步发展，这次对普通高中教学质量实行梯级目标管理。

（一）教学质量梯级目标管理的目的

1. 促使学校全面贯彻国家教育方针，遵循教育规律，深化教育改革，强化教学管理。

2. 增强学校和教师的质量意识，引导管理者重管、教师重教、学生重学。

3. 探索科学的、简便的、可行的普通高中教学质量管理督导评估办法。

4. 通过科学管理，实现发展目标：形成切合发展实际的教学管理格局；建立公平竞争的教学管理机制；激发调动学校管理者真抓实管、教师悉心教学的双向工作的积极性和主动性。

（二）教学质量梯级目标管理的依据

1. 以中华人民共和国教育方针政策为依据和基础。

2.《中国教育改革和发展纲要》。

3. 国家教委《普通中小学校督导评估工作指导纲要》。

4. 西安市普通中学教育教学督导评估意见。

（三）教学质量梯级目标管理的原则

1. 方向性原则：指标体系设立、权重分配大小体现科学正确的发展方向，落实国家教育方针。设立了高考、会考两个指标体系。

2. 可行性原则：依据有关政策法规和实施标准，制定操作程序和办法，力求明确具体，便于自评或他评。

对蓝田县近年来教学质量水平从纵向、横向交叉进行充分分析论证，而后确定评估体系。

3. 主体性原则：坚持面向全体学生，对每一个学生负责，全面提高教学质量。

链接四　管评操作案例

关于普通高中教学质量梯级管理指标体系的说明

（蓝田县教育局于 1993 年 3 月研究制定）

指标体系包括五个方面的内容：高考升学率、总分平均差分、单科平均差分、会考率和赋分规定。

（一）高考升学率

高考升学率是我县为国家培养人才的一个重要数据，是各层次学校办学水平的反映，也是学校教学质量评比的主要参项。由于办学条件、师资力量、学生来源、地域形成和群众文化素质等方面的差异，我县各层次中学在高考升学率上有很大差距。为了解决差距给学校带来的不良影响，调动各梯级层次学校的办学积极性，按学校层次制定升学率指标比较合理。按照要求，我们将等级指标设为三级。首先在确定第三级升学率指标时，我们本着基本持平、稳中有升、再上新台阶的原则，以我县近三年来升学率最好的 1992 年高考录取率为主要依据，同时参照 1990 年、1991 年两年高考录取的数据划等定线。在对第三级指标下限画线时，略留有余地。然后在第三级指标的基础上递增 5%，分别确定第二级和第一级指标。例如：北关中学 1992 年应届生录取率为 21.3%，第三级指标定为≥ 20%，第二级指标定为≥ 25%，第一级指标定为≥ 30%。

（二）高考总分平均差分

高考总分平均成绩是客观上衡量学校教学质量高低的一个重要数据，我们将总分平均成绩作为学校工作的评比参项。在制定等级指标时，我们采取了用总分平均差分作为参照（考）项，代替总分平均分制定等级目标。所谓总分平均差分，就是各层次总分平均分与当年高考高中专录取分数线的差值。例如：1992 年理科高中专录取最低分数线是 508 分，北关中学理科应届的总分平均成绩是 449.72 分，508−449.72=58.28 分，这个 58.28 分就是总分平均差分。大家要问，为什么要以总分平均差分来衡量分析质量？大家知道，尽管每年高考试题难易程度差别不大，国家试题中心也想保持适当的“难度”，但每年必定存在差异，不可能平衡。因此，我们用平均差分来确定各级的指标范围，适应了水涨船高的变化，避免因高考试题的难易给制定指标带来的干扰，使评比具有科学性。

各校总平均成绩一直与高中专录取分数线存在一定的差距，而且差距是不一样的，差距越小，说明学校教学质量在提高或有可能在不断提高。这个差距就使评比具有可比性。

从另一个角度看，如果用各校今年与去年的差分评比，就使各校之间无可比性；如果用各校与全县总平均分相比，虽有可比性，但降低了差分的绝对值，拉不开档次，使各层次学校的等级指标难以确定。这两种情况都是不可取的。

我们虽已确定用总分平均差分作为参照（考）项，并将梯级指标分为三级，但关键是如何确定第三级目标。我们从尽可能使差分符合不同层次学校的实际，且具有一定的“便捷度”出发，认真计算了 1991 年和 1992 年的高考总分平均分，按照要求，既分文科、理科，又分应届、往届，分别得出各层次学校相应的总分平均分。在此基础上，又用 1991 年和 1992 年高中录取分数线（分文科和理科），分别计算出各层次学校相应的年总分平均差分，略有余地地确定第三级指标的差分段，最后在第三级指标基础上按 5 分递减分值确定第二级、第一级指标。

（三）高考单科平均差分

单科平均成绩是检查教师教学工作的一个尺码，与学校教学质量有直接的关系，即构成学校总分平均分的各科分数也应将单科平均成绩作为评比参数项。制定评比参项等级指标，我们的做法和制定总分平均差分参数项指标的思路相同，只是计算差分的具体参照对象不同。重点中学、县城中学分别以农村中学为参照对象；农村中学各校以重点中学、县城中学的整体为参照对象。

单科平均差分参数项也分三级指标，问题的关键还是第三级指标如何确定。为此，我们以 1990 年、1991 年、1992 年的高考单科平均成绩为常模，计算出三年的单科平均分（保留一位小数），然后计算出各层次学校年单科平均差分。在确定单科平均差分的第三级指标的下限时做到留有余地。如：

我们计算出北关中学理科应届语文年单科平均差分为 7.1 分，第三级指标下限就定为 6.1 分。

（四）会考成绩比率

会考成绩比率是反映学校大面积提高教学质量的主要指标，是检查学生基本学业水平达到程度的手段。会考成绩必须作为学校评比的重要参项。我们一方面根据市教委对会考的要求，另一方面根据各层次学校的基本情况，参考 1992 年高一地理会考成绩，从要求和实际这两方面的结合上提出应达到的等级指标。

（五）梯级指标的赋分规定

根据评比的需要，赋分的大小参照（考）项共设有 17 个，其中升学率参照（考）项是 1 个，总分平均差分参照（考）项是两个（文、理），单科平均差分参照（考）项是 13 个（理 7 科、文 6 科），会考成绩率参照（考）项是 1 个，不论大小，参照（考）项均赋满分为 100 分。在参照（考）项内因有应届和往届之分（会考除外），本着“应届为主，往届为辅”的原则，将每个参照（考）项所赋的 100 分又划分为两部分。所谓满分，就是最高档次分。如果有的参照（考）项超过满分，则另制定奖励分。在最高档次分确定的基础上，分别对二、三级指标赋一定的档次分。例如重点中学应届升学率满分为 60 分，即一级指标档次分，也给二、三级档次分分别定为 40 分、20 分。

为了准确计算得分，我们采取以 0.1 为单位赋分的方法。0.1 的赋分值等于档次分除以 50。总分按加权值进行计算，设为四项之和，每项理论最高分为 100 分，总分理论最高分就为 400 分。在实际计算各校的总分时，我们给权重项分别赋予权重系数，求加权值作为评比总分。

提高教育教学质量，追求教育质量的不断完善，是教育教学工作的核心，也是教育教学管理评价实践探索的关键。20 世纪 90 年代初、中期，我们推行的教育教学梯级目标质量监测控制体系，在整体提升教育质量方面发挥了有效的促进作用。当时采用“平均差”方式实施质量监测控制，从理论上讲，尽管还有待进一步完善，但对强化区域教育质量管理，优化教育质量评价，还是具有一定的积极意义。

四、梯次式动态目标管理评价

以梯次式生态评价理念和方略，引领和催生教育管评互主体自觉能动地合作共生。拥有和秉持尊重人、赏识人、发现人、开发人、提升人、激励人、满足人、造就人的大爱情怀和大境作为，乃教育本心，师者本心。

让每个人可能、可为、可发展。倡导和坚持以人为本、差异公平，原点驱动、因人育化，多元适切、个性选择，分类助进、效能激励的梯次循进教育理想和方略，让教育实践催生人的发展的积极性、能动性和创造性。

教育管理评价，既是一种技术，又是一种艺术，更是一门哲学。创新教育管理评价，要打通教与学、教与评、教与考、管与评、评与奖等各个环节。

科学的教育管理评价制度的建立，应从内容、视角、范围以及操作性、可测性、实效性等方面设计管理评价的建构方案。新的管理评价制度的确立过程，应是一个批判与传承、扬弃与创新相统一的行动过程。

回顾我们探索与研究教育教学管理评价新模式的发展进程，我们深刻领悟到“教育教学质量梯级目标管理制”是“教育教学目标管理积分制”的一个更高更深层次的跃迁和进步。然而，蓝田教育在进入21世纪后，已不完全具备现时发展和面向未来的普适性。我们需要一个立意更高的工作机制，同时又继承“教育教学质量梯级目标管理制”中价值较高的管理评价活性元素，以适应时代发展，满足县域教育又快又好科学发展的新需求。为此，在传承与发展基础上构建一套适应新时期蓝田教育发展形势的管理评价机制，引领蓝田教育发展迈向一条更加理想、更加有效和更加和美的发展路径就成为当务之急。

正视现实，前瞻未来，大胆尝试，自主创新。依据蓝田县教育实际情况，为了有效地发挥教育行政管理效能，促进教育跨越式发展，充分激发和调动全县教育团队管理育人、教书育人、服务育人的积极性和创造性，针对办学条件的不均衡性、管理评价对象的差异性、管理评价思想的片面性、管理评价模式的低效性、教育质量的不均衡与社会多样化需求的矛盾性等现状和问题，从创新管理评价机制和完善育才方式入手，在量化梯级目标管理评价实践经验的基础上，汲取中西方先进教育思想的营养，传承孔子"有教无类""因材施教""教学相长"等教育思想，借鉴并融合了美国教育心理学家加德纳的多元智力理论，苏联心理学家维果茨基"最近发展区"理论，美国学者斯塔弗尔的CIPP模式，以及美国心理学家马斯洛的需要层次理论等管理科学理论、人本主义教育思潮和马克思主义哲学的辩证唯物主义观点与系统论观点等思想理论元素，深入思考并积极创新教育管理评价制度和方法，不断完善并丰富梯次循进教育的内涵。

立足国际教育发展视野，反思我们的教育实践和追求，美国的隆·米勒提出的现代意义上的全人教育理念，芬兰的"差点"教育理论，给了我们积极而深刻的启发，这两种教育思想与我国推进素质教育有着本质的共性追求。回想20年来的实践追求，令人欣慰的是，我们的行动研究与世界教育发展的节奏合拍，与全球追求教育质量不断完善的趋势同向。这更坚定了我们追求教育本心境界的理想追求，也为进一步完善和深化梯次循进教育行动研究提供了思想和理论基础。

实践一再告诉我们，有什么样的教育发展观，就会选择什么样的发展道路、发展战略和发展模式。21世纪，教育进入了一个新的发展机遇期，在全面实施素质教育、推进教育创新、提高教育质量的发展思路和目标的指引下，在对过去不同层面教育教学成功实践经验总结和反思的基础上，经过周密分析和论证，我们构建起了"教育教学梯次式动态目标管理评价"工作机制，其实质则反映了一种教育生态本真发展的管评理念，故而，我们也称之为"教育生态目标化管理评价"。

梯次循进教育生态化管理评价建模和实施过程，反映着一个对管理评价对象实施以人本差异发展为追求取向的科学、系统、能动的行为控制和劳动价值诊断、判识与激励的制度建立以及实施创新过程。

链接一

“教育教学梯次式动态目标管理评价制”的实施策略

（一）实施方案的研定

在深入实际，广泛调查研究的基础上，我们起草了各层级的具体实施方案讨论稿，并下发到各相关学校进行广泛讨论，以求征得基层一线校长及广大教师的意见和建议。县教育局根据反馈意见进行修改，然后再次下发讨论征求意见，并组织相关专家讨论。经几上几下的反复讨论修改，最后确定各层级管理方案。这一过程，重点集中在梯次的划分和梯次目标的研定。要关注两方面的倾向：一是梯次划分不宜过粗或过细，避免因给管理和评价带来不便而难以操作；二是各梯次的目标设定不宜过高或过低，过高则多数学校难以完成，过低则会失去促进跨越进步的作用。

（二）对学校进行梯次分类认定

方案确定后，各中小学所处的梯次就成为一个突出问题，这也是方案实施的关键，需要对辖区所有学校按师资力量、教学设施、管理现状、教学质量水平、学校规模、所处地域环境等进行综合分析和研判，合理分类，提出初步认定意见，然后交由学校讨论，最后予以确定并张榜公布。

（三）以梯队按层次研定各校质量的指导目标

指导目标下达后，学校就可明确本年度的工作方向和需要完成的任务，并通过严格、科学的管理和积极、努力的工作去实现目标。当学校本年度很好地完成了管理目标，下一步就会根据完成任务的情况提出新的目标要求。如果本年度目标任务完成得不好，则要进行综合分析研判，找准问题症结，提出改进意见，研定新的指导目标。需要强调的是：学校质量发展目标应永远与时俱进。指导目标不会迎合工作慢节奏、小步走的学校和个人，不会撵高“鞭打快牛”，也不屈低“迁就庸者”。

（四）对学校完成目标情况实行过程性管理

按照方案中过程评价和终结评价的要求与标准，对各中小学每一年度的工作按照定期和不定期进行考核评价。考核考评实行量化赋分，并形成详细的考核考评档案，其中过程考评每学期不少于两次，终结考评每学期一次。

（五）总结激励

根据对学校管理目标完成情况的过程性考评，每年度进行一次综合评价，总结表彰激励。进步快的学校可晋升发展标志等第，进步慢的学校亦可下调发展标志等第。对于完成目标好的学校进行表彰奖励，完成目标差的学校则提出改进意见和建议，并将此作为学校领导聘任的一个重要绩项和教师业务考核、职称晋升和创先评优的重要依据。

链接二

“教育教学梯次式动态目标管理评价制”的实施方案

（一）管理评价的指导思想

倡导并实践教育生态本真发展理念，全面贯彻党和国家的教育路线、方针、政策，全面实施素质教育，全面推进教育创新，全面提高教育质量，充分发挥管理评价的激励导向作用，促进我县基础教育和美发展，努力办好为人民服务的教育。

（二）管理评价的宗旨目标

以促进学校、教师、学生的发展为目的，通过实施教育教学梯次式动态目标管理评价，促使教育逐步向素质教育的方向发展，向提高义务教育普及水平的方向发展，向义务教育均衡的方向发展，向人民需求的优质教育的方向发展，努力实现教育全面、协调、可持续发展。

（三）管理评价的范围对象

县域小学、初中、高职中。

（四）管理评价的工作原则

坚持方向性、科学性、全面性、操作性、公平性、公正性、激励性、发展性等原则，认同差异、相近组类，按类定标、立体比较，动态要求、激励超前，整体推进、均衡发展，做到管理与评价相结合、静态管理与动态管理相结合、定量考评与定性考评相结合、过程管评与终结管评相结合，促使每一个管理评价对象都得以发展，努力实现在原有基础上的提高，提高基础上的发展，发展基础上的跨越。

（五）管理评价的操作办法

1. 实行立体管理评价

分学段、设维度实施管理评价，搭建公平竞进平台，实行全方位、多角度地因人而为、因地而为、因时而为，做到因势利导、人尽其才。

（1）分学段实施管理评价

根据地域发展、办学规模、办学条件、师资状况、生源状态、发展水平、办学性质等的实际情况，将相对同等条件的管理评价对象组类实施管理评价，其中小学分为五类，初级中学分为五类，普通高级中学分为四类。

（2）设维度实施管理评价

维度范围一：将学校置于全市层级，对标比较激励。

维度范围二：将学校置于全县层级，对标比较激励。

维度范围三：将学校置于同类学级层级，对标比较激励。

维度范围四：将学校置于原有发展基点，研究最近发展区目标控制和引领。

2. 实行动态目标管理评价

根据管理评价对象的原本基础和发展状态，制定切合发展实际和适应时代要求的发展性质量指导目标，实施现实发展与理想发展相结合的动态目标管理评价。

3. 实行多元化管理评价

（1）建立教育主管部门、学校、教师、学生、家长、社会等共同参与、交互作用的多元化管理评价机制，增强管评者与被管评者互主体的主动参与意识，促进管理评价互主体间的能动作用，使管理评价过程逐步科学化、民主化、人文化、合作化。

（2）多元化评价分为五个维度：教育局主评、学校自评、教师评价、学生评价和社会评价，评价权重依次为 5∶2∶1∶1∶1。随着发展，学校自评比重将不断加大，逐步建立以学校自评为主，教育行政部门、教师、学生、家长和社会共同参与的新型管评制度。

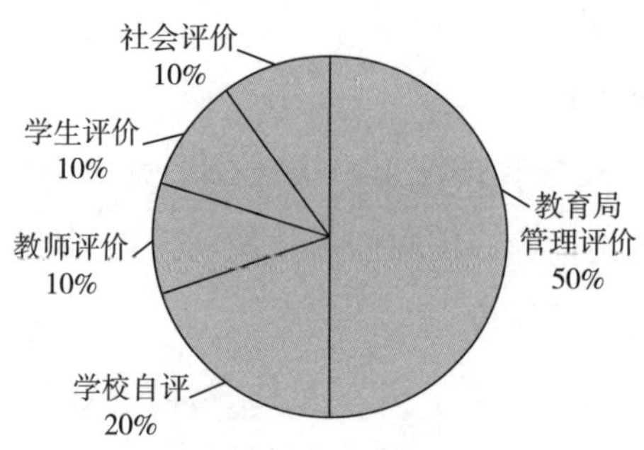

多元化管理评价主体赋分比例示意图

（六）管理评价的运行程序

1. 学校自评

学校成立由学校领导、教研组长、年级组长、教师代表等组成的自评小组，制定自评相关制度和具体操作细则，每学年结束时，依据本学段《教育教学梯次式动态目标管理评价方案》，围绕学年度工作重点、各项教育教学工作及办学特色，进行自评，确定自评分数，并写出自评报告。自评报告的主要内容包括：开展自查自评工作情况，自评分数，主要成绩和经验，特色工作，存在的问题及解决对策等。自评报告和相关资料于每年 8 月 10 日前上报县教育局基础教育科。

2. 教师评价、学生评价、社会评价

采用座谈、采访、问卷等方法，让教师、学生、家长、社会各界参与对学校教学工作的管理评价。

3. 教育局管理评价

（1）教育局成立教育发展与管理评价委员会，委员会成员由教育局领导及督导室、教研室、基础教育科等人员组成，管理评价的具体业务工作由基础教育科负责。

（2）教育局管理评价以过程管理评价与终结管理评价相结合的方法进行。

过程管理评价：县教育局每学期对学校进行一次教育教学常规工作检查，通过听汇报、查阅资料、听课、座谈、问卷等方法，对学校教育教学工作进行分类检查、指导和评价，及时发现并解决教育教学工作中存在的问题，总结并推广成功的经验和做法，为终结管理评价积累资料。

终结管理评价：每学年结束，县教育局教育发展与管理评价委员会依据各学段《教育教学梯次式动态目标管理评价方案》，依据过程管理评价结果，学校自评结果，教师、学生、社会评价结果，教学成绩，新课程改革，教科研工作，校园文化建设等方面的情况，对学校教育教学工作进行全面、系统的考核评价。

（七）管理评价的结果呈现

1. 管理评价结果坚持定量与定性相结合，即以量化考评和质性考评的形式呈现，力求客观、公正、准确地评价每一个管理评价对象的工作绩效和发展进步。

2. 量化评价：量化评价结果以分值的形式呈现，包括教育局管理评价分值、学校自评分值、教师评价分值、学生评价分值和社会评价分值。

3. 质性评价：质性评价结果以综合性评语的形式呈现，对学校一学年来教育教学工作进行全面客观的描述，肯定取得的成绩，指出存在的不足和问题，提出加快发展的建议和要求。

（八）管理评价体系的基本结构

教育教学梯次式动态目标管理评价体系分为两大系统：教育综合发展目标系统和教学质量目标系统。

1. 教育综合发展目标系统

（1）教育综合发展管理评价的具体内容及标准见各学段《教育教学梯次式动态目标管理评价方案》。

（2）教育综合发展指标，分为一级指标、二级指标。如下表所示：

一级指标	二级指标	学校自评得分	教育局评价得分
A_1 科学管理（100）	B_1 办学目标（10）		
	B_2 领导职能（20）		
	B_3 教学管理（50）		
	B_4 校园文化（20）		
A_2 学生发展（200）	B_5 面向全体学生（20）		
	B_6 素质全面发展（150）		
	B_7 个性特长发展（30）		
A_3 教师发展（100）	B_8 职业道德（30）		
	B_9 专业成长（70）		
A_4 教育科研（70）	B_{10} 机制建设（10）		
	B_{11} 课题立项（10）		
	B_{12} 校本教研（20）		
	B_{13} 教研成果（30）		
A_5 教育创断（30）	B_{14} 获奖成果（15）		
	B_{15} 特色办学（15）		

2. 教学质量目标系统

教学质量目标要素为义务教育普及率目标和教学质量目标。

（1）制定普及率目标

①对小学、初中设定普及率指导目标。

②普及率目标的基本内容：义务教育入学率达到100%，巩固率不低于本类学校巩固率的最低控制线，逐年提高义务教育普及质量和水平。

③巩固率最低控制线见各学段《教育教学梯次式动态目标管理三年教学质量指导目标》，教育局将根据实际，逐年提高各类学校的巩固率最低控制线。

④义务教育学段学校要认真研究分析学生辍学原因，制定切合实际、富有成效的治辍措施，落实各级职责，不断提高学生的巩固率，依法保障每一位学生接受九年义务教育的权利。

（2）制定教学质量指导目标

①以三年为一个管理周期，对初中、高中分学段研定《教育教学梯次式动态目标管理三年教学质量指导目标》（以下简称《三年教学质量指导目标》）。

②《三年教学质量指导目标》的向标：以市教育教学质量平均水平为管理评价参数，以各校过去三年教育教学质量平均水平为管理评价基数，分层次逐校制定未来三年教育教学质量指导目标；遵循质量形成规律，各校教育教学质量提高幅度指标值设定，呈逐年递减状态，全县教育教学质量提高发展值呈逐年递增态势。大幅度提高全县整体办学质量和水平，努力改变落后局面，达到或超过市教育教学质量平均水平的学校数量逐年增加。

③《三年教学质量指导目标》是对学校提升教育教学质量的宏观要求和指导，不因学校教育教学质量的下降而降低标准和要求。

④对提前达到《三年教学质量指导目标》要求的学校，其来年教育教学质量提高幅度指标的设定，在原定指标基础上，以当年全县质量提高幅度最小值取值。

（九）教育管评奖励措施

1. 奖励目的

通过对教育教学工作成绩突出的集体和个人进行奖励，达到激励助进发展的目的，不断激发每一个管理评价对象的工作积极性和创造性，大力弘扬“振奋精神、提升境界，更新观念、加快发展，自加压力、不甘落后，创造条件、争创一流”的蓝田教育精神，使我县基础教育实现“提高—发展—跨越”的进步跃迁。

2. 奖励原则

充分发挥奖励的激励和导向作用，不设限受奖比例，在原有基础上有提高发展的学校和个人均可受到不同项目、不同形式的表彰和奖励。

3. 奖励项目

（1）集体奖设立项目

①对学校教育综合发展成绩优秀的学校授予教育教学工作先进学校

称号。

②对教育教学质量目标完成突出的学校设立单项奖：对达到或超过市教育教学质量平均水平的学校授予“教育教学质量优异学校”称号；对达到预定教育教学质量目标的学校授予“教育教学质量优秀学校”称号；对未能达到预定教育教学质量目标，但教育教学质量较上年有所提高的学校授予“教育教学质量进步学校”称号；对达到预定义务教育普及率目标，且巩固率提高幅度较大的学校，设立“义务教育普及率提高奖”。

③对在教育教学工作中有创新、有特色的学校设立相应项目的“管理创新单项奖”。

④实行普及义务教育巩固率不达标一票否决制。对义务教育巩固率不达标的学校，取消其当年评先选优的资格。

（2）个人奖设立项目

①根据工作实绩和学校规模，分类型、分层次设立先进个人奖。

②先进个人奖内容力求全面，涉及每一所学校、每一个年级、每一个学科以及教育教学工作的每一个方面。

③个人奖的基本项目有：名校长、名教师、教学标兵、单科优质教学奖、教科研创新奖、班级管理创新奖、实验教学优质管理奖等。

（3）县教育局根据教育发展实际和工作需要，适当增加相应的奖励项目。

教育教学梯次式动态目标管理评价制度的全面实施，使蓝田教育的管理格局发生了重大变化，人们的精神和工作状态明显改观，受到了社会各方面的普遍关注，从而更加坚定和增强了我们深入推进教育综合改革的决心与勇气。

第六节　市域教育管评实践探索的有机开展

开放式办学，彰显着现代教育“资源共享、合作共生”的发展理念。

开放的视野，决定着教育管理评价的理念境界；超越的愿想，驱动着教育实践创新的价值取向。

跨域校际联盟，合作联评，信息共享，相互比较，知长见短，自觉发力，使质量监测控制效能极具过程性管理意义。各校间时段性联测信息的相互反馈，能动地激发了师生加快进步的紧迫感和自觉性，驱动着彼此自我超越的自主作用。

一、跨域联评，对标提质

格局决定视野，视野决定高度。推进区域教育实现创新性、优质性、特色性的可持续发展，管理者的思路和视野应更加广阔，办学理念和方式应更加开放。

只有跳出当地的小圈子，关注发达地区，才会发现他人的强势和优势，发觉自身的薄弱和不足，才能奋起直追，迎头赶上。

跳出蓝田观大局，立足蓝田求发展。21 世纪初，围绕开放式办学思路，我们制定并实施了适应区域教育宏观实际和学校中观实际，有利于激发发展对象的积极性、主动性和创造性的质量监控机制，即联盟合作办学“跨域联评”，搭建起了跨域学校联盟质量合作管理平台，开展与兄弟区县校际间教学质量形成过程成绩数据信息共享的相互服务活动。这种“资源共享、合作共生”的积极管评尝试，使我们促进教育发展的质量控制更具效能，使教育多主体体悟到联评数据启示发展的意义。

（一）跨域校际联评工作机制

跨域联测、合作联评，是为了寻找更多、更优的参照对象，通过相互交流合作，了解其他区县教育发展的态势和趋势，客观审视本县教育发展优势和劣势，通过跨域合作联评，为学校搭建促进发展的信息平台。高中阶段与兄弟区县学校采用同标准的质量检测，并将质量检测信息合库后进行全方位多角度的统计分析，用多重数据来诊断评价、研判衡量学科教学质量的生成状态。各高中分别与同类学校采用同一标准进行评价，不同类别学校的目标标准不同。

这样的合作交流实践，各联盟学校教学质量在生成信息参照对比和分析研判过程中，用真实的数据说话，让管理者、教师和学生知己知彼，认识进步，明确不足，有针对性地控制工作和学习的行为节奏重点，进而调整改进工作措施和方法，实现教育发展最大化、最优化的理想状态。

（二）跨域校际联评测试数据统计分析的比项

对每次联考互通的各方成绩信息，都进行以下诸项处理：

1. 与全市教学质量平均值相比。
2. 与联考区县同类学校相比。
3. 与同组类学校相比。
4. 与参照对象全县高考录取常态稳定比例和年平均数额相比。
5. 与参照对象高考科目平均分值相比。
6. 与参照对象高考录取的常态稳定年平均数额的位次分值相比。
7. 与其入学基础相比。
8. 与发展性教学质量指导目标相比。

此外，还可设置其他比项若干，为诊断质量、制定措施提供可资服务的信息。

（三）跨域校际联评“时段性信息反馈”的意义

实行跨区县合作联测、联评，其本质效能集中体现在学生学习质量形成过程时段性成果的监测控制上，通过对学生成绩进行反馈，重在激发学生学习的内驱力、潜能力以及发展自由度，促使他们主动扬长补短，追求自我超越。

跨区县合作联测、联评的管评，及时通过阶段性时标意义的质量生成已然状态的信息反馈，多角度、全方位提供有效管理诊断和判识服务，其实践的管理意义表现在以下几方面：

1. 可横向研判县域整体质量发展。
2. 可预测全县高考终结上线结果，准确率达 95% 左右。
3. 可预测高考学校终结录取效果。
4. 可理性诊断高考学科质量发展状态。
5. 可有针对性地督促并强化质量形成的过程管理。
6. 可促使教师自觉强化薄弱学科。

7. 可在比较中直观发现学校的薄弱学科。

8. 可让学生通过大范围、多角度全测学科的综合发展位次升降变化，驱动比、学、赶、帮、超的积极行为。

9. 可为学生提供薄弱学科的过程性质量信息服务，以便查漏补缺，加快薄弱学科的学业提高。

（四）跨域校际联评数据信息的实践应用

据当时统计信息显示，虽然前卫中学教学质量仍处于全县末位，但前进幅度处于全县中游；城关中学教学质量虽处于全县前列，但前进幅度处于全县末位。这一信息增强了城关中学的危机感，同时也激发了前卫中学奋力拼搏的信心和勇气。前卫中学校长感慨道："梯次循进管理评价使我们第一次勇敢地跳出了自我狭隘的小圈子，在公平公正的竞争舞台上，展示了我们的实力，增强了自主超越的自信心，激发了全校教师的工作热情，向社会证明了我们这样的薄弱学校也能提高，也能发展。"

我们在每个学段与兄弟区县实施同标准的质量管理统一检测联控，并将质量检测信息合库后进行全方位的统计分析，用多重数据来诊断和评价学科教学质量。通过多层面的联评信息综合分析，我们给学校提供相互关联的学科质量信息，实施数据分析与质量诊断，从各层面加大教学质量的过程管理，提高监控服务，从而较好地解决了治理薄弱方面问题——在全县中小学实施强弱帮学结对，与兄弟区县实施跨域合作联评，使薄弱学校、薄弱学科得到有效提高，同时解决了高考文综、理综各学科终结评价不好甄别判识的问题，因为高考前的跨区县合作多批次模考信息综合平均值就完全可以作为考量的依据。

自 2007 年起，蓝田坚持与周边兄弟县合作，以实施跨区县联考联评的方式，充分激活质量监控的积极效应，强化质量形成过程的跟踪监控，持续激发管理互主体工作和学习的自主调节意识，积极发挥"活性、活力、活和"效能管评的作用，有效地促进了教学质量的提高，进一步增强了蓝田教育人实现教育跨越式发展的自信心和创造力。

二、推行大学区管理制，促进教育均衡优质发展

中国基础教育发展进入21世纪，以推进教育公平、实施素质教育、提高教育质量为战略目标的教育改革，正在全国各地积极实践。

纵观推进区域教育均衡发展的进程，在各级政府不断加大投入改善中小学办学"硬环境"的同时，教育自身也在积极地跟进努力，促进教育"软实力"的提升。近年来，全国许多城市积极推进中小学办学管理机制创新，坚持开放式办学、开放式教育，进行集团、联盟、捆绑式的学区化办学模式探索，以学区制运作，坚持优质学校带动和优质教育资源共享，扩大优质教育资源存量，缩小校际之间的差距，加快基础教育，特别是义务教育均衡发展的步伐，旨在满足社会民生的需求，破解"择校"难题。

近年来，西安市不断加大教育投入，努力改善办学条件，基础教育事业取得了长足发展。同时，全市也面临着基础教育资源配置不均衡、优质教育资源短缺、中小学校整体办学水平不高等突出问题，极大地制约了基础教育的健康科学发展。直面城乡、区域、校际办学质量和水平的差别与择校热等社会问题，为改革教育发展方式，优化教育管理机制，构建合作办学平台，促进教育内涵发展，全面提高教育教学质量，发展壮大优质教育资源，推进区域教育优质均衡发展，西安市启动并实施了"大学区管理制"的学区化办学改革。

两年来，由试点到全面开展，西安教育人紧紧围绕"高品位、精内涵、强特色"的教育发展定位，锐意改革，大胆创新，学区化办学改革的显著成效，受到了原中央政治局委员、国务委员刘延东的关注和国务院的肯定。西安大学区管理制改革的工作经验在全国范围产生了极大的社会影响，形成了"西安样本"。

（一）"大学区管理制"的概念

"大学区"是以区域内一所优质学校吸纳若干相对薄弱学校而组建的新型学区化管理组织形态，也就是"名校+"办学模式。

"大学区管理"是指在一定区域范围内，以优质学校为学区长单位，引

领并带动发展相对薄弱的成员校，实施捆绑式集约化管理，以达到资源共享、合作共生，实现学校群体共同发展的实践活动。

“大学区管理制”是指在教育行政统筹指导下的学区化办学组织形式和管理机制。其组织结构主要表现为“紧凑型”“松散型”“混合型”等形式，组织活动主要表现为办学组织形式的放大、运行模式的整合和机制体制的创新等。

（二）西安“大学区管理制”改革工作概况

1. 顶层设计

西安市教育局经过充分调研论证，按照《国家中长期教育改革和发展规划纲要（2010—2020年）》的要求，结合西安教育实际，提出了以“统一管理策略、统一共享设施、统一教师调配、统一组织备课”等“九个统一”为核心内容的改革实践模式，向全市人民传递出教育行政管理部门坚持教育公平、注重教育质量的价值选择和关注民生诉求、回归教育科学的价值判断。这项“着眼教育发展趋势、围绕均衡发展目标、扩大优质教育增量”的设计，紧扣“优质带动薄弱、校际资源共享、合作共生共荣”的脉络，把发展目标定位在“高品位、精内涵、强特色”的追求点上，把社会舆论和民众目光聚焦在“破解难题、服务民生、和谐发展”的关切点上，奏响了西安市基础教育综合改革与创新的最强音。

2. 先行试点

从2012年春季开学起，新城、碑林、莲湖、雁塔四个城区启动实施“大学区管理制”改革试点工作。283所学校组建成72个大学区，紧紧围绕“九个统一”核心内容，开展了系列改革实践，取得了令人欣喜的成果，使“大学区管理制改革”行动深入民心。

3. 全面推行

2013年春季开学起，在全面总结试点区工作经验的基础上，全市全面开展了学区化办学改革工作，13个区县和沣东新城1788所中小学共组建了416个大学区。2013年秋季开学，又在全市1295所幼儿园组建了303个大学区。至此，西安市大学区已经下延至幼儿园，上伸至高中，涉及整个基础教育领域。

截至2013年12月底，全市参与大学区管理制改革的各中小学校共同设立研究课题3736项，开展学术教科研活动2775次，参与校际交流的教师49918人次，实质性互派交流教师1697人次，短期交流教师5610人次，各学区共组织公开课4390节，示范课1924节，观摩课1789节，座谈会1431次，研讨会1223场，报告会777场，培训会987次，共享教育教学设施3074次，创建扩大优质教育学位5600多个，惠及教师24060人次，惠及学生80余万，得到了广大学生、家长和教师的充分认可。

（三）西安“大学区管理制”的学区组建和管理内涵

1. 组建“大学区”，形成学区化办学合作发展共同体

各区县结合区域教育发展质量和水平、辖区内学校办学实力、学校间的地理位置等因素，以优质学校为学区长学校，引领3至5所相对薄弱的学校，分层次、分类别合理组建“松散型”“合作型”“混合型”大学区。以学区长学校引领、带动成员校，实施捆绑式集约化运行，通过互通互补、合作联动，共生共进、共赢共强，促进群体办学水平的提高和校际均衡发展。目前全市组建的学区类型主要以“松散型”为主。

2. 围绕“九个统一”，形成学区化办学内涵式发展机制

“大学区管理制”的核心内容主要表现在实施学区内学校相对集约的“九个统一”。

（1）统一管理策略：对大学区内成员学校高层次、高水平、科学发展的统筹管理和要求。强调共同研讨学区内成员学校适应未来发展的科学管理策略，研定各成员学校的发展定位、办学理念、办学目标与模式、人才培养方式等方向性管理策略及运行机制。

（2）统一共享设施：对大学区内成员学校教育教学设施资源互通共享的管理和要求。强调各成员学校的图书馆、阅览室、网络平台、运动场馆、科技室、实验室、劳技室、功能活动室以及校内外实践活动等设施设备互通有无、合作分享、有效利用、资源增值。

（3）统一教师调配：对大学区内校际教师统筹协调的管理和要求。以

大学区内优质师资的合理调配和有序流动为主，使学区人力资源主体形成最佳组合，有效发力，能动生成。通过教学能手、骨干教师、学科带头人的示范引领和辐射带动，实现优质师资共享，提升学区内教师的专业技能和职业素养，不断实现学区内师资的均衡配置。

（4）统一师资培训：对大学区内教师师德培育和专业培训的统筹管理和要求。强调以国培、省培、市培、县培、乡培五级教师培训计划为依托，倡导以学区为单元的课程理念和专业技能培训，加速学区内教师队伍的建设步伐，打造适应未来发展需要的高素质师资团队。

（5）统一课程规划：对大学区内课程实施和教学资源的统筹规划管理和要求。强调各成员学校在国家课程的落实、校本课程的课时分配、各门类课程的开设顺序、学生综合素质评价与学分认定以及各种活动课程等进行相对统一的安排和实施。

（6）统一教研活动：对大学区内教研机构和教育教学科研活动的管理和要求。强调围绕课程建设、教学方法、项目与课题研究，通过共同研讨，形成符合学区实际的教研思路、内容、方法、载体、步骤、评价等，积极有效地推进学区化教研工作。以教科研为引领，以学区教科研成果共享为途径，改进教学方法，提高教学效果，促进质量提升。

（7）统一组织备课：对大学区内常规教学备课诸环节的管理和要求。强调发挥优质教师资源集体智慧的优势，围绕课标、教材、学生和教法等内容，开展集体备课。通过名师的示范、引领、带动，促使学区内教师转变教学理念、优化教学设计、提高课堂教学效率。

（8）统一质量监测：对大学区内教学质量的过程控制、结果监测和问题诊断的管理和要求。强调依据国家课程标准和课程实施要求，对教学质量形成的过程和结果进行跟进监测与分析诊断。按照既定的质量发展目标和指标要求，全面考量成员学校教学质量的增幅变化情况，为各学校进行科学全面的师生评价提供有效平台和基础信息，促进大学区各学校教学质量快速持续提升。

（9）统一评价激励机制：对大学区内教育教学质量考核制度和评价激

励系统的管理和要求。强调学区内建立学区化的、相对统一的教育教学质量考核、评估和激励制度体系与运行机制。

（四）西安推进大学区改革的措施保障

1. 加强学习研究，为推进改革提供思想认识保障

我们始终将学习研究作为实施改革的先行条件，通过学习研究，使改革的管理者、执行者、监督者、参与者更新理念，拓宽视野，明晰方向，达成共识。

2. 强化统筹协调，为推进改革提供组织保障

市教育局和各区县均成立了改革工作领导小组，建立起“市级统筹、以县为主”的领导机制，并积极会同编制、财政、人社等部门形成联动机制，加强统筹规划和政策指导，在编制核定、岗位设置、教师交流、经费支持等方面予以有效保障。

3. 优化顶层设计，为推进改革提供政策保障

立足各区县实际，不断创新学区组建形式，探索跨行政区域、跨学段的大学区，坚持“以城市带农村”的方式，逐步实现小区域均衡向大区域均衡的过渡。开展“大学区管理制改革示范学校”创建活动，并在中招录取中逐步加大跨学段学区的学区长学校在学区内各成员校的定向生招生比例。

4. 加大经费投入，为推进改革提供财力保障

西安市和各区县逐年加大对改革工作的财政资金投入，划拨专项资金用于学区内有针对性地开展教师培训、教师交流、课程开发、综合实践、质量监测、观摩评优、教学研究等活动。

5. 优化队伍建设，为推进改革提供均衡配置的师资保障

制订教师、校长交流计划，不断丰富交流方式，完善交流制度，通过津贴补助、职称晋升等政策倾斜途径，采取集中培训、专题研修、建立名师工作室、建立教师研修网络社区等方式，充分发挥名师的示范引领作用，促进教师整体综合素质和专业技能的提升。

6. 加快网络建设，为推进改革提供信息平台服务保障

通过推进中小学教育信息化基础设施达标工程和构建数字化教育教学环境等方式，加快缩小区域之间、城乡之间和校际之间的数字化差距。启动西安市优质教育资源公共服务平台建设，为学校搭建共建共享、联动合作、优势互补的信息化公共支撑环境。

7. 加强教育研究，为推进改革提供教科研引领保障

市级教研机构充分整合市、区（县）、校三级教研机构的力量，强化对区县教育教学研究的服务与指导。区县教研机构根据“九个统一”内容要求，制定专项教研工作规划，指导大学区加强课程改革、课堂教学和教学方式的研究。各大学区加强学科教研组建设，开展校本教研、教学研究和课题研究，引导各大学区提高教科研质量。

8. 加强督查评估，为推进改革提供发展动力保障

市政府和各区县政府教育督导室要把深化“大学区管理制”改革作为一项重要内容，统筹到“双高双普”和“素质教育督导评估316工程”等综合督导和专项督导中，有力推进改革实践的完善和深化。

9. 加强宣传引导，为推进改革提供良好的社会舆论环境

积极主动地谋划设计宣传工作，通过各种传媒，宣传报道改革工作的积极意义和实践效能，为教育改革营造良好的舆论氛围和社会环境。

10. 强化制度创新，为推进改革提供长效管理机制保障

市教育局把“大学区管理制”改革工作作为对区县年终工作考核评估的重要指标，构建了市、区（县）和大学区三级考核评估制度。各区县也建立起科学多样的教育质量控制监测办法和学生评价标准，探索并实施教育绿色评价体系。目前西安市正在推进第三方评价教育改革的实践探索。

（五）推行“大学区管理制”改革工作的实施原则

1. 坚持形式统一与深度融合相结合

通过实施这一改革，学区内学校的教学管理在形式上达到相对统一，努力做到形式服务于内涵发展，促进学区长学校先进的办学理念、科学的管理模式、高效的教学方法等快速融入成员学校的办学实践中，最终实现

各学校更具实质、更高层次的深度融合。

2. 坚持资源共享与壮大资源相结合

实施大学区管理制改革，不仅要合理配置公共教育资源，实现均衡共享，同时也要通过向薄弱学校、薄弱地区倾斜，进一步缩小校际差距，扩大优质教育资源总量，最大限度地保障人民群众公平享有优质教育的权利和机会。

3. 坚持弱者变优与优者更强相结合

这一改革不是将教育资源配置简单地平均化，而是围绕内涵发展，通过采取切实有效的措施，在确保优质学校能够持续发展的同时，带动更多学校由弱变优、优而向强，实现内涵发展、均衡发展，着力提升市域学校的整体办学质量和水平，增强西安基础教育的整体实力。

4. 坚持整体提高与局部突破相结合

在积极促进学区内学校整体提高的同时，着力抓住改革的重要节点和关键环节，有计划、按步骤、分层次地确定改革的阶段性目标，通过为学区长学校自身发展搭建更为宽松有利的平台，保证学区长学校始终保持办学生机与活力，促进学区内学校合作共生，共享共赢。

（六）推行“大学区管理制”改革的实践效果、社会效应及存在问题

西安的“大学区管理制”改革，抓住了推进区域教育均衡发展的根本矛盾，形成了独具西安特色的改革实践模式，有效地促进了区域学校“硬环境”和“软实力”同步发展，走在了全国前列。

1. 学区化办学改革实践取得的主要成果

（1）就“深化改革，创新机制，整合资源，优质均衡”的发展理念达成共识。改革工作全面推行以来，各参与学校不断统一思想、凝聚共识，认识到大学区能较好地整合和再造教育资源，让更多的学校融入优质教育学校圈，对改善教育“硬环境”、提升教育“软实力”的教育发展目标的认识更加明确，实现了从初步认识到积极参与，从模糊思路转化为具体行动，思想认识、态度和行为都体现在学区人的发展定位上，实现了师资共享和学校共同发展，逐渐由“学校人”向“学区人”转变。

（2）“优质带动、捆绑发展，资源共享、合作共生”的学区化管理机制已经形成。各区县教育局、各学区加强对改革工作的领导，不断完善管理机制，形成了区教育局、大学区、成员学校“三级管理推进机制”，组建了“一会一室三中心管理架构”，即大学区联席会议、大学区名师工作室、大学区教学管理中心、大学区素质教育活动管理中心、大学区教研管理中心，科学有序地推进改革工作。建立“大学区·大教研”教师培养机制，形成“调研为先—示范引领—同伴互助—实践研讨”的大学区教研活动模式，促进了教师的专业成长。各大学区结合实际，通过对学区长学校先进管理理念和管理制度的共享，帮助成员学校明确办学目标，制订学校发展计划，促进共同发展和特色发展。

（3）校际互动、教师流动的时空效能不断提升且有效发挥。优化配置教师资源是推行大学区管理体制改革的重要手段，是发挥示范引领作用、传播先进教育理念、提高和改进教育水平的有效途径，也是学区化办学管理的关键环节。碑林区、新城区、莲湖区等区县制定了《统一教师交流暂行办法》，以及《学区长和副学区长年度考核暂行办法》《大学区教师流动制度》等管理办法，进一步优化学区长学校的教职工编制，增强学区管理层力量，提升管理水平，要求在编教师全部纳入交流范畴，确立了“关系随转、校际协作、跨校兼课、学术研讨、名师引领、校际跟岗”等六种交流形式，注重发挥名师的示范引领作用，带动中青年教师专业成长。

（4）基本形成了“开放教育、集约办学，强弱互动、优势互补”的学区化运行模式。“大学区管理制”改革使校长的办学视野更加开阔，促使他们不仅“独善其身”，而且“兼济天下”。学区长学校拆掉学校的“围墙”，大开帮助薄弱学校的“绿色通道”，使先进的办学理念、学校管理办法及教育教学成果直接辐射转接于合作伙伴，合作共进，加快发展。

（5）打破区域界限，实施跨学段、跨区域、跨体制的联盟式合作办学，盘活区域间的优质教育存量。各区县、各大学区打破区县域的界线，探索组建了跨区域大学区。如灞桥区纺织城小学与白鹿原中心小学组建为大学区，白鹿原小学既是纺织城小学的成员学校，同时也是白鹿原地区其他五所小学的学区长学校。大学区组建形式省时高效，很好地发挥了优质资源的带动作用。

（6）优质教育资源总量日益壮大。大学区管理制改革使优质教育资源辐射放大，教育教学活动通过量的积累不断促进质的提升。在义务教育标准化学校和省级标准化高中、示范高中数量占比不断扩大的同时，各成员学校的综合实力和社会美誉度得到有效提升。

（7）中小学校教育管理水平不断提高，教育教学质量显著提升，学生综合素质和学业水平明显提高。在学区长学校的带动下，各成员学校的办学理念、管理模式、教学水平正在发生深刻变化，真正做到了让弱者变强，使优者更优。同时，通过对 2012 年、2013 年中高考质量的数据分析研判，各区县教育质量整体水平显著提升，社会各界对教育的满意度逐年提高。自大学区管理制实施以来，学生、家长、社会各界对教育普遍看好。据西安市教育局监察室反映，群众关于“奥数班”与一些学校举行招生考试的投诉（电话、来信）几乎为零，与升学挂钩的奥数班已基本失去了生存空间，择校热明显降温，家长的观念不断趋于理性化。

（8）区域基础教育发展充满活力，开放教育、开门办学、强弱互动、优势互补的办学模式得以全面推行。学区化办学的改革探索，集中体现了基础教育公共化、公益化、普惠化的属性，改革实践使教育更加富有活力，更加有效地服务学生、服务民生、服务社会。

（9）区域教育均衡发展步伐明显加快，城乡之间、城区之间、校际之间办学条件和师资力量的差距正在逐步缩小。改革以来，教育管理水平不断提升，教科研活动开展活跃，教学方法相互改进，优质教育资源均衡共享，教师转任交流形成制度，教师专业水平普遍提升，加快了区域教育均衡发展的步伐。

2. 学区化办学改革工作赢得了社会各界的充分肯定

2012 年，时任中央政治局委员、国务委员刘延东同志批示：“西安市通过大学区管理制改革，促进区域内优质教育资源均衡覆盖，这个好的经验应予宣传。”

同年9月，在国务院召开的全国“两基”工作总结暨教师节表彰大会上，成果主持人李颖科作为唯一的地级市代表在会议上介绍了大学区制改革经验。

陕西省教育厅于2013年年初要求全省各市（区）认真学习借鉴改革的相关经验。各级新闻媒体和社会各界广泛关注这项改革，《人民日报》、新华社、中央电视台、《光明日报》、《瞭望》周刊以及《中国教育报》等先后进行了深度报道，杭州市、西宁市、北京教育学院等20多个国内城市教育局或单位先后来我市考察学习，许多市县通过借鉴西安经验，在实践探索方面也取得了明显效果。大学区管理制改革已经成为提升西安教育在全国影响力的显著特色。

3. 深化学区化办学改革面临的问题

西安在推进大学区管理制改革的实践过程中，也发现了一些问题。由于客观条件的限制，在部分相对偏远的农村学校，工作推进还存在一定困难，主要表现为：

（1）农村学校整体办学水平不高，区域内优质教育资源严重不足，致使学区化办学、校际交流停留在较低水平运行层面。

（2）山区学校教育教学设施整体相对落后，加之学区内各学校空间距离较远，教师交流和资源共享存在一定难度，致使学区化办学发展不够平衡。

（3）个别学区长对改革的意义和重要性认识不够，办学思想相对保守、落后，不同程度地存在怕影响自身发展的思想倾向，极少数成员学校主动合作的积极性还不够，缺乏工作动力，改革措施不够到位。

（七）深化“大学区管理制”改革的思路和推进措施

“大学区管理制”改革在西安推行以来，取得了明显的实践成果，产生了极大的社会效应。为进一步深化教育领域的综合改革，面对新时期时代发展的机遇，适应“试行学区制”的改革要求，立足西安推进“大学区管理制”改革的探索实际，提出了进一步深化学区化办学改革的工作思路。

1. 打破区域和体制界限，在全市范围内组建紧凑型、跨区域、网络化的立体式大学区，不断放大优质教育资源效能。我们将进一步探索学区化办学管理由区域化“小范围”向“大范围”延展，由“区县域”向“市域”延伸，建构点面结合、市域一体化的管理格局。在全市范围内推行跨区域立体式、开放式的学区化办学机制。

2. 全面深化“九个统一”，提升学区化管理水平，扩大实践创新的内涵范围。在学区化管理过程中，进一步提升内涵层次和发展水平，按照教育教学规律和质量提升的规律，形成现代教育学区化管理体系，全面提高学区教育质量，不断扩大优质教育资源覆盖面。进一步深化“九个统一”的实践模式，在学区化管理框架下，重点在统一资源共享、统一组织备课、统一教师交流等方面寻求突破，努力追求学区化管理实践效能最大化。

3. 建立大区域网络信息化平台，形成优质教育资源覆盖的支撑载体，联通现代教育教学的大数据链，构成有效服务学区化办学的应用模式，切实缩小区域、城乡、校际的时空发展距离。加强中小学优质教学资源共建共享网络基础环境建设，为推进改革提供信息平台保障，推动全市义务教育学校达到《西安市中小学校教育信息化建设标准》，基本形成先进、高效、实用的教育信息化应用基础环境。对已建有教育资源公共服务平台的区县，应按照统一的规范和标准，与国家、省、市级平台对接，同时鼓励区县根据实际，自建本区域特色教育资源服务平台，进一步加强优质教育资源的开发与应用，提升资源配置与服务的集约化、效益化、优质化发展水平，实现优质资源最大范围地开放与共享。

4. 统筹城乡教育资源，加大教师交流力度，实行校长教师交流轮岗制，逐步实现师资力量的均衡配置。认真落实《西安市推进大学区教师交流工作实施意见（试行）》精神，科学编制教师、校长交流的执行计划，真正让教师、校长流动到位，责任到人。强化交流激励保障机制，将教师在农村学校、薄弱学校任教一年以上经历作为申报晋升高一级教师职务的必备条件，为教师资源的均衡配置提供制度保证。

党的十八大报告中明确提出全面建成小康社会、全面深化改革开放的

“两全”目标，同时提出了深化教育领域综合改革的重要任务。立足“两全”和一个重要任务，我们必须深化教育领域综合改革，通过大学区制改革等各项创新举措，不断促进教育公平，提升教育质量，切实增强教育服务于国家经济社会发展的核心支撑能力。我们要进一步解放思想、锐意改革，总结改革工作经验，研判分析并着力解决改革中出现的新情况、新问题，注重教育实践研究，促进教育实践创新，促使基础教育和美发展。

三、资源整合，共享发展

唯有创新教育才有未来。坚持以人为本，差异公平，坚持共享差别，人尽其才，坚持原点驱动，因人而笃，坚持无为自化，生态和谐。在知常基础上创新，在与时基础上创新，在守正基础上创新。

1. 研定以“九个统一”为核心内容的“大学区管理制”策略体系

教育行政部门是人民教育权益的捍卫者和实现者。担当教育责任、提高履职能力、回应社会热点、破解教育难题、治理教育乱象、化解教育矛盾、创新教育机制、实现教育公平是教育行政管理部门的使命所在。两年来，西安市教育局坚持既抓好政策引领，又抓好改革实践创新，调动了区县、学校、教师三方的积极性，特别是为彰显教育公平、推进优质教育资源均衡覆盖摸索出了一套极具操作性、科学性、公益性、发展性的策略体系。这一体系以“大学区”为实践载体，以“九个统一”为核心内容，以“评价考核标准”为调控手段，在实践中显示出强大的生命力和长远的发展前景。

（1）“大学区管理制”从实施方案的制定、操作程序的设计、资金保障的落实到考核评估的措施以及舆论宣传的导向，形成了完整的策略体系，创造了市域基础教育综合改革与创新的“西安模式”，在全国引起了极大的关注和良好的反响，产生了人民持续期待、政府持续支持、舆论持续关注的效应。

（2）“九个统一”为“大学区管理制”改革实践提供了操作依据。“九个统一”涵盖了“统一管理策略”等九个概念，抓住了“管理、行动、控制、激励与评价”等环节，紧扣办学实践“作为主体的教师和学生、作为手段的教育设施、作为对象的教育资源及环境”等要素，为学区长学校优质带动提供了行动路径，把教育资源均衡覆盖、教育质量共同提高的目标显现为“共建、共强、共生”的发展理念，有力地促进了教育公平追求从理论层面向实践层面的飞跃。

2. 建立推进学区化办学改革的督导评估体系

为了客观真实地了解改革工作的实施情况，以期掌握改革工作的实施状态和实践效益，推动改革持续深入，基本建立起了学区化办学管理的长效机制。市教育局制定了《西安市推行“大学区管理制”改革工作考核评估标准》（以下简称《考核评估标准》）和《西安市“大学区管理制”改革示范学校标准和评审方法》。

《考核评估标准》引领着管理改革执行层面的行为方向和价值目标。《考核评估标准》以“综合管理、组织实施、成效与特色”为一级指标，设定了涵盖“组织领导、机构建设、管理措施、运行实施”等方面的24个二级指标及重视发挥校本主体性、工作主动性，彰显创新特色的83个三级指标，成为助推“大学区管理制”改革“依生态、抓本质、扣内涵、聚智慧、接地气、释能量、激活力、求均衡”的制度化教育实践治理的工作规范。

各区县和学区长学校也制定了推进改革工作的考核评估实施方案，加大了调研检查、督导评估工作力度，全面了解推进情况，对出现的问题及时给予指导和解决，及时总结并推广改革中涌现出的典型经验和优秀做法，积极推进学区化办学改革行有效能、为有成果。

3. 形成以“九个统一”为活动载体的学区化办学运行模式

西安“大学区管理制”学区化办学改革的核心内涵和实践方式主要表现为实施“九个统一”，达到“九个共享”，走向“九个转化”，以推进区域内教育优质均衡发展。具体表现为：

（1）通过学区化的统一管理策略，不断达到学区内管理理念方略共享，逐步实现由“学校谋划”向“学区谋划”的转化。

围绕优质均衡发展目标合作规划未来，共同研究管理策略，强化教育综合治理推进力度。比如西安一中、长安师范附小、大雁塔小学、翠华路小学、大学南路小学、师大附小、交大附小、交大二附小等学区长学校，与成员校共同研究了学区管理规划。

未央区实行三校大学区以“阳光普惠，共通共融，凝神聚力，共享共进”为发展理念，以“塑形—铸魂—发展—特色”为总体发展思路，以探索具有本学区特色的义务教育小学段大学区管理模式为重点的教学管理改革试验，提高学区的整体办学实力，以“不求完美，但求突破”为出发点和落脚点，做到整体规划，分步实施。

（2）通过学区化的统一设施共享，不断达到学区内硬件资源共享，逐步实现由“学校独用”向“学区通用”的转化。

西工大附中、西安铁一中、师大附中、交大附中、高新一中等学校敞开大门，为学区成员学校积极主动地提供共享设施。

西北大学附属中学大学区在学区内开展“百健艾迪西北大学中国社区实验室”实验活动，指导学生利用大学实验室的先进设备完成了“PCR实验”“电游实验”“细菌基因转化实验”等。

阎良区第一学校大学区制定设备共享实施办法，安排专人具体组织实施。大学区充分调查和掌握学区资源，建立资源档案库，按照各成员学校的需求进行统筹安排，共享大学区学校的实验室、现代教育技术装备、图书馆、体育场等各类教育教学设施、设备和场地，形成优质聚集效应，促进教育资源的深度流动与整合，最大限度地发挥大学区硬件资源的作用。

（3）通过学区化的统一课程规划，不断达到学区内课程资源共享，逐步实现由“学校课程”向“学区课程”的转化。

西安师范附属小学、西安市实验小学、远东一小、庆安小学、机场小学大学区依托教师优势，积极探索学区课程建设的途径。

临潼区华清小学大学区是一个紧凑型学区，与成员学校统一制订教学计划，开齐开足学科课程。学期初，学区长学校根据上级教育主管部门的文件精神，与成员校共同拟定课程计划执行方案和人事分工安排方案，落实课程总表、班级课表和教师课程表。根据学区内学科需求，对教师进行有效交流和调配。

（4）通过学区化的统一安排教师，不断达到学区内教师资源共享，逐步实现由“学校调配”向“学区调配”的转化。

西安市第八十五中学作为学区长学校，每年选派优秀教师赴成员学校进行交流，开展成员校中层干部“跟岗交流”和“名师送教”活动，积极探索学区资源调配的方法。

振华中学大学区同一年级同一科目的教师根据自己的兴趣和特长选择某一类型的课程，然后在学区内“循环教学”，学生可以根据自己的爱好选择科目进行学习，如体育课设有健美操教师、乒乓球教师、篮球教师、排球教师等，这种做法既减轻了教师的负担，又使学生的特长得到了充分发挥。

（5）通过学区化的统一组织备课，不断达到学区内教师智慧共享，逐步实现由“学校智能”向“学区智能”的转化。

西安市田家炳中学、西安市七十中、灞桥区纺织城小学、蓝田县北关小学、周至县一中、高陵一中等学校，通过“名师工作室”网上交流、“青蓝工程”一帮一、学科集体备课、骨干教师示导等形式，实现了学区教师智慧共享的最优化。

西安建筑科技大学附属小学大学区举办“今天我们怎样备课上课”专题讲座，西北大学附属小学大学区开展“搭档小组集体备课”系列活动，使学区内教师教研意识和专业素养普遍得到提高。

碑林区建国路小学大学区提出了“分—合—分”模式，即“教师分校自主备课—学区集中交流共享—个性化教学与反思”的大学区集体备课模式，继 2012 年在综合实践活动学科成功实现资源共享后，2013 年，又先后在语文作文教学、数学概念教学中开展协同备课，形成“同步作文序列”汇编、小学数学概念集（北师大版，现已在全学区开始使用），为大学区内教师之间的交流合作提供了一个研讨的平台，使教师们的课堂教学能力和教研能力不断得到提升。

（6）通过学区化的统一教研活动，不断达到学区内教科研成果共享，逐步实现由“学校研发”向“学区研发”的转化。

西安爱知中学大学区开展了主题为“教学法研讨及优秀课例展示”教研活动，以常态课为聚焦点，提炼出富有学科教学特色的典型课例，引领成员校积极构建优质、高效的课堂教学。

新城区实验小学大学区，形成了“一周一课、一活动、一帮扶”特色教研活动模式。

①“一周一课”：大学区高效课堂示范课。为了发挥学区长学校的优势带动作用，西安市实验小学大学区以“大教研·大课堂·大活动”为教学活动专题，开展了高效课堂示范课展示活动。语文、数学、英语、美术、思品、体育等学科共计 11 节课分学科专场进行，组织大学区教师听评课，并在授课结束后邀请相关学科的省、市、区教研员现场点评，帮助大学区学科教师梳理教学内容，分析教学环节设计，发现教学的优缺点，让听课的教师和专家的思想得以碰撞，从而在授课和评课上获得更大的提升。

②“一活动”：大学区研讨课展示活动。结合大学区高效课堂示范课，大学区各成员校在统一的要求下开展了大学区研讨课，并在研讨课结束后，开展高效课堂研讨课展示活动。这一活动，由每个成员校根据学科优势，推荐校内研讨课中的优秀课在大学区内进行研讨。为了让研讨有高度，更深入，他们邀请教研员全程参加，并给予点评和指导，让教师得以相互了解，挖掘成员校的学科特色；让教师得实惠，针对一节课研讨，在教研员的帮助下深挖教材，更新理念，获得实实在在的提升。

③“一帮扶”：“一对一”帮扶活动。共享优势资源，从教师的成长入手。学区长学校将本校第一梯队教师各个学科共 33 人的名单提供给大学区成员校，让成员校教师自由选择，与坤中巷小学教师 15 人、明志小学教师 15 人、励耘小学教师 11 人、中兴路小学教师 13 人结成对子，进行沟通和学习。“一对一”活动相互学习 70 余次，收集过程性资料 90 余篇。教师之间通过同伴互助的学习形式，消除校际“围墙”，增进了解，相互学习，得到了不同程度的提高。

（7）通过学区化的统一师资培训，不断达到学区内教师成长路径共享，逐步实现由“校本研训”向“学区研训”的转化。

西安铁一中大学区牵头组建大学区学科中心教研组和联合备课组，借助大学区网站和本学区的信息资源建设平台，通过网上教研、网上培训、网上交流，实现学区内名师同步授课观摩。

灞桥区东城第二小学大学区在教师培训方面采取“合作互动，互助共进”的方式，取得了一定的成果。

①建立立体培训制。大学区教师的培训，采用辐射培训和专家培训相结合的方式，由点及面。辐射培训：以中心组为单位，每月进行一次专题培训。专家培训：以现代教育理论、教育教学专业能力、基本的教育科研方法为主题，聘请有关专家、学者进行专题讲座，每学期组织大学区教师集中培训一次。

②实施“三展”活动制。课堂展示：示范课＋研讨课＋反思课。每学期以中心组为单位，开展课堂展示活动。通过示范课引领、研讨课感悟、反思课实践，提升大学区教师的教学水平。专题展示：教研活动＋课题研究。每学期每个中心组围绕一个专题开展联合教研活动，并进行相应的课题研究。成果展示：经验交流等。中心组联合教研的成果，通过每学期一次的经验交流、观摩研讨等形式进行集中展示。

③形成网络结对制。中心校充分发挥教育技术优势，积极开展基于互联网络的多形式、多渠道、富有特色和富有成效的结对联动活动。如：网上即时两地教材研讨、网上优秀课例分享评课活动、网上优秀论文案例分享活动、网上学生作品展示交流活动等，以实现结对学校“互通有无、互相促进、共享共建、共谋发展”的目标，促进大学区成员校共同繁荣和持续发展。

（8）通过学区化的统一质量监测，不断达到学区内质量管控工具和监测方法共享，逐步实现由“学校管控”向“学区管控”的转化。

西安市第八十三中学大学区举行了学区内各校初三年级联合模考，通过统一组织考试，从各校抽调 3 名教师统一阅卷，最后通过学区长例会，对联考成绩进行统一分析，采用“位次积分”评估法对学区内 1500 名学生的成绩做了分析，又把各校各科成绩进行了横向比照，以便各校找到薄弱学科，有针对性地做好后期复课工作。

长安区多数学区不断增强共同体质量意识，通过联合命题、联考联评等活动，加强校际质量对比分析，共同研讨质量提升策略。长安一中组织学区成员学校围绕复习效率和质量提高，分科开展高三复习课研讨活动。长安六中和长安九中共享月考试题，同步开展质量检测。长安四中学区开展三校联合质量抽检，加强校际质量对比分析。马王初中学区召开毕业年级工作交流会，组织各年级联考，加强横向对比，共商改进提升策略。

（9）通过学区化的统一评价激励，不断达到学区内精神文化取向和发展价值追求共享，逐步实现由“学校引领”向“学区引领”的转化。

西安交通大学附属小学大学区制定了成员学校评估标准，对学区建设起到了调整、引导、控制和激励的作用。

众多区县对学区办法及学区长的考核，由教育局依据考评办法组织实施。考核以发展增量为核心指标，不断完善考核细则和指标体系，主要对共同发展、均衡发展、特色发展等工作目标达成度进行综合考评。成员学校的考核细则和指标体系，参照学区长学校考核体系制定。学区长、副学区长实行双重考核，既接受学区内考核，同时也接受区教育局考核小组的考核。

“九个统一”催生了开放式办学、开放式教育的合作实践，学校与学校之间相互适应、相互比较、相互学习、相互借鉴、相互提升，不断实现合作助进、共生共赢。

追求教育公平、推进均衡发展、提高教育质量，是我国基础教育改革发展的战略目标；实施素质教育、提高教育质量，是教育内涵发展的实践主题。在推进教育内涵发展的实践中，梯次循进教育理念和实践模式在“大学区管理制”改革中发挥着独特的引导作用，成为深化西安教育综合改革可资借鉴应用的经验模本。

“大学区管理制”改革的实质在于扩大优质资源，缩小校际差距，促进教育公平。梯次循进教育的本质在于促进人本生态的适宜发展，让每个人可能、可为、可发展，追求实现素质教育的发展价值。可见，二者紧密关联，相互促进，有着方向、目标、目的同一性的价值追求。

2011 年，西安市教育局在全市范围内发文推广梯次循进教育典型经验，旨在促进基础教育内涵发展。在西安市推行的“大学区管理制”改革中，梯次循进教育理念发挥着积极的助推作用，并逐渐植根于各区县和中小学校内涵发展的创新实践活动中。

首先，由于市域、区县域、学校之间办学条件和办学水平不均衡，推进以优质学校带动薄弱学校的学区化办学改革，旨在让每个孩子都能享受到优质的教育资源，追求教育发展的梯次和谐。

其次，在学区化办学改革实践中，坚持合作共生共赢，关注的是学校群体整体多因素、多方面、深层次的均衡进步，旨在共同推进素质教育，全面提高教育质量，加速区域内教育均衡优质发展。

最后，在对学区化办学实施效果的考核评估中，坚持市、区县、学区长学校三级考评机制，更加关注薄弱学校的快速提升和持续发展，让每个孩子都能平等地享受公平的优质教育，努力追求基础教育的和美发展。

梯次循进教育理念，在学区化办学内涵发展中，启示引领着实践创新，有效助推着人的进步，有机促进着市域教育综合改革的不断深化。

四、教育质量综合评价改革实验

纵观全球教育发展，近 30 年来，质量成为世界教育改革的核心概念，追求教育质量的不断完善，已成为全球教育发展的总趋势。无论是质量教育、质量教学，还是质量保障、质量评价，类似的话题不断传递出人们对获得高质量教育的期冀。那么，对我们来说，什么是中国教育的发展方向、人才培养的规格和质量价值的追求呢？

党的十九大报告明确指出，要全面贯彻党的教育方针，落实立德树人的根本任务，发展素质教育，推进教育公平，培养德智体美全面发展的社会主义建设者和接班人。

怎样看待和评价中国教育？ 2017 年的《关于深化教育机制体制改革的

意见》中概括指出:“我国教育已进入世界中上行列，为13亿多人民提供了更好更公平的教育，为我国经济转型、科技创新、文化繁荣、民生改善、社会和谐提供了有力的支撑，中国特色的社会主义教育自信不断增强。”

我们要在这样的教育发展基础上，坚持扎根中国与融通中外相结合，问题导向与目标导向相结合，“放、管、服”相结合，顶层设计与基层探索相结合，积极推进中国教育改革发展，以对党和国家教育事业的忠诚，牢固中国教育的根，守住中国教育的魂，践行习近平新时代中国特色社会主义教育思想，做到“价值育人，教师育人，家庭育人，文化育人，榜样育人，健康育人，创新育人，公平育人，实践育人，开放育人”。用心用情用智，办人民满意的教育，为中华民族伟大复兴的中国梦提供智力保障和人力支撑。

梯次循进教育主张在质量控制、发展控制的实践过程中，基于事物的原本态势，因人、因时、因地而宜地依循规律，按照程序和步骤，实施动态循环推进，以求不断向新向好发展。梯次式管评构建的教育部门、学校、教师、学生、家长、社会各界齐抓共管的多元参与机制，学生发展的多元进阶机制，区域发展的创生机制，旨在让教育生态发展多样化、健美化、持续化。

2013年12月，西安市被教育部确定为全国首批中小学教育质量综合评价改革三十个实验区之一。作为这一改革实验项目的领导者、研究者和实践者，长期以来，我在基层学校和县域教育的评价实践经验，为这项改革工作奠定了思维、实践和理论基础。

2014年，我们制定了《西安市中小学教育质量综合评价工作实施方案》，在实施方案的指导下，积极推进评价工作。2015年至2017年，细化了教育部发布的《中小学教育质量综合评价指标体系》，形成了《西安市中小学教育质量综合评价指标体系》（试行版）和《西安市中小学教育质量综合评价指标体系》（修订稿）2018年版，依据指标体系组织专家自主研发评价工具，建立起评价工具库，解决了“评什么”和“用什么评”的问题，形成了42套评价监测试题。先后推进、实施了4次监测，其中第三次、第四次是全市范围的大型测试，参测学生、家长、教师、校长近19万人，完成市、区、校、学生四级报告6万余份。2017年11月，我们组织评价专家深入14个区县进行了报告反馈解读及改进督导工作，反馈会由各区县主管教育的区长、教育局局长、校长、教师、学生、家长、党代表、人大代表、政协委员等政府、学校、家庭和社会多方参加，反响积极。

自启动后，西安市质量评价工作取得了一定成效，得到了教育部、省市领导和专家的充分肯定及区县、学校的普遍认可。

（一）教育质量综合评价改革实验的“西安做法”

中小学教育质量综合评价改革实验是一项引领教育科学守正性、质量完善性、生态和谐性发展的重大改革，是教育实践最具复杂性、挑战性、协同性和专业性的积极探索，是创新管理机制、发展素质教育、提高教育质量的行动研究，也是新时代、新思想、新征程中教育再出发的自觉反思。

国家中小学教育质量综合评价改革实验西安实验区的阶段性工作可概括为“九维九功”行动方式：

1. 组织机构建立，功于政府统筹

教育改革是市域经济社会发展的全局性战略，是最大的社会民生工程，我市坚持把改革置于政府层面，统筹协调，集聚各方力量，协同推进工作。西安市委、市政府成立了以主管副市长为组长，市教育局、发改委、市编办、人社局、财政局、文明办、妇联、团市委、社科院等相关部门领导及各区县政府分管区长和县长为成员的“西安中小学教育质量综合评价改革实验领导小组”。领导小组下设办公室，设在市教育局，全面负责指导改革实验工作，日常工作由市教科所中小学教育质量评价监测中心具体组织实施，同时成立了“西安中小学教育质量综合评价改革专家委员会”。市政府财政每年列专项资金，用于评价改革工作，以确保改革顺利推进。

2. 运行机制建构，功于活性能动

我市建立市、区县、大学区的“三级联动机制”，结合大学区管理实际，遴选出98个市级样本大学区397所实验校，多点面开展工作，使改革实验工作有机制、有部署、有安排、有典型、有章有序地推进。

3. 指标体系研发，功于科学多元

评价指标体系的研发，推行了“五维（品德、学业、身心、兴趣、学业负担）三段（小学、初中、高中）三团队（国家级专家、市级教科研人员、优质学校知名校长）”群研开发模式，力求使评价指标体系具有宽视野、广角度、全覆盖、一体化、科学性、专业性和操作性，充分体现以学生发展为核心，科学多元的评价指标体系的构建，并在实施推进中边实践边完善。

4. 运行平台建设，功于发展需要

以政府购买服务的方式，与专业的教育测评研究院合作，搭建工作运行平台，为评价监测提供技术支撑和应用服务，适应互联网 +、大数据、人工智能时代背景下的改革发展要求，以满足改革实验工作深化的需要。

5. 评价试卷研发，功于学科通融

融通中外，借鉴国际学生评估项目（PISA）、国际数学与科学趋势研究（TIMSS）等国际先进测试系统，着力自主研发，命题制卷提出“三真（真情境、真问题、真能力）三紧扣（紧扣学生实际、紧扣课程标准、紧扣中高考改革趋势）三有（学生有兴趣、教师有触动、课堂有改进）”的方法和要求，使评价试题和测试在问题解决上富有针对性、纠偏性、矫正性和引领性。

6. 评价抽样测试，功于数据信实

样本校学生监测环节，坚持认真组织、严密施考，实行市、区、校三级协同监管，确保测试数据的可信度，做到客观真实、可资可用。实验过程的四次测试，涵盖小学、初中、高中三个学段六个年级，参测人数达 19 万余人，完成市、区、校、学生四个层级报告近 6 万份，为各方面诊断分析教学质量提供了可资评价的翔实的研判数据。

7. 测评信息反馈，功于凝聚共识

测评结果反馈环节，提出并坚持“三级（上级、同级、基层区县校）九到位（区长、局长、校长、教师、学生、家长、党代表、人大代表、政协委员）”的工作要求，做到多方参与、社会知晓、主体明白，为质量相关方面的各管理主体提供了区域、学校、学科、学生发展的样本量标识，以凝聚社会共识，激发和集聚新时代教育科学发展的动能与合力。

8. 测评结果应用，功于激励导向

测评大数据为学生学习、教师教学、校长和局长实施质量控制提供了广阔的管理视角，在对测评结果研判和应用环节，我们注重和宣导各取所需的多点面应用和多元激励，引导质量评价的正确方向。实践启示人们，面对评价取样的过程性数据，对影响质量生成的各管理互主体来讲，都应切实关注并认真研究评价数据本身及背后的意义，积极挖掘数据的潜在启示。

9. 改革实验深入，功于未来进益

中小学教育质量综合价值改革试验工作是一个长期的实践发展过程，需要立足新时代、新教育、新发展的目标要求，不断地深化改革创新。我们坚持在实验中探索，在探索中发现，在发现中改进，始终如一地面向社会、人的发展和教育自身的未来，一步一步地推进改革实验工作的深入发展。

认真研究综合评价的测评数据，纵向横向地深入分析相互关联因素，全面了解教与学的发展势态，在掌握正相向发展因素的同时，找准问题的原因，以便提出改进措施，弥补发展的短板。

（二）深化教育质量综合评价改革的设想要求

深化教育质量综合评价改革，要坚持目标导向与问题导向的原则，要知行同步，不断推进实践创新。

1. 形成一种共识

以科学评价为引领，树立正确的教育观、人才观、质量观和管理观，用新思想培育有灵魂、有品能、有素养、有创新精神的新时代人才。

2. 围绕一个中心

以科学评价为引领，努力办更好更公平的教育，追求教育质量的不断完善。

3. 突出一个重点

以科学评价为引领，坚持以德树人、价值育人，自觉找回教育落下的灵魂，切实转变育人方式，走出“考什么教什么、考什么学什么”的误区。

4. 抓住一个关键

以科学评价为引领，抓住评价改革的关键要素，凸显评价内容的全纳性、评价参与的全员性、评价手段的适切性、评价方法的多元性、评价信息的客观性和评价认定的适切性。

5. 完善一套机制

以科学评价为引领，健全多方参与、统筹协调、能动有效的工作组织机制，形成保障改革实验的财政投入机制，完善评价工具、监测、管理与服务的工作运行机制，使“社会参与，协同发力，相关主体跟进”成为教育评价改革的新常态。

6. 处理好一个环节

以科学评价为引领，注重质量监测信息反馈的环节。做好解读，知长明短，做到纠偏不误导，矫正有目标。

7. 讲究一个策略

以科学评价为引领，注重质量形成过程的监控，重过程诊断不唯过程判定，重评价激励不唯结果判定。将结果评判着意下移区县和学校，让教育自我评价时刻唤醒自觉批判，以求大教育守正自化之大功。

8. 建成一个平台

以科学评价为引领，整合子系统网络资源，形成以质量评价信息资源为依托主体的西安市中小学教育质量现代化网络管理与大数据服务应用的整合平台。

9. 实现一个目标

以科学评价为引领，坚持以评促学，以评促教，以评促管，以评促进，努力实现教育服务于人的科学发展、质量价值、创新价值和生命价值。

在总结改革实验工作经验的基础上，按照教育部的要求，不断修订和完善深化改革实验的工作方案，聚力打造教育质量综合评价改革的实践样本，为全国中小学教育质量综合评价改革提供“西安经验”。

（三）教育质量综合评价的思考

西安作为国家中小学教育质量综合评价改革实验区，几年来我们以教科研为引领，坚持“三全三本三回归”的工作策略，“全方面、全要素、全过程”地推进改革探索，追求教育“本心、本真、本质”的知行价值，不断让教育回归科学、回归人性、回归自然，促使教育生态和美发展。

1. 教育质量综合评价改革再难，也要积极探索，锐意创新

教育评价，教育质量测量是教育改革中最难突破的一个“瓶颈”，也是世界性的教育难题，在中国国情民意下的探索推进，显得举步维艰。

评价改革难，但要知难而进，不懈求索。秉持正确的评价导向，教育才会良性发展，未来才有希望。评价如果有问题，必然造成恶性循环。

在中国基础教育领域，现行的体制机制、高考中考制度是很现实的。科学公正的教育评价，反映在实践层面，许多方面还真的有些行为失真、管理失常。当然，这也告诉我们要学会在现行体制、机制、制度框架下，坚持目标导向和问题导向相结合，求真务实地探索路径和方法，用智慧寻找希望，追求教育于人的本真价值和终身发展取向。

2. 要实现教育改革目标，正相向的评价如果跟不上，行动必然苍白无力

教育要改革，正相向的评价要先行。我们所追求的正相向评价导向，一定是以人为本，德育为先，一定是更好更公平的发展，一定是社会主义核心价值观引领下的教育，一定是习近平新时代中国特色社会主义教育思想指引的实践创新。也就是说，我们要在发展素质教育、推进教育公平的实践中，培养德智体美全面发展的社会主义建设者和接班人。

误收一茬犹可补，误人一代不复还。追求教育质量不断完善，促进教育生态本真发展，只有坚持科学正确的评价引领，才会逐步化解教育实践中存在的问题，破解发展素质教育的实践困局。

传统教育文化观念背景影响下的现行高考、中考制度，绕不开对分数和升学率的科学认知和价值判断。我们以为，教育不排斥考试，素质教育

也并非不要升学率，问题在于我们要注重培养全面发展的学生，让每一个学生健康成长，让每一个个体生命的价值大放异彩！我们说，分数和升学率不完全代表质量。知识不等于能力，能力更不等于动力。教育评价要引导教育生态的本真取向，追求教育生态发展的和美价值。

公平公正前提和基础上的教育评价，才会有力有效。让更多学校办得更好更优质，这应是我们教育管理的大目标。如何发挥优质学校的示范引领和辐射带动作用，如何扩大优质教育资源的覆盖面，如何把优质教育资源这块蛋糕做大，是教育改革创新实践中要充分思考和研究的问题。

自然界生态以物种的多样化维持生态的平衡，社会对人才需求的多样性，决定了教育的多元化发展方向，人本生态的差异性决定了教育教学方法的个性化选择。我们的教育评价以什么样的标准来看待不同的学生、教师和学校的发展，都是我们要深入研究的问题。有些不单是理论层面的观念说法，更表现为实践层面解决问题的行动做法。

3. 西安教育质量综合评价改革探索样态和看点

西安市作为国家中小学教育质量综合评价改革的试验区，推进这项改革的做法看点，那就是坚持“九维九功”的工作推进式。

坚持教育质量形成过程诸多影响因素的全要素跟进，系统性、整体性、协同性地谋划推进改革。

教育部自上而下的中小学教育质量综合评价改革有两大目标，一是要求各地市建立一个评价指标体系，二是改变单纯以升学率和分数评价教育质量的倾向。我们认为，这项改革是一个漫长的过程，要有静气和耐心，要静待花开，才会不断步入教育理想发展的新境地。

影响教育质量形成的因素是多方面的，不只是学生学这一方面，教师怎样去教，校长怎样去管，教育行政部门怎样去评，家长怎样去看，社会怎样积极配合教育，等等，都要认真思考和研究。对学生进行综合素质评价，教师也要不断提升综合素质，要顺应时代发展，与时俱进。西安每年对全市中小学教师进行一次综合素质测评，我认为是很有意义的，主要是激励教师不断地学习，做到了这一点，方向就正确，意义就重大。

发展素质教育是党和国家的意志，必须积极实施推进。现在的中考高考，也都把学生的综合素质发展作为重要依据。为体现这一要求，西安市中招考试将综合素质作为考试科目，考试成绩纳入中考录取总分中，几年来，分值先后由 50 分到 70 分，再到 100 分，这一探索在全国是唯一的。对此，人们可以评说，也可以议论。我们的观点是，语文、数学、英语能考，综合素质也一定能考，任何素质皆可考可测可评。我市研学旅行，实现了基础教育各学段全覆盖，也在全国产生了很大的影响，这些和综合素质评价改革都是密切相关的，因为这些方面的工作也影响和促进着学生综合素质的提高。

西安教育人这样看待中小学教育质量综合评价实验改革的探索：这项改革是一项社会系统工程，只有坚持系统化的改革设计，才会改则有效，为之有成。

要办高水平高质量的教育，办更好更公平的教育，办人民满意的教育，教育改革必须以质量评价为突破口，只有突破了教育质量评价的瓶颈，教改创新才会更具活力，教育质量才会在不断完善的基础上向高、向新、向优。

教育质量评价是教育改革进入深水区的实践探索，单方面的改良是没有希望的。教育质量综合评价改革，只有系统性设计、整体性思考、协同性推进，只有全社会参与、全主题跟进、全要素转变，才能全方位、全过程、全格局地做好改革功课，让教育展现出新发展的和美气象。

教育评价改革，只有发挥好激励和导向的功能，才能有效助推和催生人的自主创新发展。

评价测试的海量大数据信息，为导学、导教、导管提供了多层面、多角度的研究视野和开发空间，要充分加以利用，为学生服务，为发展服务。

教育质量综合评价改革是永恒的发展课题，西安教育人深知，改革永远在路上，只有进行曲，没有休止符。

第七节　守正自化的效能激励

长期教育基层一线实践探索的经验启示人们：

教育要差异公平、共享差别，为每一个人提供机会均等的发展平台，创造和谐活生的发展环境，让每个人可能可为可发展。

教育要应心应性应自然，让每个人真正寻找到发展的自我。

教育贵在激发生命的自觉状态，让每个人各得其所地适宜发展，自我感受生命成长的幸福和快乐。

遵循事物发展的本源规律，引领人和事物追求原有基础上的提高，提高基础上的发展，发展基础上的超越。

彰显教育本心境界，还原教育生态本真发展，让教育生态和谐活美。

一、共享差别，让每个人体验发展的自信

从客观事物发展的实际出发，依据教育管评对象生态发展状况划分助进梯级层次，研定适合每一个发展对象的最近发展区目标，促进各个学校和个体积极能动发展，助推区域教育整体水平全面提高。

（一）创新观念，建构具有活性功能的管评制度和能动运行的工作机制

教育观念创新是教育发展的灵魂，也是推动教育发展的动力。管评制度创新是实施素质教育的关键，也是提升教育质量的保障。我在蓝田任职时，蓝田县教育局认真分析蓝田教育发展状况，适时调整工作思路，将全面实施素质教育、全面推进教育创新、全面提高教育质量、实现县域教育跨越式发展作为总体奋斗目标，大力提倡观念创新、机制创新、管理创新、教学创新和评价创新，明确提出了教育改革发展的新思路、新目标、新要求，为县域教育发展注入了新的生机与活力。全县教育系统的干部和教师，振奋精神，更新观念，转变作风，积极进取，坚持以教学为中心，研究教学实际，制定改革措施，确定奋斗目标，推进教育创新，使创建特色教育成为蓝田教育发展的主旋律。

梯次循进教育

为促进学校教学常规管理规范化，我们在全县开展了教育教学常规管理的治理活动，制定了《学校常规管理基本要求》《教学常规管理基本要求》《教研教改工作基本要求》。县教研室把常规教学管理作为研究课题，拟定出符合蓝田教育实际的管理细则和评价体系，对学校的课程设置、教学安排、教学指导与检查以及教师的备课、上课、辅导、作业布置与批改、考试与评价等教学环节，提出了具体的要求。我们在一些学校设立试点，并评选出一批教学常规管理示范学校，积极引导和带动全县中小学教学管理不断走向规范化。

为强化乡镇教育组的管理职能，我们从管理机制和措施上，制定了明确的管理目标，提出了具体的发展要求，分片实行梯级目标推进，不断强化质量意识和工作责任感。因受地域、经济等因素影响，蓝田县中小学校舍布局不尽合理，点多面广，规模差异大，一人一校状况在边远山区相当普遍，这给学校管理带来了一定难度。《教育教学梯级目标管理制》的实施，使各乡镇教育组也能做到思想重视，制度健全，工作扎实，分工负责，严格督查，措施得力，有力地保证了改革措施的实施并坚持横向到边，纵向到底。

为落实中小学教学常规的基本要求，各校坚持全面贯彻党的教育方针，严格执行县局下发的教学常规管理基本要求，认真执行新的课程计划，开齐课程，开足课时。课表、作息时间表、活动安排表齐全，各类计划、总结翔实到位，注重教学全过程的管理和考核，教学活动有记载、有分析、有小结，教学评价趋于科学，重视学困生的转化工作，学生流失的问题得到有效控制，教学档案资料基本齐全，学校管理人员都能坚持上课、听课，教师备课、上课、作业批阅认真精细。

20 世纪 90 年代初，全县中小学在落实教学基本要求的基础上，对教学管理进行了积极大胆的改革尝试，坚持过程管理与终结管理相结合、制度管理与人文管理相结合，注重管理方式方法设计的可行性、民主性、系统性和科学性。随着全县中小学校内部管理机制改革的深入推进，各校教师教学水平和教育教学质量有了很大提高。学校粗放式的管理不断趋向科学化、制度化和规范化，学校领导学理论、学管理，努力使自己成为教育管理的行家里手；广大教师勤于教研，改进教法，涌现出了一批教学能手和标兵。新的教学思想、先进的方法和成功的经验不断被引进、吸收和推广，全县涌现出了一批优秀的教科研成果。

（二）推行梯级目标管理分类制导，让每一所学校充满发展活力

梯级目标管理，是根据不同区域学校的发展实际，依照合理的标准和归类方法，将全部中小学校按照类型和类别，划分组建为不同层次的类队，进而研定可实现的发展目标，实施生态本真化发展的组织活动。也就是说，客观地按照各类学校的外在发展态势和内在发展潜能，为各不同等级的学校研究规划适宜的进步目标，同时通过相应的保障措施，促进各校在原本基础上实现最优化发展。在一定时间内，经过每一管理周期的发展变化，按照各校最新发展态势重新划分等级，实施动态要求，以此不断循序推进，促使管评对象可持续地和谐发展。

在实施差异管理、差异评价、差异激励时，我们把考试分数的比重放在一个适当的位置，不搞“一俊遮百丑”的特殊评价手段，其实质是实现由传统的应试教育评价向素质教育评价的转变。同时，由于对示范性中学、县城普通中学和农村中学采用不同的等级评估标准，对川、塬、山、岭学校实行分片分区域评估，使得不同等级学校的办学积极性得到有效调动，形成了积极竞争的发展局面。一大批教学条件落后但教学质量提高幅度大的学校受到表彰，一些在某一特定方面工作成绩突出的学校得到了肯定，也使一些办学条件较好但多年进步不大的学校感受到了压力，从而增强了改革发展的动力。

构建富有活性活力的教育管评机制，对一个国家级贫困县充分发挥有限的办学条件，大面积提高教育教学质量有着重大意义。自教育教学质量梯级目标管理实施方案实施以来，全县中小学的教学管理普遍活了起来，广大教师的工作积极性得到充分发挥，教育教学质量连年稳步上升，高考录取人数不断刷新历史纪录，蓝田县的教育呈现出欣欣向荣的发展局面。

二、梯次目标，让每个人可能、可为、可发展

激励和导向是教育评估的必备要素。全员激励，是指坚持面向全体、面向人人，对所有发展对象工作自主、进步提高和可持续发展潜能充分鼓励与开发的一种管评活动方式。在实施过程中，旨在充分发挥管理科学评价的激励导向活性功能，以符合发展对象客观需求的奖励项目，对处于不同发展位次的各类学校、教师和学生进行多方位的肯定支持，激发与挖掘发展对象内在的前进动力和潜力，以求各梯次发展对象自主能动的自身实现。倡导全员激励，旨在强调教育管理评价的过程应该是发现人的成长进步的过程，是充分激发并调动人的发展潜能和自觉进取的过程，是满足人的自我实现的快乐体验过程。

只有活用激励措施，才能真正发挥管评效能，实现管评价值。

梯次循进教育把面向人人、发展人人、成就人人的实践追求，贯穿于教育活动过程的始终，针对不同对象，以不同内容和不同方式实行梯次式全员激励，彻底摒弃了片面的传统论质评优激励方式。

全员激励，发酵并放大了教育科学管评的活性效应。行动中，我们设立了具有鲜明导向作用的多种奖励项目，以激发和调动每一所学校、每一位教师的主动性、积极性和创造性，让每个人都奋发有为。奖励项目涉及学校教育教学活动的方方面面，彻底改变了过去只重视分数和排名，只重视统考科目和毕业年级，只重视教学结果而忽视教学过程的片面激励倾向。

坚持个性化、项目化教育设计，通过多种形式的教育活动载体和多方面的教育激励目标，发现差异，发展差异，成就差异，催生个体生命价值的实现，满足个体幸福人生的美好追求，让不同梯次的发展对象更优更好。

我们给在年度教学评估中未能获得奖励的学校鼓励性地分配一个优质教学奖名额，让他们学校教得最好的学科教师也能够获奖，以此来激发这些教师的教学热情，让处在相对落后的群体生活境遇中的人们也工作得有尊严有意义。

我们的教育和管理评价工作着眼于“关注每一个学生，使每一个学生

都能得到发展"，注重促进"发展处后生""问题生"、残疾生等弱势群体学生的发展。

目前我国推行的"三好学生"评选激励制度在实践操作层面是有问题的，强调智育"一好"而忽视德育、体育的现象普遍存在，从科学教育管理评价方面而论，缺乏"活性"因子，很难体现全员激励和共性提升的作用。

教育评价过程应永远呈现为一个发展过程。过程评价和终结评价的概念是相对管理时空周期而言的。终结结果对新的一个管评周期而言，又是基点和起点。过程性管评要注重学生的进步，关注学校发展的增值，关注教师自身的提高，科学引领教育发展的前进性。点燃个体生命的亮光，彰显个体生命的价值，为每一个学生的阳光人生、智慧人生、成功人生、快乐人生服务。

许多学校在教师聘任、骨干教师培养、优秀教师评选、后备干部培养与选任等方面制定了一系列制度，不仅对教育教学实绩突出的教师进行奖励，而且对凡实现"原有基础上提高"的教师都能进行及时、充分的肯定和奖励，对所有学科和教育教学管理服务岗位都设立奖励项目，以激发各层次教师的主观能动性，焕发团队群体奋发有为的激情和活力。

在实践中，要不断刺激、诱发实践主体积极向上的潜在特质和生态优势，以求因人育化、全人育养。全员激励的方式使每一个发展梯次上的管理评价对象的自主能动性得到有效发挥，改变了评先选优关注少数而忽视多数的现象，使多数有进步、有贡献的管理评价对象有了更多被重视、被认可的机会，从而更好地激发了团队全员良性竞争、共同进步的动力，切实达到了评价激励面向全体、面向人人的应有效果，最大化地发挥科学管理评价机制和制度的活性功能和效应。

随着全员激励管理评价措施的不断推进，我们的工作实践取得了新的突破和新的成绩，在赢得学校、教师、学生和家长的肯定的同时，在社会上也产生了一定影响，引起了社会各界的普遍关注，各大主流媒体纷纷前往蓝田采访并予以报道。众多报纸、杂志从不同的层级、角度对梯次循进全员激励的具体实践做法和产生的理想效应做了纪实报道。

链接一　实践操作案例

“优质实验管理奖”获得者蓝田初中刘红霞感言

给实验员单独设奖，在我县是第一次。我能获此殊荣，不仅是上级领导对我个人工作的肯定，更体现了县局领导对素质教育的扎实实践，对实验工作的高度重视，对培养学生动手能力、探索精神的热情关注，更是对广大服务于教育教学的辅助工作人员的认可和关怀。它说明了我局以全面推行素质教育为宗旨的梯次循进管理评价向着更科学、更完善的方向发展。

此次获奖，对我来说既是压力，更是动力。它督促我在梯次循进管理评价下，在今后工作中既要像以前那样扎实认真，更要对自己提出更高的要求，不断学习，努力进取，把实验管理工作做得更好。

“历史优质教学奖”获得者红门寺初中闫龙儒感言

立足山区教育，我有幸于2006年12月获得蓝田县“历史优质教学奖”，我既高兴又惭愧。高兴的是获县级奖在我校史无前例，这是上级领导对我工作的肯定；惭愧的是我的历史教学成绩并没有排在全县成绩的前列，只是相对我校其他科目较好而已。获此殊荣，让我深刻认识到“梯次循进管理评价”的科学性、合理性和普遍性。

梯次循进管理评价从不同层面激励各类学校，设立各种奖项调动每位教师的工作积极性，这为我们山区学校教师获奖搭建了平台，而且激发了所有山区教师的工作热情，最重要的是我们有了“心劲”，只要工作中付出了，教育局就会看到我们努力的汗水，并予以高度肯定。

自从有了梯次循进管理评价这套科学的管理模式，我的历史课焕发出了新的活力：枯燥、乏味、教条说理的课堂变成了学生自我展示的天地，成为学生“秀才不出门，能知天下事”的窗口；在和谐的课堂中，认同差异、关注个性、激励超越，极大地调动了不同层面学生的学习兴趣，使学生明确了肩负的责任和今后的目标，学生的历史成绩有了较大幅度的提高。

我今天的成绩，缘于那盏不灭的心灯——“梯次循进管理评价”，它让我在教育教学实践中坚定了信心，找到了方向，并给了我为教育事业不懈奋斗的动力。

链接二　实践操作案例

城关中学有一名女教师叫王怡君，大学毕业才三年。她聪慧好学，积极用功。刚到学校时，她被分到一个普通班做班主任。两年后，这个班变了，纪律很好，班风、集体荣辱意识、学习成绩均整体提高。更难得的是，每位到这个班上课的老师，都能感受到浓浓的师生情谊和昂扬的学习氛围。2006 年，经过综合考核，王怡君被评为优秀教师。别小看这个荣誉，这不仅是她努力践行梯次循进管理评价的结果，更体现了梯次循进管理评价推崇的一种评价理念。因为放在过去，青年教师没有五年八年的磨炼，过公开课、示范课的关都难，更别提登上领奖台了。实行梯次循进管理评价后，在基本目标、道德标准要求、业绩效果赋分等方面，青年教师和中青年教师的系数是不一样的，这意味着老中青教师可以在同一个平台上竞争了，“权威”“资历”等获奖的必需条件被淡化了。

链接三　实践操作案例

尧山中学的老师集体郁闷过，教学成绩差的，总是在抱怨：“我们就是再努力，也挤不进前几名。”教学成绩好的，也总是拿不上奖：“有的科目拖了后腿，总成绩上不去啊。”于是大家集体“歇菜”。关键时刻，白玉稳被调任至尧山当校长。为什么调他？白玉稳有思想，有魄力，更重要的是他对梯次循进管理评价理解得透，把握得准。他在史家寨推行梯次循进管理评价就卓有成效，在这儿也保准行！

白玉稳到尧山后，先摸底，根据实际情况，就近组类，把教师分成初发展型、发展型、优先发展型三类。初发展型教师要尽快适应教学，做好教学各环节的基本工作；发展型教师要在 3 至 5 年内成为骨干教师；优先发展型教师则要向教研型、学者型方向努力。各类教师的教学任务和目标也相应不同，但不管哪类教师，只要一年内有明显进步就奖励。

这下，老师们的干劲儿上来了。年级组的同志想方设法共同提高，教研组的老师齐心合力相互提携。三年之后，尧山中学从全县第 27 名上升至第 13 名，英语单科的中考成绩更是跃升到了第 5 位；过去，没有一个学生获过县级以上的奖励，现在，在市县各类学科竞赛中，有近百人得到了奖励；学校也历史性地站在了县里年终表彰大会的领奖台上。

看到收获，尧山的老师们笑了：我们从梯次式动态目标管理评价中受益了。“梯次循进管理评价有利于引导学校、校长结合学校的校情、学情、教情来制定具有学校特色的治校策略，从而使学校达到可持续发展的目标。”白玉稳感叹，“梯次式动态目标管理评价最核心的思想是唯物唯人、认同差异，最近组类、按类定标，立体比较、动态要求，层次推进、激励超越，关注个性、共同发展。史家寨初中可用，尧山中学也可用；贫困地区可用，发达地区也可用。尧山中学当然会继续受益。”

这种管理体制可以说为有识之士搭建了展示的平台。“不用通过其他渠道，不需要托人、送礼、套近乎，只要把学校管好了，学校发展了，就会有名，局里就会给你肯定，这是为布衣之士创造的梦想剧场。”

链接四　实践操作案例

“梯次循进管理评价给处于不同层次的学校定下不同的发展目标，这些目标是通过努力能够达到的，并且完成预定目标后有奖励、有激励，你也就能更多地得到收获的喜悦，很好地解决了发展动力的问题。”张建安说。分层定标后，校长们不再感到困惑、无从下手，毕竟可为、可实现才能激发人的斗志。“在实行梯次循进管理评价之前，奖项基本上都被中年教师拿走了，年龄大、年纪轻的教师基本没有机会。梯次循进管理评价要求对教师分层定发展目标，分层考核，对加快年轻教师的成长和保持年老教师的激情都很有效果。”

梯次循进教育管理评价同样要求教师行为的改变，尧山中学的教师李武刚尝试改变，他不再以苛刻的面孔来要求学生，而是对全班学生分层定下目标，并且重点加强对后发展学生的点拨。结果证明，他的改变是成功的，刚刚送走的毕业班，各项指标都完成得非常好，师生关系再也没有像以前那样紧张，他还破天荒地收到了毕业生发来的祝福短信和贺卡。

链接五 实践操作案例

2003年10月，梯次循进管理评价提出的第一年，在教育局年度教育教学工作表彰大会上，人们便明显感觉到了不同。以往基本都是“先进集体”“先进个人”这些奖项，那些条件好、生源好的学校成了“获奖专业户”。这一次，教育局一下子增设了十几个奖项：教学创新奖、义务教育普及率提高奖、教学质量提高奖、优质教学奖、优质实验管理奖……同时，获奖学校和个人的比例也比过去大大提高了。

“从教35年来，这是我第一次站在教育局的领奖台上。作为一个即将退休的老教师，这真是莫大的激励和鼓舞。”来自泄湖中学的体育老师惠忠海说。在梯次循进管理评价中，按照素质教育的要求，体育、音乐、美术这些过去不被重视的学科，也被纳入评价体系，从而为这些学科的老师提供了一个展示自我和劳动成果的平台。

梯次循进管理评价真正体现了评价的导向作用，着眼的是未来的发展。正因为如此，在评价内容上，它也格外富有弹性。我们每年设置的奖项都不完全相同，经常会根据当前工作的需要，增设新的奖项。比如，前几年“两基”目标的巩固提高是全县教育工作的重头戏，教育局特地设立了“义务教育普及率提高奖”，以此激励山区学校加大“控辍”的力度。新课程实施后，校本教研成为关注的热点，教育局随即增设了“校本教研创新奖”。

人们惊奇地发现，过去“获奖专业户”包揽奖项的现象不复存在，基础好的学校有了强烈的危机感，基础差的学校有了奋起直追的勇气，“一枝独秀”变成了“百花齐放”，梯次循进管理评价取代了“以分论奖”。原因很简单，我不看你的成绩有多高，而是看你提高了多少，看你的管理是否科学。

三、动态控制，让每个人积极能动地发展

梯次循进教育倡导追求教育生态本真发展。它认同个体生命差异，崇尚人本生态管评，关注每一个人的适宜发展。以原有基础上发展的增量增值考量、研判人的提高进步，激励人的自主创新，关注人的自我实现。在实践中，讲究教育方式方法的术策合道，关注教育互主体的合作共进，追求教育生态的和美发展。

我们在推行《教育教学质量梯级目标管理制》改革过程中，坚持目标制导，多元定标，实施周期性的动态管理控制。

多元定标，即为各类发展对象量体裁衣，设定符合自身实际和自我努力可实现的梯次有别的目标。我们以为，只有尊重教育生态的人本、校本差异，实施灵活、机动、切实可行的工作策略，才能求得理想的发展效果。

（一）尊重教育生态的差异性

面对各级各类不同的教育发展对象，只有关注个性，多元定标，因地制宜，因势利导，才能促使各个发展对象合作共生、和谐发展。

具体来讲，是指立足全县城乡经济，依据川、塬、山、岭地缘因素以及人文素养、校际办学条件和质量水平的差异情况，为各个类别的学校合理地设定综合质量提升、师资队伍建设、校园文化建设、义务教育普及率和巩固率等不同的竞进目标和指标，采取因人因地而异的助进策略，促使各校各项工作按照自身特有的发展轨迹不断取得新的进步。坚持不以升学率评价教育质量，而是将各校置于不同类别群体中，进行公平性、比照性、效能性的适切管理评价，促使各级各类学校实现最好最佳的生态和谐发展。

（二）推行梯次助进的管理评价方式

我们依据因地制宜、公平制导的发展原则，根据各级各类学校所处环境及其自身实际情况，对全县中小学校教育教学工作实施分类管理、分类定标、分类评价、分类论奖。面对不同的学校，推行梯次助进管理评价，坚持从学校的办学条件、生源基础、办学宗旨、办学理念、办学目标、实施策略、常规管理、教学改革、教学科研、教师队伍建设、学生发展、机

制创新等方面研定不同梯度的发展目标和标准要求，从学校的客观实际发展状况出发，以“最近发展区”目标制导所有学校都力争实现“在原有基础上有提高，提高基础上有发展，发展基础上有跨越”，追求在每一管理周期都力争达到各得其所的发展，求取各尽所能、共同进步的理想效果。

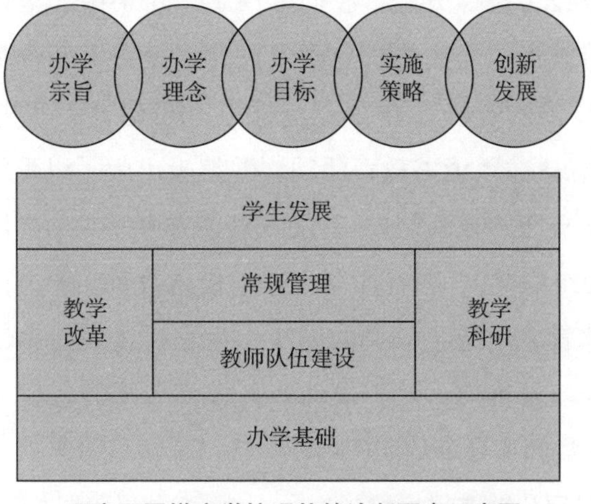

研定不同梯度学校现状的诊断要素示意图

在教育评价实践中，一切从实际出发，进一步解放思想，实事求是，积极推进实践创新，不断完善效能管评。面对辖区内所有学校的实际，尊重个体差异，设定适合自身发展的目标，努力促进管评对象实现最近发展区内的发展。

着力强化教育行政部门和各中小学依法治教的责任意识，以义务教育入学率、巩固率评价山区学校；以各方面的提高幅度和发展趋势评价薄弱学校；以学前教育、义务教育、高中教育、职业教育发展目标的项目落实情况评价各乡镇的教育质量与发展。

在管理评价改革中，统一规划，分步实施，既注意全县各地经济、教育发展水平的不平衡性，坚持因地制宜，具体问题具体分析，不搞一刀切；同时又注意调动不同类型地区工作的积极性，鼓励超前思考和行动。如我们在制定和调整“普九”规划和实施步骤时，提出了“统一规划，全面启动，分类助进，如期完成”的思路，在具体工作中采取分类指导、分类推进，使“普九”任务提前两年完成。

在“普九”工作实践中，我们坚持典型引路，以点带面，先在灞源、华胥等乡镇试点；在推进学校内部管理体制改革方面，我们推广了李后、马楼等乡试点的经验；在推进教学质量目标管理方面，我们推广了白村初中的经验；在开设劳技课方面，我们推广了王村初中、华胥初中等学校的经验，使全县劳技课三年内由试点到发展，以至迈上新台阶，做法和经验受到了西安市教委的表彰，并在全市推广；在德育工作中，组织开展了“热爱祖国，立志成才”读书教育活动，并编辑出版了以爱国主义为主题的中小学生优秀作文选《雏凤集》，不仅赢得了省市领导的高度评价，还荣获了国家级“特别组织奖”；在普通高中办学模式改革实验方面，及时推广了泄湖初中创办体育艺术特色学校的做法，为农村普通高中改革和发展提供了借鉴。这些经验的推广，对于推动我县教育系统的各项工作均产生了积极的管理效应，收到了良好的实践效果。

（三）实施多元化动态目标控制

坚持督导评估，落实管理目标。实行目标责任制是促进基础教育发展与管理的有效手段。每年年初，通过县政府与教育局、教育局与各乡镇教育组以及高（职）中签订目标责任书的办法，明确任务，落实责任，平时根据工作进展及时督查，年终按照责任书的承诺逐项考核评估。面对“普九”攻坚任务，我们实行义务教育学校“巩固率”不达标一票否决制，有效提高了义务教育的普及水平，有力保证了“普九”攻坚任务的完成。

坚持“德艺双馨”，促进教师专业成长。学校针对教师群体专业发展的不平衡状况，根据教师的年龄、学历学识、专业特长、教学经验和个人追求等，分层次、分类型制定促进教师专业成长的目标，旨在促进教师专业发展和成长。

坚持差异公平，实施分类助进。针对处于不同发展状态的学生，我们确立了分类助进的发展思路。学生间的差异是客观存在的，要认同差异，尊重差异，在差异公平的前提下，看学生、评学生、奖学生，推进个性化教育。教师根据各类学生的实际发展状况，在课堂教学、自习辅导、作业布置、特长培养等方面做到因人而异、分类助进，使每一个学生各得其所地适宜发展。

坚持因人教育，促进自我超越。我们在改革探索实践中，始终坚持“因人而异，因时而异，因地制宜”的教育管理评价思路，根据不同层次、不同时空、不同地域的多元定标，引领每一个发展对象积极进取，奋发有为，促使我县各级各类学校、教师、学生在自身原本和发展的基础上，求取最近发展区的进步，实现自我超越，表现出了积极的教育管评效能意义。

倡导差异开发，坚持动态管评。在对全县中学质量监测控制的过程中，我们坚持尊重差异、差异开发、多元定标、动态要求、循环推进、综合论质、增值评奖，取得了良好的效果。

四、实事求是，促进教育生态和美发展

梯次循进教育从教育的微观生态层面出发，基于对校本、人本生态差异客观与主观因素的判识，制定通过努力可实现的目标，促使教育对象适宜发展，进而实现梯次和谐的生态本真发展。这样的教育构建和发展，自然有活性，有活力，有活和。

生态管评，是从人本物本的差异出发，依循事物的发展性态和状态，采用“适切合道，有机和合，缘本求成”的方法助推发展进步的实践活动。从教育治理的角度认识，这一实践活动也可表述为是一种促进教育健康和谐发展的解困路径。

学校效能，是目前许多发达国家用于评价学校的一种新的综合质量指标与方法的统称。学校的效能，指学校对学生所产生的教学影响的程度。评价的指标为，本校学生目前所取得的成绩，必须不低于根据学校的特征变量以及学生的背景特征变量所做的预测学生所应该取得的成绩，只有这样，该学校才能被判定为有效能。

学校效能评价是一种宏观水平的评价，对象是学校，而不是学生。学校效能评价技术是在对传统学校绩效及质量评估的批判声中成长起来的一种技术。根据这一定义，设计评价方法的思路为：应用可能影响学生学习

成绩的各种指标，如学校的师资水平、学校经费、学校的领导作风、学生过去的学习成绩、学生的家庭背景等，通过统计分析的方法（如分数差值法、简单回归法和近年来使用的多层线性模型分析法），将其折算到学生的学习成绩中，并对学生的学习成绩做出预测，然后将预测的成绩同学生实际所取得的成绩进行比较，符合预测趋势的学校就称为有效能的学校。社区或学区的教育管理部门用各个学校学生的实际成绩与预测成绩的差距作为排列学校效能的指标，并将结果公布，使公众了解各个学校的办学状况，同时也将其作为奖励具有较高效能学校的依据。

效能管评的实质在于对发展对象劳动工作的能力与效果的管理评价。学校效能是一项综合指标，通过对多项指标进行折算后得出每项指标的折算结果，都反映了影响学校工作质量的一个侧面。一所有效能的学校，必须是最终能够帮助学生进步的学校，这种进步既包括学业成绩方面，也包括身体素质、个性情感、思想品德等方面。

（一）梯次循进管理评价的特征

我们发现，传统的学校效能评价主要是以学生的一次考试成绩或者是以学校的升学率来进行的，没有考虑影响学生成绩而学校自身又难以控制的因素，如生源质量、办学条件、文化环境等，因此不能公正、客观地反映学校效能。传统的评价方式使学校过多地依赖生源质量，而不去追求完善意义的本真质量。传统的评价技术有违公平，对弱势教育群体和资源薄弱学校有一定的伤害。

蓝田在科学教育管评探索中，通过实践案例研究，运用了梯次循进生态化管评模式，采用增值测量法（即学校所加诸学生身上，使其学习成绩超过一般期望值的额外部分），使用多水平模型和多向度坐标，以学校的持续增值为核心指标，测量学校的效能大小，从而排除生源差异以及办学条件差异等因素的影响，相对客观地对学生的进步幅度和发展价值进行测评，从而研判衡量特定环境中的学校的生态阈、生态幅和生态值，积极评价学校效能，使得测量归因于学校对学生进步程度的影响。这样的积极探索，三十多年来我们一直艰辛地行动着。

蓝田的梯次循进管评经验立足于能够反映发展对象各类水准的各种指标，对其在一定周期内能够达到的发展成效做出客观预测，在一个评价周期完成后，将发展对象实际取得的成绩与预测成绩进行对比，审视其达到预测目标的程度，同时主要看发展对象与同梯次同类别比较对象之间正增长或负增长的绝对值，并对影响进步程度和绝对值的相关因素进行分析，依据标准，按照增减幅度做出合理判识。评价标准随着发展对象各项指标的跃迁而不断更新，从而使处于不同发展态势的管评对象逐步实现适宜于自身原本状况的合适性发展和适宜于生存环境的和美性发展。

梯次循进管理评价体系的价值核心表现为关注个体、群体在原有基础上的跃迁和演进，使用多水平模型，以综合性、多元化的方式考查个体和群体的绝对发展增量、相对发展增量和最近发展区增量，考查个体和群体可持续发展的潜力潜能以及优势生态生成趋势。以发展基础论进退，不唯考试分数论优劣。其主要特点表现为周期性、层进性和无限性。以动态评价促进管理对象梯次循进，从而实现和谐性生态教育目标。

梯次循进管理评价模式采用增值测量法评价学校，具有独特的技术特征：第一，通过与其他学校起点相近的学生进行比较，计算学生个体发展的增值；第二，基于每个学生的进步幅度，计算学校发展的增值；第三，学校发展增值计算过程中考虑学校间的差异，排除非学校所能够控制因素的影响；第四，起点不同的学校都能够用学校发展增值指数进行效能比较；第五，可以用不同周期的发展增值指数连续进行发展效能和趋势的多维度的比较。通过对教育发展增值进行分析，可以得出影响学校效能的重要特征变量，从而为区域教育改革提供依据和参考，促进区域教育均衡发展，促进学校内涵发展。

（二）梯次循进管理评价的效能

梯次循进管理评价提升了学校、学生生态性的发展动力。具体表现为：第一，学校增值是在学生增值基础上计算的，每个学生都有可能获得高增值，这样，学校就不会过于关注生源，从而在一定程度上减少了学校抢夺优质生源的行为。第二，为了获得较高的发展增值，学校会更加关注全体学生特别是“学困生”的发展，而不仅仅是关注“尖子生”。从学生角度来讲，所谓的“学困生”可以因发现自己与“优等生”同样具有特定方面的优势而获得自我肯定和进步动力。第三，以学生进步幅度或发展增值为评价指标，使薄弱学校和普通学校具有与优质学校、示范学校同等的竞争力、同等的获得绩效奖励的机会。这就给予薄弱学校和普通学校以发展的动力，给予重点学校、示范学校以发展的压力，使那些生源质量好的学校也要不断改进工作，进而保障起点高的学生同样处在高位进步状态。学校效能增值性评价推动了素质教育实践创新，促进了教育和谐发展。

梯次循进管理评价促进了教育生态和谐发展，主要表现在以下三个方面：一是有效促进了基础教育的全面发展，也使得具有地域特色的职业教育体系基本形成，基础教育与职业教育呈现出和谐发展的趋势。二是有效提高和增强了区域内教师、学生实现自我超越的认识、信心和激情，大家积极谋求自主创新，促进了师生共同成长。三是有效促进了师生和谐关系的形成，使爱与责任心成为教师教书育人的强大动力。

梯次循进管理评价保证了教育生态的持续性平衡。它强调根据教育管理评价情境和管理评价对象的梯次状态基础，确定各管理评价对象的梯次发展目标指标，保证教育管理评价主体实现适宜持续的提高进步，从而促进教育实现和谐发展。

梯次循进管理评价较好地解决了义务教育段的辍学问题。譬如，蓝田是一个贫困县，山地面积广阔，学生辍学问题比较严重，普及九年义务教育任务艰巨，梯次循进教育评价将义务教育普及率作为评价学校发展的重要指标，促使每一个学校都将让每位学生接受完整的九年义务教育作为一项重要任务，从而有效地解决了学生辍学问题，真正实现了“一个也不能少”“一个也不能落下”的目标。

梯次循进管理评价较公平地解决了教育质量综合评价问题。教育质量完善的意义在于使每一个管理对象实现原本基础上品德、意志、心理、学业和体魄等方面的全面发展进步。真正意义上的质量，应从被管理评价个体的处境出发，关注管理评价对象相对于原有基础上多项目、多方面的综合发展量，而非绝对的学科分数和排名。如果一定要用分数来评价学生发展，那么一个由 30 分上升到 60 分，发展提升了 10 个位次的学生，与一个由 90 分上升到 92 分，发展位次不动的学生相比，我以为，前者学习进步的意义更大，质量价值更值得肯定和鼓励。

梯次循进管理评价较有效地解决了区域教育均衡发展的内涵问题。在全县中小学实施梯次式管理、梯次式评价、梯次式激励，开展强弱帮扶结对，制定连片协作教研制度，与兄弟区县实施跨区县校际合作联评，使薄弱学校、薄弱学科得到有效发展，使区域基础教育通过逐步提高内涵发展水平，实现均衡、协调的发展目标。

在生态管评机制和方法的制导与影响下，县域内处于不同梯次位置的发展对象之间既激烈竞争又密切合作，县域教育不断走向和美发展的轨道。

（三）多方关注，助力梯次循进教育“化茧成蝶”

蓝田教育改革的探索一直在陕西省教育厅、西安市教育局的关注、支持和指导下持续推进。1989 年，西安市教育局推介“白村经验”；1992 年，陕西省教育厅推介“蓝田落实‘两全’经验”；1995 年，西安市教委推介“蓝田教改经验”；2006 年，西安市教育局召开会议，专门安排蓝田教育局就“梯次循进教育”的管理实践做法进行了大会交流；2007 年，市教育局召开全市不同层次的领导干部会议，张建国局长邀我专题介绍蓝田教育改革创新的实践经验。省教育厅和市教育局各业务处室、教研部门、教育学会先后多次到蓝田调研指导改革实验工作，有力地推进了改革实践不断深化，实践成果不断扩大。以“梯次循进教育改革实践”为主题的科研论文荣获 2007 年省教育厅教科研成果一等奖。

梯次循进教育管理评价实践的探索成果，引起了各级政府及教育行政部门、教育科研单位、学术团体和新闻媒体的广泛关注。2006 年年末至 2007 年年初，时任《陕西教育》主编的吕志军到蓝田县蹲点考察采访，半个多月，我陪同吕主编深入蓝田川、塬、岭、山十多个乡镇三十多所学校进行调研，吕志军主编实地考察了梯次循进教育在基层学校的推进实施情况，感慨万千，对梯次循进教育生态管评模式给予了很高评价。作为改革的倡导者、设计者、指挥者和实践者，在此期间，我与校长及师生座谈交流，现场答疑解惑，调研期间十多万谈话、演讲的实录文字，对解决改革实践中出现的认识和操作层面的问题，起到了积极而富有建设性的作用。2007 年 4 月，《陕西教育》第 4 期专刊专题深度报道了蓝田改革的做法和成效。

2007 年 6 月，时任《人民教育》副总编辑喻让和时任管理室主任任小艾一行来蓝田调研采访梯次循进教育改革探索的实践情况。

喻让副总编对蓝田县委、县政府积极推进农村教育综合改革，大力实现教育奠基工程和县教育局推行梯次循进管理评价，构建推进素质教育工作机制的创新做法与显著成效，给予了充分肯定和高度评价。任小艾主任也高度评价了蓝田县教育局推行的梯次循进管理评价的实践做法。她认为："蓝田的教育质量综合管理评价改革，是我国基础教育领域推进内涵发展的积极探索。"2007 年 10 月 3 日，《人民教育》第 19 期发表《看蓝田如何办好农村教育》，同年 11 月 6 日，《中国教育报》头版头条发表《点燃每个人的发展激情——陕西蓝田管理评价创新推动教育发展纪实》，对蓝田改革创新实践做了深度报道。

2008 年初春，我国著名教育家，时任中国教育学会会长顾明远到蓝田视察调研，指导蓝田农村教育发展实践。他谈道："蓝田教育人面对贫困不退缩的创新精神很可贵。创新的真正意义在于不断探索和不断进取。"他的鼓励，使我们备受鼓舞。《光明日报》《新华社高管信息》《中国教育报》《人民教育》《中国教育学刊》《陕西日报》《各界导报》《陕西教育》《西安日报》等媒体先后报道了蓝田教育改革的探索经验和蓝田教育人的探索精神。

教育基层探索的新苗，在新时代的沃土里，在大家共育的呵护中茁壮成长。

第六章　梯次循进教育的实践效应

第一节　“西安会议”，梯次循进教育走向全国

“教育为谁培养人，培养什么样的人，怎样培养人”是立足时代、面向未来的重大发展命题。

教育是最有创造性的事业，孕育着未来发展的希望。要奉行立德树人的根本任务，以自主创新的精神，求真求是的态度，和谐发展的取向，相宜惠人的方法，还原教育的本心境界，追求教育生态和美发展。

基于这样的思考，梯次循进教育行动研究，三十年如一日，积极探索基础教育解困的路径和方法。

我们自我拷问，相对落后的蓝田教育，能否展现大发展的局面?

长期实践探索的发展成果给出了答案——

勇于探索，锐意改革，大胆创新，落后的教育现状一定会改变。

穷则思变，自加压力，自强不息，攻坚克难，我们终以教育创新发展的成果回报了蓝田人民。“蓝田教育发展超越了经济发展的预期。”当时县委县政府主要领导这样评价。

教育是最富有创造性的事业。蓝田的“梯次循进教育”创新实践经验，在“西安会议”后“星火燎原”。

梯次循进教育体系，自创立和全面实施以来，不断趋于完善，不断扩大实践效果，逐渐被越来越多的人所认可并借鉴应用。

各级政府和国内众多著名教育专家多次莅临蓝田视察指导，充分肯定

了蓝田的实践做法，认为梯次循进教育改革实践经验对指导中小学教育具有较高的应用和借鉴价值，值得肯定和推广。

一、“西安会议”的召开

2008年4月27日至28日，由中国教育学会、西安市人民政府、陕西省教育厅、《中国教育报》、《人民教育》杂志联合举办的“全国农村教育发展与管理研讨会”在陕西召开，旨在总结农村教育实践创新经验和农村教育改革发展成果，推介蓝田梯次循进教育经验。来自全国20多个省、自治区、直辖市教育行政部门的负责人和中小学校长500余人参加了大会。

“全国农村教育发展与管理研讨会”是改革开放以来专门研究农村教育发展与管理的一次国家级学术研讨会，与会代表大多数是全国教育界的高层领导、著名专家学者和中小学校长，大家共同研讨农村教育改革发展的问题。

时任中国教育学会常务副会长郭永福在主持大会开幕式时指出：“我国基础教育的发展，重点在农村。本次会议就是冲着蓝田的改革做法而来的。蓝田教育经过二十多年的探索，为我们提供了宝贵的经验。我们这次召开研讨会，首先就是为蓝田县以及其他县提供一个平台，让他们充分展示梯次式发展管理评价的理念、做法、成绩和经验。”

二、与会代表的评论

时任中国教育学会会长顾明远讲话指出：“推进素质教育需要结合农村实际。现在有一种趋同现象，一切都按照城市的办法，片面追求升学率，增加了学生的负担，使得一些学生产生厌学情绪。要改变这种状况，就需要分类指导，结合农村和学生的实际，因材施教。推进素质教育遇到的另一个问题是学校发展不平衡，由于评价制度单一，不问条件和环境，都要向优质学校看齐，这就造成了各校之间的无序竞争，这对一些条件差的学校也是不公平的。因此，需要改革评价制度，实行发展性评价，国外叫绩效评价，就是说评价要看原来的基础，有发展就是成绩，就值得肯定。无论对学校还是对学生，都要看有无发展。蓝田教育部门就是以这种发展观来管理教育，分类指导，梯次推进，取得了很好的效果，提高了不同学校的办学质量。这个经验值得推广。我们今天在这里开研讨会，就是借鉴西安和蓝田的经验来研讨农村教育管理的问题。”

时任教育部基础教育司司长姜沛民在会上指出：“要建立一个以县为主的质量管理工作机制，我认为蓝田的经验在这方面做了很好的探索。我们关于教育的要求很多，很宽泛，如果没有一个机制，那就完全变成自选动作，能做多少是多少，能做到什么程度是什么程度。现阶段，教育管理要走向精细化，不能再粗放下去了，必须通过一系列制度的设计，把我们已有的成功经验转化成制度建设。在这一点上，陕西蓝田是走在全国前面的。我们和蓝田是走在一起的，我想将来全国也是要走到这一步的。”

时任联合国教科文组织国际农村教育研究与培训中心主任朱小蔓参观了蓝田教育改革实践成果展览室，并在蓝田现场考察接受记者采访时说：“在基层学校，管理改革的创新模式丰富多彩，蓝田的‘梯次管理评价’就是一个典型案例，其实质就是回归‘以人为本’的理念，重视学生独特的个体生命，尊重学生不同的生活经验和差异发展，通过评价观念和评价方式的改革，让每个学生都能找到适合自己发展的道路。梯次管理评价在本土是有其生命力的，我们看到好的评价管理促进了学生、教师、学校的发展。”

时任西安市教育学会会长许建国说：“没有理由判定蓝田经验的完美，但有根据断言，蓝田教育经过长期摸索，初步找到了符合蓝田县教育实际的发展方向。这种艰苦探索的方向是还原教育的本真，这种不懈探索的目标是为素质教育的推进拓宽通道，而这种有所收获的探索基石是坚持调研、改革创新。在困惑中‘柳暗花明’，在进步时‘更上一层楼’。蓝田的‘梯次管理评价’实验不是只在一所学校、一门学科、一个教师或一个侧面进行，而是在一个县、一个山区县、一个山区穷县的各个学校全面开展。蓝田教育人‘唯物唯人，认同差异’‘最近组类，按类定标’‘立体比较，动态要求’‘层次推进，激励超越’‘关注个性，共同发展’等都鲜明地区别于‘一成不变’‘千篇一律’‘一刀切’‘一般齐’‘一种模式’等陈旧观念，使教育回到了其本质上来。”

“蓝田经验”集中体现为梯次循进教育的实践探索，其过程反映为基础教育领域实现教育公平、追求质量完善、推进实践创新的问题研究；取向点在于探寻我国基础教育解困路径；出发点在于以人为本、差异公平基础上的实践探求；关注点在于还原教育生态本真发展；着重点在于使素质教育发展性评价理念实践化；着力点在于从认知理念、工作机制、运行模式、实践方法、制度建设等方面有效激发学校、教师和学生的创新精神和实践活力；价值点在于助推教育生态的活美发展。

三、梯次循进教育探索成果的意义

时任中国教育学会常务副会长郭振有代表本次大会在总结讲话中对蓝田的梯次循进评价经验予以全面、高度评价。会议指出：蓝田经验从酝酿实验到逐步推广至一个县，已经二十多年时间，应该说是改革开放以来我国农村教育改革发展中取得的非常重要的成果之一。

第一，蓝田经验体现了共产党人的世界观和方法论，即唯物主义和辩证法。唯物辩证法要求我们，一切从实际出发，分析现状，研究规律，解决矛盾，实现自己的理想和目标。蓝田经验的创始者田征同志，开始从教就是一个民办教师，还担任班主任，他的朴素理想和目标就是“当兵就要多打胜仗，当农民就要多打粮，办教育当老师、当班主任就要保证每一个孩子都得到好的教育质量”。但是他当时遇到的矛盾却是，一个班几十个学生，每个人发展水平都是不一样的。有处前的、处中的、处后的，参差不齐，差异多样。他坚信每个孩子都是有潜能的，都是可以有所作为的，都是可以有发展的。但过去的评价，不是指向每个人，而是指向少数人；不是多把尺子，而是一把尺子；不是动态的，而是静态的。结果是激励了少数人，压抑了多数人，完全违背了教育的本质、功能和目标。所以他就提出了要多层次、多角度，用多个标准去评价学生。他在班上设置的不是一个奖，而是有很多项奖励。这样就激发了全班每个不同发展位置的学生的自信心和上进心。后来因为他的教育成绩突出，当了教导主任、校长，又把这种评价思想推广到全校全县。田征同志是这个思想的创造者。全县师生又用自己的实践和创造性的工作极大地丰富并发展了这种评价观念和各种评价指标方法。这样就把原来被应试教育评价思想压抑的师生员工全部激活了，每个人都有了自信，后进的争先进，先进的更先进，特长、兴趣、优势通通激发出来了。毛主席讲唯物辩证法时特别指出，人的正确思想是从哪里来的？不是从天上掉下来的，是从实践中来的。实践是群众的实践而不是个人行为的实践。蓝田经验就是这样深深地扎根在实践中的，是在群众的实践中不断丰富、发展起来的，田征和全县的教职工都是这个经验的创造者、发展者，都是英雄。蓝田经验生动地体现了唯物辩证的认识论、实践论、矛盾论，体现了实践的品质和群众路线。正因为这样，蓝田经验才是特别有价值的。

第二，蓝田经验体现了科学的发展观。以胡锦涛同志为总书记的中央领导集体提出来的科学发展观，是共产党人的世界观、方法论的集中体现，与唯物辩证法一脉相承。核心是以人为本，全面协调可持续发展。以人为本，要求把人放在主体地位，要相信人、尊重人、关心人、发展人，要关注所有的人，特别是弱势群体。田征特别不同意差生的提法，提出要让每个人积极主动起来，“要点燃每个人的发展激情”，“让每一个人奋发有为”，“让每个人可能可为可发展”，不仅“一个不能少”，而且“一个不能掉队”。他强调的是每个人，不是少数尖子，也不是大多数，不是95%。这个思想与科学发展观以人为本的思想完全吻合。而且在蓝田，对以人为本的思想有了充分的发挥。这正是现代教育、素质教育的理念。

第三，体现了一个教育工作者应有的胆略、气魄和精神。改革要解放思想，解放思想要有勇气和胆略。我们从田征和他的一班人身上看到了这种精神。他们身处贫困落后的农村县区，发展教育困难重重，面对困难，他们不是回避退缩，不是叹息叫苦，不是随波逐流，不是束手无策，而是迎难而上，坚持改革，带着问题思考，寻求解决问题的思路。田征他们把一个个难题破解了，攀登了一层层的阶梯，不断地走上风光无限的险峰。

我觉得蓝田经验创造者的这种精神，是所有教育改革者、教育家甚至任何一个有良心的教育工作者都应该有的精神状态。

第四，蓝田经验产生在一个国家级贫困县，是“穷则思变”的产物。也许正因为穷，正因为问题多，才更容易蓄积思变的力量，更容易有激励思变的智慧，更有助于找到变革的道路。田征和蓝田人的哲学是“贫困不是绝路，贫困在考验人的世界观，一定条件下贫困可以转化为动力资源”。可以说，蓝田经验也是山沟里的马克思主义——经过了实践的检验。蓝田经验不仅适用于贫困地区，而且有着普遍意义。蓝田经验丰富了国内外已有的教育评价理论，学习、借鉴、发展蓝田经验，将对我国的教育改革产生重要而深远的影响。当然，蓝田经验还有它的不足之处，还需要发展完善。

第五，蓝田经验创始人是一位县教育局局长。我国农村教育实行以县为主的管理体制，田征局长的经历对怎样当好一个县教育局的局长，有很多启迪。一是感情的基础。田征同志出生于贫困的农村，他了解农民，热爱农民，对农民有着深厚的感情。他深深地了解民生之艰难，感觉自己当老师总比当农民强。农民养育了自己，那就要珍惜这份工作，要为农民群众办好事。我们共产党当年是靠阶级感情起家的，今天仍然要靠对人民的感情，没有感情就没有动力，甚至还可能使权力异化。二是敬业乐业。田征认为教育行业不同于其他行业，教育局长是一个特殊的服务贡献岗位，不是官，是一种责任，来不得半点懈怠，要把全部身心用到工作上，所以他在事业上总有一种追求卓越的精神。当老师、当班主任，要当最好的，当校长、当局长，也要做最好的。他当了校长，没有下过课堂，总在第一线。三是廉洁奉公。他走上领导岗位，总是严格要求自己，以身作则，一定要让大家拥护和认可。他心里想的是所有的教师、身边的同志，从来不顾个人利益。四是好学善思。田征同志的第一学历只是中师，知识基础并不深厚，与很多专家比，他阅读和研究的书也不是太多。但他特别好学，并且善于思考。他阅读的面很广，善于联想和感悟。他读企业管理理论，读教育理论，读其他各种书籍和报刊文章，总是和自己从事的教育实践联系起来。有时候一个观点、一句警语，都能引发他对教育问题的思考。他特别重视学以致用，因此学习和工作成绩就特别显著。五是领导艺术。田征同志当了校长和局长以后，一直在探求一种不说话的领导艺术。怎么才能不说话，就是要遵循规律，形成制度，让制度说话。用制度来管理，有作为不乱为，靠制度不靠权力。尊重规律用老子的话讲，就是“无为”，无为不是不为，而是按规律而为，是不要乱为，不要胡为，不要乱出点子，不要乱发号施令。上无为而民自化。按规律办事，把一切纳入规律和规矩之中，教师和学生都会按规律和规矩去自律、去激励、去发展、去上进。今天我们仍然有很多事情，包括过多过滥的评比检查，有许多是随心所欲的，是只讲形式不求实效的，这就是妄为、乱为，搞得校长、教师穷于应付，这是违背教育规律的。一位好校长就是一所好学校，一个好局长就是一方好教育。田征，还有蓝田的许多校长、西安市的许多校长和局长，用他们的生动实践证明了这一点。

第二节 蝴蝶效应，成果转化应用多地结果

生命本有活法，创新自通活路。

人本生态化的教育实践，遵循社会发展规律、教育教学规律和人才成长规律，自然朝向教育改革的活路和教育发展的活法。

梯次循进教育实践经验大范围积极发酵，源于其做法作用于促进人的发展的实践方法的适切性、效果的生成性和价值的活和性。

大凡令人感悟至深的事物，皆为真切实践的成功体验，这种体验启示人们：任何理性的观点都是实践检验的结晶；任何成功的做法都以实践效能为支撑；任何先进的经验都在实践复制和仿效中展现出旺盛的生命力。

梯次循进教育孕育于蓝田，发展于蓝田，成形于蓝田，影响在全国。“全国农村教育发展与管理研讨会”之后，蓝田的梯次循进教育行动实践经验在全国产生了“蝴蝶效应”，也促进了更大范围的推广应用和实践研究。

一、“蓝田经验”的社会影响

链接一

“梯次发展管理评价”提升蓝田素质教育

（《新华社高管信息·教育版》，2008 年 5 月 13 日总第 336 期）

新华社信息西安电（记者许祖华） 贫困地区在教育投入无法实现重大突破的情况下，如何促进教育均衡发展？陕西省蓝田县在多年教育改革实践中探索出“梯次发展管理评价”体系，根据每所学校的不同禀赋分层设立发展目标，分层管理评价，根据学校的发展成就动态调整，使这个贫困县的教育在快速发展中实现了整体提升，有效地促进了蓝田素质教育的实施、教育质量的提高和教育管理水平的提升。

让每个人“可能、可为、可发展”

蓝田县是隶属西安市管辖的贫困县，境内地貌复杂，山岭面积占全县面积的 80% 以上，教育整体水平不高，办学水平差异大是当地教育发展一直面临的难题。

蓝田县教育局局长田征认为，蓝田县教育发展的难点在于把素质教育的推进、教育发展的均衡、教师队伍的稳定与提高，进行通盘综合考虑，形成一种整体评价体系和符合本县实际的管理模式。蓝田县尝试着把量化管理应用到学校管理当中，最终形成了“教育教学梯次式动态目标管理评价”体系。

“梯次发展管理评价”体系以让每个人“可能、可为、可发展”“点燃每个人的发展激情”“让管理评价对象实现原有基础上的提高、提高基础上的发展、发展基础上的超越”为发展理念，旨在促进教育均衡发展，落实素质教育思想。

这一体系在认同差异的基础上，确立管理评价的着眼点和立足点，寻求管理者和被管理者相互认同的结合点、切入点、突破点，以科学的管理评价培育生长机制，以发展的标尺评判事物变化，促使各层面管理对象实现螺旋攀升、全面推进、整体提升。

纵向管理评价、横向管理评价和边际向管理评价是“蓝田经验”的三个重要维度。其中，纵向管理评价解决“是否提高”的问题，横向管理评价解决“是否发展”的问题，边际向管理评价解决“是否超越”的问题。有了这三维，纵向考查绝对发展增量，横向考查相对发展增量，边际向考查“最近发展区”发展增量，学校发展得快不快，相对速度又是多少，达到了什么样的发展层次都变得一目了然。

“梯次发展管理评价”着重解决好四个面对

在实施“梯次发展管理评价”过程中，蓝田县着重解决好四个面对，即县教育局如何面对全县所有学校，县局与学校如何面对全体老师，老师如何面对全体学生，教育工作者如何面对教育。

面对学校：致力于探索创建推进素质教育和促进教育均衡发展的管理评价体系、机制和模式。全县37所初中，按照办学条件、学校规模、质量水平、师资基础和生源状况等几个方面，分别做出评估与认可，以评估为基点，再与学校共同讨论研究制定出每个学校在一定时段内可能提升的幅度，然后按既定目标实施管理，并注重进行管理过程的管理与诊断，每季度或半年进行一次检查，每年或三年为一个周期进行全面总结，做出判断，分别予以奖励或鼓励，并对管理队伍力量进行重新调配整合，加速发展。

他们对学校发展不搞简单的数字比较，更不搞单一的顺序排列，而是看原有基础、前进幅度、发展趋势，尤其对巩固率、普及率这些在贫困山区很容易出现的又涉及义务教育法的重大原则问题实行刚性管理评价。

全县8所高中也被分为四大类：省级标准化、市级标准化、农村普通高中和民办高中。对前两类，按省、市级同类学校标准，参与省、市评价；普通高中和民办高中，则既有全县统一评价，也有与县外同类学校的比照评价，二者的统一构成综合评价，这一管理评价的标准得到了高中校长们的普遍认可。他们说：“以往把差异巨大、级别档次不一的学校，用一把尺子衡量，不仅助长了优质学校的自满和懈怠，更是放任薄弱学校的萎靡和自弃。这本身就不科学，也不公平，更不利于教育均衡发展。”

蓝田县对22所乡镇中心小学，按照川、塬、山、岭四种地理与经济等不同条件进行不同层次的评价，使地处深山的乡镇小学，也都能有一种自身奋进的力量，积极促进学校的发展。田征说："我们绝不单纯以升学率评论学校优势，而是以义务教育入学率、巩固率评价山区学校，以提高幅度和发展趋势评价薄弱学校，以综合项目评价原有基础比较好的学校。其中有教育行政评，有教研机构评，也有乡镇联合评，有乡村干部群众评，有社会各界代表评，还有可操作性的量化评，初步形成全方位的评价网络。"

面对老师：蓝田县要求学校根据老师的年龄、学历、能力、经历及个人追求，科学制定有利于老师发展的评价方法，并用制度的方法，把对老师的管理、奖励稳定下来。按专业、学科、年龄等不同状况分类促进，让每位老师在自己的岗位上都能看到自己的发展空间和发展前景。

在此基础上，各学校根据自己的实际情况，又创造出富有学校特点的评价方法，有的还形成系列。如史家寨初中把老师的专业发展分为入门、合格、骨干、研究 4 种类型，推行"四段十二环"的校本培训机制。

学校把教育、教学的奖励设置深入到学校管理的每个方面、每个学科、每个年级，改变了只重分数和排名，只重统考科目和毕业年级，甚至只重视结果不重视过程的片面现象，改变了少数学科和少数老师经常被表彰，而多数老师被冷落、被忽视的不正常状态。教师置身于纵向自我比、横向同类比和边际向赶超目标比的"三比"之中。这三比的交叉和拓展，在一个学校内形成强弱结对、新老互补，老师们更多的是先反思自己、挖掘自己，接着又平衡自己、发展自己，逐步形成一种争先恐后的氛围。

面对学生：坚持尊重差异、梯次循进，让"发展性评价"理念实践化、操作化，让每个学生有一个良好的生存和成长环境。承认学生差异，但不承认有哪个学生不能成功。所谓的差生，只不过是在学业上或在某个学科上暂时落后，或在个性爱好上有某些弱点，教育的责任就在于让每个学生都得到发展，尤其是某些所谓的差生。在端正学校办学思想、激发每位老师提高教学质量的同时，按照学生实际发展状况，在课堂教学、个别辅导、家庭作业、学习目标设定等方面，真正做到统一课标要求，因人施教、因人而异地开展各项帮扶工作。

东街小学的尚冰毅老师把学生按发展现状分成组类，分别对待：基础差的强化基础，习惯差的注重养成，表现一般的促其提高，优秀学生鼓励超越。更多学校则设定了多元化的奖励方式，让那些学业一时困难的学生在最爱帮助别人的人、最爱公益劳动的人、最讲文明礼貌的人、最能注重锻炼的人、最能刻苦读书的人等称号中找到自己的位置，增强上进心，再加上适度的心理辅导，让他们在自己的弱项上有所突破。

面对教育：蓝田县提出每一个教育工作者都应主动转变观念，重点是教育管理思想的转变。教育管理者应着力搭建有利于教师展示和学生成长的更大平台，为培养合格人才创造和谐环境，为人的发展培植良好的教育生态。教育的本分，不仅是做到"一个也不能少"，更应努力做到"一个都不能落下"。

"蓝田经验"的启示

从2002年蓝田开始实施"梯次动态管理评价"以来，蓝田教育实现着整体快速提升，这个过去中考成绩每年都在西安垫底的县，一步一个台阶，2007年向前提升了5位。全县义务教育办学水平在普及程度、经费投入、师资水平、办学条件、安全管理等方面均达到了省颁标准。最近几年，结合"梯次动态管理评价"的实践，蓝田先后有198名优秀中青年教师被提拔到教育教学管理岗位上来，高中研究生、初中本科、小学专科教师学历达标率分别提高了1.6、18.7、26.9个百分点。

在前不久举行的全国农村教育发展与管理研讨会上，"蓝田经验"引起了与会教育专家、学者的关注和好评。

中国教育学会会长顾明远说，蓝田县在教育改革与教育评价的探索上，形成了具有特色的梯次发展管理评价系统，对于破解教育发展不均衡，尤其是解决经济贫困地区的教育发展问题，起到了积极作用。

陕西省教育厅厅长杨希文说，蓝田教育人经历多年的探索和磨砺，构建起一套完整的教育教学管理评价体系。这个体系包含了一系列具有超前意识的新观点、新理念、新做法。例如"用力跳一下就够得着""关键在于实践生成""看质量不能唯分数论""管理在于细节"，使所有管理主客体实现“在原有基础上的提高、提高基础上的发展、发展基础上的超越”等等，具有较高的应用和借鉴价值，值得肯定和推广。陕西省将总结推广蓝田县以人为本、分类评价、梯次推进的教育理念和做法，深化实施素质教育，培养学生全面发展。

链接二

《光明日报》2009年10月24日、10月27日、11月2日进行系列大型报道，并在2009年11月26日《光明日报》内参《情况反映》(第208期)以《蓝田实施“梯次发展教育”破解农村素质教育难题》为题抄送国家领导人及相关部委，指出“蓝田经验是改革开放30年、中华人民共和国成立60年农村教育上最成功的经验之一，应加以推广”。

“他有最成功的教育改革发展经验”

——基层教育工作者田征和农村素质教育创新纪实

(《光明日报》，2009年10月24日)

本报记者王小润　素质教育已经进入国家立法，加快落实素质教育，回归教育的本质，让每个人都得到发展，成为中国教育改革的当务之急。然而受各种条件限制，我国许多地方仍然在应试教育中苦苦挣扎。在陕西蓝田，一个普通的基层教育工作者田征，却以其20余年丰富的教育教学管理实践体验，创造了“梯次发展教育”理论，以其全新的教育管理思想，以富有针对性、操作性、示范性和生成性的模式，制造了素质教育领域的“蓝田现象”，为破解我国农村教育难题、落实素质教育思想、实现教育质量的不断完善探索出了一条创新之路。

点燃每个人的发展激情

蓝田是陕西省贫困县，也是全国15个副省级城市中唯一的贫困县。就是这样一个穷得叮当响的山区，从2007年至今短短三年时间里先后迎接了湖南、河北、山东、黑龙江等全国20多个省近1000多家教育机构和学校前来学习参观。其吸引力正是来源于那个叫作“素质教育梯次发展管理评价”的教育模式和它的创始人——田征，一个从蓝田县走出来的教育专家。

在20多年的教育实践中，田征不断摸索，提出了“点燃每个人的发展激情”“让每个人都奋发有为”“让每个人可能、可为、可发展”“让每一个管理对象实现原有基础上的提高、提高基础上的发展、发展基础上的超越”的发展理念，构筑起了素质教育梯次发展管理评价的理论体系。这是一种激励超越、完美人生的教育。让学校、教师和学生共同成长，认识自我，尊重差异，关注每一名学生，使各个层面的学生都能进步，让每个人都健康发展，并有自己发展追求的目标。在可能实现的目标上取得进步，享受成功的喜悦和满足。让每个孩子都能成人成才，最终促使每一个人增强适应社会发展的就业、创业能力，实现“德爱人生、智慧人生、健美人生、福乐人生”的发展理想。让学生快乐发展的同时，他还提出，对于客观条件差异较大、教育非均衡发展突出的地区而言，教育管理评价比较实际的做法在于让每所学校、每位教师和每个学生都积极奋发作为，都获得在原有基础上的最好最大发展。让每个教职员工不仅有自己的工作空间，更要有自己的发展空间，让大家都找到在平凡的岗位上创造不平凡业绩的感觉和希望。

田征的创新始于20世纪80年代蓝田县白村初级中学。2002年，田征出任蓝田县教育局局长后，又在全县推行“梯次发展管理评价”体系。从此，蓝田教育开始了真正的跨越式发展。在实施“梯次发展管理评价”的实践中，蓝田先后有198名优秀中青年教师被提拔到教育教学管理岗位上，高中研究生、初中本科、小学专科教师学历达标率分别提高了1.6、18.7、26.9个百分点，并涌现出了30余名全国、省、市级优秀教师，600多名县级优秀教师。全县基础教育办学设施不断完善，办学水平不断提高，义务教育普及率逐年提高，基础教育课程改革不断深入，过去一直垫底的中考总评成绩在全市的位次也不断前移，高考二本上线人数实现了翻番，具有地域特色的职教体系也基本形成。蓝田教育实现了超越经济的高水平发展，跻身“全国教育典型”行列。田征也因为闯出了一条推进农村素质教育的发展之路，于2008年荣获“改革开放30年·陕西教育记忆”十大风云人物称号。

引发教育界的强烈关注

蓝田教育以令人惊异的速度，引发了教育界的强烈关注。其发展的核心理论“梯次发展管理评价”更因突出的教学成就和鲜明的蓝田特色，受到国内权威教育专家和教育官员，甚至国际性教育组织的高度肯定。

2008 年 4 月，“全国农村教育发展与管理研讨会”在西安召开。这是改革开放 30 年来专门研究农村教育改革的一次国家级会议。在这次大会上，田征的梯次发展管理评价理论俨然成了一个亮点，受到与会教育界领导、全国各地著名专家学者和国内重要教育媒体的广泛关注。

全国权威教育专家、中国教育学会会长顾明远说：“这个经验值得推广。我们今天在这里开研讨会，就是借鉴西安和蓝田的经验来研讨农村教育管理的问题。”

教育部基础教育司司长姜沛民指出：“要建立一个以县为主的质量管理工作机制，我认为蓝田的经验在这方面做了很好的探索。现阶段，教育管理要走向精细化，不能再粗放下去了。必须通过一系列制度的设计，把我们已有的成功经验转化成制度建设。在这一点上，陕西蓝田是走在全国前面的。”

联合国教科文组织国际农村教育研究与培训中心主任、中国教育学会副会长朱小蔓说，梯次管理评价在本土是有其生命力的，我们看到好的评价管理促进了学生、教师、学校的发展。

《人民教育》副总编辑喻让和全国著名班级教育管理专家任小艾这样评价田征：通过他，我看到了最真实的中国农村教育，感受了最成功的教育改革发展经验。世间万事，能把简单的事情做精致，就是不简单；能把平淡的事情做完美，就是不平凡。

国外的教育专家同样对梯次发展教育给予高度的评价。美国北卡罗来纳州塞勒姆中学的克里斯托弗·史密斯说：“梯次教育体系很人性化，很好用，对我们的教育管理工作很有帮助。”美国 AGTA 教育机构史蒂文·威尔逊认为：“中国山区的教育工作者们在实践中探索出这套方法很了不起，有很多我们可以借鉴和学习的。”

蓝田模式成为很多市县学习的样本

实践证明，梯次发展管理改变了30%读书、70%陪读的尴尬现状，不仅做到了“一个也不能少”，还达到了“不让一个人掉队”，使所有学生都有所提高，有所发展。以田征的理论为基础的蓝田教育，已经成为全国很多市县学习的榜样。

河南息县实施“梯次发展管理”教育模式，第二年就收到了良好的效果：本科上线2016人，比上年增长25.7%；中招500分以上人数达2147人，取得了历史性突破。

目前，在多家教育机构的共同努力下，蓝田县正在积极申报国家教育改革实验区。该实验拟从2009年到2013年，采用理论研究与教育实践相结合的方法，以“素质教育梯次发展管理评价”为主课题，以深化农村教育综合改革为主线，积极开展包括以县为主的教育管理体制、义务教育经费保障机制、教师队伍建设、中小学课程改革、留守儿童教育与管理、中小学生思想道德教育、职业教育改革、成人教育改革、招生制度改革、中小学布局调整等相关子课题的实践研究，希望形成较为完善，符合农村教育实际，操作性、针对性强的教育管理评价新体系，从管理评价的理念、机制和模式三方面破解实施农村素质教育的难题，为我国农村教育改革提供经验，提供借鉴，在实践中寻求素质教育的出路和实践模本。

“让每个人可能、可为、可发展”

——基层教育工作者田征和梯次发展教育理论

（《光明日报》，2009年10月27日）

本报记者王小润　梯次管理发展评价理论体系的形成，白村初中是孕育点和生长点。没有田征在白村初中的教学管理实践，就没有后来梯次管理理论在全县结出的硕果。

普通中学如何跃为“全县第一”

20多年前，白村初中是蓝田县500余所学校中最普通的一个，和其他乡村中学一样破旧，教育质量令人担忧。因地处白鹿原，交通不便，鲜为人知，很难留住人才。白村富裕人家都把孩子送到不足一小时车程的省城西安读书，留在这里的大多是“差生”和念完初中就回家的乡村孩子。

1985年夏天，白村初中得了全县教学第一名！一个村办初中居然能赢得全县第一，这是怎么回事？县教育局一了解才知道，是年轻的白村初中教导主任田征自己摸索出了一套教育管理方法——“教育教学目标管理积分制”，是实行量化管理产生的效果，于是很快邀请了县里各个学科带头人，进驻白村初中调查观摩。

现场听课让每个人都大吃一惊。教师在课堂上，有的把较大一部分时间用来师生讨论，有的把讲授和练习结合在一起。田征的课堂教学更是给人留下了深刻的印象：他把顺口溜、快板、演讲等，巧妙地和语文教学结合为一体，激情澎湃，生动有趣。

田征借鉴了日本质量控制理论专家石川馨教授的《日本的质量管理》，把模糊管理变成相对直观的管理，其中一条重要管理思想便是“用数据和事实说话”。“教育教学目标管理积分制”就是由此而生发出来的“量化管理”模式。“量化管理”是把教育方针政策、上级的教育规章制度以及对教师的常规要求，细分为德、识、责、能、勤、绩6个方面，分别赋予一定的权重和分值，从而对教师教育教学的全过程进行评价。

“梯次发展教育”的理论与实践

20世纪90年代中期，田征担任蓝田县教育局副局长。为了形成一种整体评价体系和符合本县实际的管理模式，田征跑遍了全县的川、塬、山、岭，努力思考如何激发全县中小学校的管理活力，提高蓝田县教育的整体素质。经过论证，他很快在全县推行了“教育教学等级目标管理”，这是对白村初中“量化管理”模式的改进和完善，是一种在制度支撑下的“目标管理”模式，对全县教育发展起到了很大的推动作用。

蓝田境内山岭面积占全县面积的80%以上。办学水平差异大是教育发展一直面临的难题。2002年8月，田征担任蓝田县教育局局长。针对当地办学条件的不平衡性、管理评价对象的差异性、管理评价思想的片面性、管理评价模式的低效性以及教育质量与社会需求的矛盾性，他率领教育局一班人，经过艰苦的探索实践，从创新管理评价激励机制和实践模式入手，经过深入调研、论证，在“教育教学等级目标管理”基础上实施“素质教育梯次发展管理评价”，正式提出了“梯次发展教育”的概念，并构建起了自己的理论系统。紧接着“梯次发展管理评价”在全县范围探索推行，且在实践中不断完善和发展。

“梯次发展教育”是“素质教育梯次发展管理评价”体系的简称，其特质体现在“梯次”上。“梯次”既表现为一个静止状态的“物态化”概念，又表现为一个活动状态中的“生态化”概念。“梯次发展教育”经历了20世纪80年代中期的“量化管理时期”、90年代中期的“目标管理时期”和21世纪初的“梯次发展管理评价时期”，终于化蛹为蝶，在实践生成理论后，又反过来指导实践。在它的始发地白村初中，虽然田征后来调离，但白村初中仍然连续25年保持“蓝田第一”。

我国的素质教育实践始于20世纪90年代，产生了许多新的实践和新的理念。蓝田“让每个人可能、可为、可发展”的梯次发展教育理论，展现了它新的发展特征。它是一种全新的教育管理模式，其思想基础是“实事求是，以人为本，与时俱进，自主发展”，其核心价值是“面向人人，人人发展”。它既有理论，又有实践，实践模式主要表现为质量管理控制和工作评价机制。

教育必须思考和解决的问题

谁让每个人发展？可以是教育行政部门，可以是学校，也可以是老师和家长，还可以是学生自己。这是主体和客体融为一体的教育。

怎样让每个人发展？就是要立足科学发展观，尊重客观实际，尊重客观事物发展变化规律，尊重质量形成规律，尊重人的成长规律，以科学、能动的管理评价机制和模式来促进发展。

如何控制教育质量？梯次教育主要通过过程管理来控制。过程管理又主要体现在“梯次分类”和“梯次循进”模式上。“梯次分类”不是简单地给学校、教师和学生排队，而是尊重差异，分类施管，采取“因地而异、因时而异、因人而异”的管理方法，目的是让每个教育管理对象各尽所能、扬长补短，实现最佳组合，合作与竞争共生，体现公正管理，追求教育公平，促进更大发展。“梯次循进”通过四个环节来实现，即确认标基、研定标高、实施标管、审论标质。它的主要特点表现为周期性、层进性和无限性。比如给学生定合理目标，让不同梯次的学生跳一下就够得着。教师备课、上课、辅导、布置作业分梯次，因人施教，因人施管，循序渐进，让学生不厌学，没有心理负担，从而乐学好学。对教师的管理也一样，要求校长对教师的情况了如指掌，使所有人的潜能发挥到一种理想状态。人尽其才，各展其能，实现人力资源优化组合，实现梯次管理目标。对学校的管理亦如此。教育局按学校的办学规模、师资力量、地缘条件等因素，实施最近组类管理评价，分类提出不同的发展目标和要求，促进完成。

如何有效地进行管理评价？梯次教育的方式方法主要体现为“三维评价机制”。它一改过去平面单一、简单粗放的办法为科学的立体视觉的全方位评价。不只关注发展的绝对数量，更关注立体视觉的发展增量。意在综合评判管理评价对象客观现实发展——纵向看绝对发展增量，横向看相对发展增量，边际向看“最新发展区”发展增量。其中纵向管理评价将管理评价对象置于原本发展基础之上实施管理与评价，讲求“原有基础上的提高”，解决“是否提高”的问题；横向管理评价指将管理评价对象置于较大范围相同层次之中实施管理与评价，讲求“提高基础上的发展”，解决“是否发展”的问题；边际向管理评价是将管理评价对象置于时代形势要求之中设定发展性指导目标实施管理评价，讲求“发展基础上的超越”，解决“是否超越”的问题。这三个维度相互联系，相互作用。

管理评价的对象是谁？田征提出教育要坚持四个面对，即县教育局如何面对全县所有学校，县教育局与学校如何面对全体老师，老师如何面对全体学生，教育工作者如何面对教育。因为梯次发展教育不是长官意志、行政要求，而是通过被管理者的认同，反客为主，共同成为管理主体，更符合素质教育的思想。教育局、学校、教师、学生既是被评价的对象，更是评价的主体。对于学生，梯次教育不是要放弃 70% 那部分人，反而是更关注那部分人的发展。这一管理经验推广后，学生的学习快乐了，教师的教学灵活了，学校教育质量提高了，整个区域教育发展了。

“全部职责在于为了发展”

——基层教育工作者田征和农村素质教育创新侧记

（《光明日报》，2009 年 11 月 2 日）

改革开放催生教育理念创新

本报记者王小润　基层教育工作者田征认为，是改革开放的新时代催生了教育创新的发展理念和发展追求。梯次发展管理评价体系包含许多新观点和新理念，比如，“唯物唯人，认同差异”“层次推进，激励超越”“三维评价”“梯次循进”“最新发展区”“梯次和谐”“我国推进素质教育的枢纽点、着力点应注重县级教育行政部门这个层级”“贫困不是教育的绝路，贫困在考验我们的世界观”等。

那么，梯次发展管理是怎样做到管理者与被管理者思想行为的有机统一的？田征认为，实施科学教育管理，管理者首先要自我革命，要解放自己，把自己置于管理之下，融进制度之中，站在群众之列，走在发展之前。在教育面前，管理者与被管理者，局长、校长、教师、学生都是教育管理的积极主体，不是被动的客体，同为教育对象、管理对象、评价对象、发展对象。科学教育管理评价的过程，是管理评价者与被管理评价者互为主体自觉地融入教育活动的过程，是互相激发智慧和创造力的过程。在这一实践过程中，强调要尊重人、研究人、认识人、激励人、开发人、提高人、完善人、成就人，合作培育可持续发展的和谐教育生态，共同提升每一个个体生命的完美人生价值。

教育管理的过程是管理者和被管理者共同合作发展的过程。只有管理者与被管理者认知行为的相贯合一，科学化与人文化情感态度的相贯合一，“有形”管理与“无形”管理机制文化的相贯合一，管理者劳动与被管理者劳动价值追求的相贯合一，教育管理才会具有互认性和可操作性、互动性和实效性。在承认和尊重差异的基础上，确立管理评价的着眼点和立足点，寻求管理者与被管理者互认互动的结合点、切入点、突破点，以科学的管理评价培育生长机制，以发展的标尺评判事物变化。在管理过程中，特别要坚持活性施管，时刻关爱呵护人的心理情感，尊重人的劳动，珍视人的劳动成果，激励人创新创造。

党的十六大提出“建设社会主义新农村”，党的十七大提出“重点发展农村教育”。田征说，提高义务教育实施水平，保证每个少年儿童接受完整的九年义务教育是国家法定的要求。我们不仅要保证“一个也不能少”，而且要做到“不让一个孩子掉队”。使每个适龄儿童既能“进得来”，又要“学得好”，努力促进农村教育发展。建设社会主义新农村，教育要跟上、要先行，要在培养新农民、发展新农业、建设新农村的伟大实践中，积极践行科学发展观，发展大教育，服务大建设。努力提供质量服务、阵地服务、智力服务、信息服务、技能服务、机制服务，真正把学校办成乡村的“文化传播中心”“信息中心”和为“三农”服务的中心，实现办好一所学校，富裕一方百姓的目标。

全部职责在于为了发展

田征认为，教育的全部职责应在于一切为了发展，为了人的发展，为了每一个人的全面、可持续的终身发展。农村教育是中国教育的重点和难点，代表着中国教育的希望与未来。农村教育的难点很多，例如资金、校舍、设施等硬件问题和师资问题。但还有更重要的问题，就是脱贫致富、改革创新的精神，一种自强不息、创新创造的民族精神。贫困是相对的，教育贫困并不可怕，贫困反而可以转化为教育的动力资源。可怕的是我们没有足够的精神力量来支撑我们的信念。人的发展重要的是要有良好的人文环境。在得到尊重的基础上，获得人的内在自信和足够的成长动机。这一切有赖于和谐的人文环境，这要靠机制的创新和科学的管理来实现。梯次发展理念强调管理就是搭建创新平台，营造和谐环境，集合群智众力，激励能动自主，为发展服务。“发展性评价”反映了素质教育的思想理念。

在实践中，蓝田县坚持“跳出蓝田观大局，立足蓝田谋发展”，以“三维评价机制”指导工作，引领学校拓展最新发展区，以梯次循进控制教育质量，引导教师强化质量形成过程的意识和行为，不断完善质量，提高质量。对不同基础的学校，不搞一刀切，不比拼升学率，主要考查它们的发展增量，以在原有基础上的纵向比较的绝对发展增量，横向比较的相对发展增量，边际向实现的最新发展区增量的提高、发展、超越的幅度和各项工作的进展来审视发展，让过去那些被遗忘的角落感受到亲和、温暖和感召。

对学校的评价，他们不搞简单的数字比较，更不搞单一的名次排序，而是看在原有发展基础上的进步大小、提高幅度、发展速度、发展效益和发展趋势，尤其对农村学校很容易出现的巩固率、普及率、合格率等涉及义务教育法的重大问题和要求，实行刚性管理评价，变以往教育管理评价高考、中考的单向视角为整体发展、人人发展的多向视角。

2003 年，他们增设了十几个奖项：教学创新奖、义务教育普及率提高奖、教学质量提高奖、优质教学奖、优质实验管理奖……获奖学校和个人的比例比过去大大地提高了，获奖范围也扩大了。体音美这些过去不被重视的学科也被纳入评价体系，从而为这些学科的老师提供了一个展示和劳动成果被承认的平台。“优质实验管理奖”的设立，更是让从不被关注的校工都有了获奖被认可的机会。让每个梯次的教职员工经过努力工作都有机会获奖，过去的“一枝独秀”变成了“百花齐放”，“梯次发展评价”取代了唯分数论高低，改变了以发展绝对数量论优劣，使发展相对好的、差的都有了压力，不仅激发了工作动力，而且提高了劳动创造力。

田征说，我们坚持梯次发展教育管理，就是尊重人，尊重人的差异，激发人对事业的追求，对真理的追求。结合个体实际，为每一个学生创造发展条件。即使“最差”的孩子，只要不断进步，就是教育的成功和希望。很多教育专家实地考察后认为，梯次发展管理理论体现了一种发展视野，一种发展理念，一种发展思路，一种发展措施，一种发展目标，可以破解农村教育中的许多难题，值得学习推广。

链接三

田征和他的“梯次循进教育”体系

（《中国教师报·教育家周刊》，2010 年 12 月 15 日第 366 期）

编者按：什么才是教育内涵式发展？对这一发展方式如何管理和评价？素质教育的核心是促进“人”的发展，但到底如何才能促进“人”的发展？如何促进学校、教师、学生的共同发展？……30 年来，为了探索贫困地区教育发展的路径，陕西省蓝田县教育工作者田征从初为人师的第一天开始就埋头钻研。他把自己的意志化作行动，努力探索、钻研，又把实际行动所得提炼、总结成为工作方法，进而上升为一种理论——梯次循进教育体系，推而广之，收效甚大。田征的成长轨迹，对我们研究教育家成长很有启发。

20 世纪 80 年代的许多个夜晚，陕西省蓝田县安村乡白村中学附近的村民们，总会发现学校教职工宿办房有盏灯一直亮到很晚才熄灭。那时候他们不清楚，亮着灯的那间宿舍里，年轻教师田征在利用夜晚时间钻研日本企业管理质量控制理论。

几年后，当白村初中的教学质量一跃成为全县第一，自家孩子考上县城和省城重点高中时，当蓝田教育成为陕西省乃至全国教育的“一道风景线”，不断有外地官员、学者、校长以及台湾人士专门来学习和考察时，朴实的村民们才发现，那个外表憨厚、待人诚恳的年轻小伙子田征真不简单，他通过自己的努力带动了全校、全县的教师一齐朝一个方向努力，硬是在穷县办起了大教育，给世代身居川塬横岭深山的人们带来了希望……

让学生个个奋发有为

1980 年 2 月初，位于陕西关中平原东部的蓝田县，大地开始解冻，万物复苏，迎春花开满田间土坡……位于白鹿原上的蓝田县安村乡白村初级中学，在这个春暖花开的时候开始了新学期的第一课。在该校八年级（1）班的教室里，一位年轻的男老师用生硬的普通话给学生们上语文课。多年以后，他的学生们还记得这个老师“讲课很特别，很吸引人”。这个年轻教师就是田征，当时他 20 出头，刚刚从师范学校毕业被分配到白村初中，教毕业班语文并兼任班主任。

20世纪80年代初，教育上老套的课堂教学模式和学习方法大受诟病。这一切都被田征看在眼里，他首先从改变课堂授课开始，让学生变“苦学”为“乐学”，培养学生的学习兴趣和动手能力。

那时候，年轻的田征还特别关注如何促进学生奋发向上、主动追求进步。田征发现，当时许多学生脸上没有朝气，而且大都抱着“为家里人学习”的心态，丝毫没有认识到知识对于自身有着多么重要的意义。

为了激发学生阳光、向上的精神面貌，充分发挥教育评价的激励效能，田征首先对“三好学生”评优奖励进行了调整，改变以前单纯用学习成绩评定的方式，分设“五育并举全优奖”“争先冒尖优秀奖”“奋起直追超前奖”“不甘落后进步奖”“发展兴趣特长奖”五个奖项，对全班学生进行分层次评价……田征说，他力求做到不溺不惯、不离不弃，让学生个个都奋发有为，“现在看来，这其实是梯次循进管评方式的思想萌芽”。

两年后，田征所带班级考试获得全乡第一。1984年，又一跃成为全县第一。曾是田征同事的王景民当年和田征一起被分配到白村中学，一起搭档教语文，可他所带班总是不如田征的班。“学校有一块奖励先进班级的流动红旗，每学期大部分时间都是在他的班挂着。”王景民说。田征是个勤于思考、肯下功夫钻研的人，他有一个小本子，上面记录着每节课的板书设计。

王景民发现，田征在教学中总是有很多新点子：经常把课文编成快板或者顺口溜；创设了“小先生制”，让学生自己上台当老师；每节课前10分钟，让学生站在讲台上讲故事、诵古诗。这些在当时都是很新鲜的做法。而让王景民感动的是，田征用微薄的工资长期代缴五六个贫困生的学费，并帮助他们克服生活上的困难。学生们把他视作亲人，王景民说：“一到阳历新年，天南海北的学生都会给他寄来贺卡，看得我们这些同事眼红呀！”

搭建教师“追求最好”的平台

1985年年初，26岁的田征被任命为教导主任，主管全校的教学工作，他也成为全县教育系统最年轻的学校领导干部。上任伊始，当时已经小有名气的田征给自己定了一个工作目标：争创全县一流的教育质量。田征认为，要让整体的教育教学水平有所提高，唯有激发每一位教师的能量，让人人都奋发有为，形成合力，达到一种“比、学、赶、帮、超”的竞争状态，而在这个过程中，科学的管理制度和评优激励不可或缺。

可在当时，基层学校评优评先进的办法主要是举手表决，而不是依据制度和事实进行评选，“吃大锅饭”的现象还是一种常态，“今年选你，明年是我，后年是他”。白村中学也不例外。为了打破这种局面，田征把自己管理班级的方法尝试运用到学校教学事务中，并慢慢探索更科学、更符合实际的制度建设。

借鉴日本现代企业管理制度，田征制定的“教育教学量化目标管理积分制”在白村中学开始实施，以量化管理为核心激发每个人的潜能，探索改变教育管理中的主观性、随意性。

该制度的核心是将教育教学工作从德、识、责、能、勤、绩等6个方面，对其中每一项都分别制定了若干指标要求，将其作为考核教职员工工作和诊断判识质量发展的内容，并按一定比重给予权重分值，按其完成情况赋分，实行量化积分考评。这一制度把“定性”变为“定量”，把模糊管理变成量化积分管理，把终结管理变成过程管理，彻底实现由“人情化管理”向“制度化管理”的转变。1987年，田征担任学校教导主任的第三年、教育教学改革完成一个周期之时，白村中学由之前的全乡第一一跃成为全县第一，从那时至今，一直保持了23年。

1987年，田征被委以白村初中副校长的职务。在当时各个学校盛行搞“重点班”和“非重点班”的形势下，田征始终坚持平行编班，不办重点班，让每个教师在相同的平台上公平竞争，让每个学生都平等享受优质教育。田征还为每个班级、每个学科科学核定基础分，以此来评价教师的教学效果；全校实行“平行班”推进，在解决班级之间差异的同时，也解决了教师之间“有压力”与“无动力”的问题，使学生和教师整体、协调发展，真正搭建一个“人人追求最好”的平台。

人人参与学校管理和监督

多年以后，尽管发现自己“发明”的制度还有待改进和完善，但说起积分制管理实施后学校的变化，田征还记忆犹新：首先是充分调动起了每一位教职员工的工作积极性、主动性和创造性，彻底改变了过去“干与不干一个样”“干多干少一个样”“干好干差一个样”的现象；日趋制度化和规范化的管理效益使学校从领导、教师到后勤人员，人人都参与管理和监督，学校的气氛一下子活了起来……田征说，随着积分制的深入推进和不断完善，学校对教师和学生的专业成长和素质养成也进行了全面管理与评价，使得大面积提高教育质量的理念在实践中得以彰显。

那时候，田征走到哪儿都有人认出他，尤其是在不大的县城，一路走过来手里全是别人递给他的烟。可田征并没有因此沾沾自喜，他仍旧像以前一样在思考教育，尤其是在他发现“量化管理”机制存在一些弊病后，更是急于寻求完善这一制度的途径，以期在给制度本身注入创新因子之外，能够使教育管理与评价理念做到与时俱进。

20 世纪 90 年代初，田征被调到蓝田县教育局工作，先后担任教育科科长、副局长。但田征很少待在机关办公室，他大部分时间都在基层学校调研，思考和探索更符合蓝田实际的管理模式。田征跑遍了全县的川、塬、山、岭，努力思考如何激发全县中小学校管理活力，提高蓝田县教育整体水平。

经过实地调研，田征发现，不同自然地貌的中小学校差异很大，平川学校比塬区学校好，塬区比岭区的学校好，秦岭山区的学校条件最落后。而教育行政部门长期“一刀切”的评价方式和管理模式，非但没有使这一现状得到改善，反而令差距越来越大。为了促进每一所学校的发展，在对白村初中“量化管理”改进和完善的基础上，经过反复论证，田征制定出了蓝田县“教育教学等级目标管理制度”，在全县各类学校逐步推进。

如果说白村中学“教育教学量化目标管理积分制”是以“量”作为管理的核心，那么蓝田县“教育教学等级目标管理制度”的核心就是以“目标”引领发展。在管理上，根据所处不同地形的学校的实际，制定了分门别类的评价制度和管理方式，涉及目标、措施、奖励等诸多环节，从办学方向、学校管理、教育质量、教研教改、特色发展等方面制定目标，根据不同的对象来寻求不同层次的发展，共同提高。在评价上强调三要素：客观检查、激励和导向，即：检查要客观，要照顾到不同类型、不同层次的学校的实际。不同的发展水平有不同的管理要求，田征认为，这是管理过程不同的评价制导，但目的是一致的，都是在致力缩小川、塬、山、岭各类学校、教师和学生之间的差异，促进其共同提高。

让每个人“可能、可为、可发展”

2002 年，43 岁的田征通过竞争上岗出任蓝田县教育局党委书记、局长。“田征局长一上任就干了三件影响全县的大事。”蓝田县教育局基教科杨正民回忆说，“第一，组织了 150 多人的调查团对全县 22 个乡镇 500 多所中小学校、教学点逐一检查，详细了解教育发展现状；第二，分层次召开了全县高中、初中、小学校长座谈会，统一思想认识，明确工作思路；第三，对全县近 500 名局派干部进行计算机知识与应用全员考试考查。”

其实，教育局机关领导和干部心里都清楚，田征是在为更大的改革和发展蓄势。

在田征任上，他首先推行干部竞争上岗制度，无论是学校领导还是机关干部，都可以竞聘。在民主推荐的基础上，由局领导、各科室负责人、局属单位领导、基层学校校长、教育干部作为评委集体赋分，在此基础上进行考试，最后由局务会决定聘用。

其次，对校长实行任期目标管理责任制，在教师队伍建设上推行资格准入制度，严把教师资格入口关。“这种做法打破了以往干部任用‘只升不降’的局面，先后有数名校长因综合考核业绩较差被诫勉谈话，有的就干脆主动辞了职。”蓝田县教育局宣传与监察科科长徐浪峰告诉记者，教师资格准入制度实施后，先后有近 70 名不符合初、高中教师资格和不胜任教学工作的教师被下编到低一级学校任教。

在教育教学管理上，田征的大胆创新实践就是积极推行“教育教学梯次式动态目标管理评价体系”，简称“梯次循进管理评价”。它由量化目标管理逐步演化而来，是一种全新的建模思想体系。倡导认同差异、彰显个性、因地制宜、共同发展，力主改变管理评价零敲碎打的单一做法，注重科学的管理评价模式与完善的人文环境有机结合。坚持一切从实际出发，在认同差异的基础上，确立管理评价的着眼点和立足点，寻求管理者与被管理者相互认同的结合点、切入点、突破点。以科学的管理评价培育生长机制，以发展的标尺评判事物变化，促使各层面管理对象实现整体提升、全面进步。

它的管理评价方式包括三个维度：纵向管理评价、横向管理评价和边际向管理评价。纵向管理评价解决“是否提高”的问题，横向管理评价解决“是否发展”的问题，边际向管理评价解决“是否超越”的问题。这三个维度相互联系、相互作用。这种三维立体网络结构体系，意在客观综合研判管理对象的现实发展——纵向考查绝对发展增量，横向考查相对发展增量，边际向考查“最近发展区”发展增量，促进各发展主体不断拓展最新发展区。

实行“梯次循进管理评价”后，蓝田县的学校变化显而易见。以前，蓝田县城关中学校长李正彦一到年终就发愁：年终质量奖的发放，往往招来全校 170 名教师的“骚乱”。可自从实施了“梯次式动态目标管理评价”后，李正彦被解放了，“每一名教师都有考核，考核内容指标设计了数十个方面，分别由考核组成员详细记录，年终总分列表上墙公布，谁优谁差一目了然”。

以前每到评优晋级的时候，蓝田县北关小学校长赵润学也非常“头疼”：一年名额就那么几个，老师们简直能把门槛踩烂……他干脆关了手机，离开学校。但从 2003 年学校实行“梯次式动态目标管理评价”后，赵润学不用再躲了。校委会分别从 28 个方面对教师提出了要求，整体上实行过程评价，结果张榜公布，年终检查兑现。“学校一下子清静多了，局里给几个指标，往墙上一看就知道是谁了，平时的工作情况都在那儿呢，人人都知道自己在什么位置。”

让所有学生享受到成功的乐趣

从梯次循进管评方式中受益的不只是学校管理者们，还有广大教师，尤其是青年教师。

梯次循进教育

2006年，走上工作岗位才满3年的城关中学教师王怡君被评为优秀教师。就是这么个“小小的荣誉”，令其他老师羡慕不已。城关中学校长李正彦说:“要是在过去，青年教师没有5到8年的磨炼，别想登上领奖台，实行梯次循进管评方式后，在基本目标、道德标准、业绩赋分等方面，青年教师和中老年教师的系数是不一样的，这意味着老、中、青年教师可以同在一个平台上竞争了。”省级特级教师李存虎是该校年级组和数学组的带头人，初出茅庐的王怡君和他拿到了同样的奖项，一老一少并肩领奖的场面温暖着老教师们的心，也激励着年轻教师们的斗志。

正是有了这样的平台和激励机制，青年教师王涛成了蓝田县名师，李增国迈进了学校管理者的队伍，李武刚成长为全国教师技能大赛蓝田县唯一的参赛者，姚涛被树立为全县的教学标兵，侯宏创办了别出心裁的《碎石》周报……“梯次式动态目标管理评价”实施后，不同的老师有不同的目标任务，老师们在完成任务后又相互交叉结对子，团结协作，他们比业务、比作风，学技能、养师德，教研风气日渐浓郁。

我们在采访中了解到，在梯次循进教育实践中，教师们把更多的功夫用在了班级管理上。作为60个学生的班主任，青年教师韩杰依照学生的道德品质、习惯兴趣、学习成绩等，施以不同的教育方法：学生自制力强，能自主学习的，就要求他们开阔眼界，走向社会，寻求拓展；学生能认真听讲，按时完成作业，但学习方法比较呆板，偶尔比较懒惰的，就要求他们发展求异思维，慢慢学会举一反三，逐步培养其参与班集体事务的意识；学生的学习主动性不强，厌学思想比较严重，自卑感强烈的，就只要求他们完成简单的作业，从品德、劳动、个性上寻其长处，培养其兴趣和自信。学期末，韩杰设置了进步奖、优秀奖、特长奖等奖项，对表现突出的学生分别予以奖励。经过努力，她的班级整体有了很大的进步，凝聚力强了，乱糟糟的局面改善了。

其实，像韩杰这样的老师不在少数。杨小宁在分类管理学生的基础上融入了丰富多彩的活动，以促进学生的全面发展；瞿民乾把分类管理和仁人志士的故事结合起来，激发学生的自信心；王磊以分类管理为纲，以学生个性展示为目，组建起“家—校—师”联动教育网络；张芙蓉把分类管理与学生个体尊严教育结合在一起；三里镇中心小学的老师把分类管理和争夺小红旗、红五星擂台赛整合到了一起……

经过多年的实践，梯次式动态目标管理评价体系在被运用到班级管理中的同时，也被有效运用到课程教学中。蓝田北关小学教导主任、语文教师汪丽根据学生的作文基础情况，将全班进行了“星级”分类：作文基础较差的为“一星级”，在教授过程中对待办法是“低起点，补台阶，扶着走，多鼓励”；中等的为“二星级”，对待办法是“慢变化，多练习，小步走，重反馈”；基本功扎实的为“三星级”，对待办法是“小综合，多变化，主动走，促能力”。

在写作前，采用小组探究合作，以“一三星、二二星、一一星”搭配结构，4 人为一组进行组内讨论。在写作中，汪丽对“三星级”学生只要求其打腹稿，当堂完成，重点指导怎么写得生动；对“二星级”学生，她要求列好提纲，当天完成，重点指导他们写得具体，写出真情实感；对“一星级”学生，她则要求列好提纲，打好草稿，一周内完成，重点指导写得连贯通顺，培养良好的作文习惯。

在评改作文时，第一阶段，汪丽教给学生方法，让学生自己评改作文；第二阶段，学生按不同星级交换修改，并给所修改的作文写评语。“学生会在自觉和不自觉中与别人做比较，而自己的劳动成果又被别人认同，心理得到满足，写作兴趣会逐渐提高。”汪丽介绍说。改完后，她让学生把原稿和修改稿认真誊抄一遍，装订成册以供传阅，同时组织作文修改评比活动，班级的评比栏以小组为单位进行竞赛，组内佳作多就可以得一星，组员进步快也可以得一星，所有学生都能享受到成功的乐趣，由此产生的内驱力促使学生写好、改好每一篇作文。在这个过程中，评价贯穿始终。

教育的最终目的是促进人的全面发展，而“梯次循进教育”体系的最大受益者就是学生。“如果一个班 50 个学生，一个管理周期内在第 1 名和第 50 名的位置上，有 10 个或更多的学生在轮流坐，那就表明了每个学生都在自主奋进，那就证明了班级管理极富活性，那就说明了教育管理的高效成功。”田征说。

2009 年 12 月，由《中国教育报》、中国教育新闻网主办的“首届全国教育改革创新奖评选活动”在北京隆重举办。在全国范围的评选活动中，鉴于梯次循进教育的积极社会影响，田征荣获“首届全国教育改革创新管理优秀奖”。

二、“蓝田经验”的推广

（一）西安市的推广

西安市教育局关于印发《在全市教育系统学习推广蓝田县“梯次循进教育”改革实践经验工作方案》的通知

各区县教育局、沣渭新区教育局，各直属院校（单位）：

为深入贯彻落实全国、全省教育工作会议和《国家中长期教育改革和发展规划纲要（2010—2020 年）》《陕西省贯彻〈国家中长期教育改革和发展规划纲要（2010—2020 年）〉实施意见》精神，深入推进素质教育，创新教育管理评价方式，提升教育内涵发展水平，全面提高教育质量，促进我市基础教育均衡协调可持续发展，经研究决定，在全市教育系统学习推广蓝田县“梯次循进教育”改革实践经验。现将市教育局《关于在全市教育系统学习推广蓝田县“梯次循进教育”改革实践经验工作方案》印发你们，请结合实际，认真执行。

附件：蓝田县教育局《蓝田梯次循进教育改革实践经验综述》（略）

二〇一一年三月十七日

《西安市教育局关于在全市教育系统学习推广蓝田县“梯次循进教育”改革实践经验工作方案》

“梯次循进教育”改革实践经验是我市蓝田县多年实施素质教育、促进教育均衡发展的有益探索和实践成果。自实施以来，在省、市教育行政部门的大力支持和精心指导下，逐步发展成型并取得明显成效，得到国家教育行政部门、领导和专家学者的充分肯定，国内多家媒体对此进行了大量报道，获得了广泛而积极的社会影响，成为全国、全省、全市基础教育改革与发展的典型范例。“梯次循进教育”改革实践经验符合深化素质教育实践、深入推进课程改革、提高教育质量的基本要求和基础教育均衡发展的政策规定，对于促进全市基础教育均衡发展具有较强的借鉴和推广意义。为了在全市教育系统学习“梯次循进教育”的发展理念，借鉴蓝田教育的创新经验，提升西安教育在全国的影响力，并进一步落实省、市主要领导的批示精神，特制定具体工作方案，现就有关事宜安排如下：

（一）指导思想

进一步贯彻落实科学发展观，落实全国、全省教育工作会议和《国家中长期教育改革和发展规划纲要（2010—2020年）》精神、《陕西省贯彻〈国家中长期教育改革和发展规划纲要（2010—2020年）〉实施意见》精神，深入推进素质教育，促进基础教育均衡协调可持续发展，打造与西安建设“国际化大都市”目标相匹配的教育形象，推动西安教育在新的历史起点上科学发展。

（二）组织机构

为保证学习推广蓝田县“梯次循进教育”改革实践经验工作的顺利开展，特成立西安市教育局学习推广蓝田县“梯次循进教育”改革实践经验工作领导小组（成员略）。

领导小组下设办公室和课题研究与实施专家小组。办公室设在基础教育一处，黄新南副局长任办公室主任，田征、刘红任办公室副主任，具体组织安排有关学习推广事宜。市教科所、市教育学会、市教育专家协会组成课题研究与实施专家小组，具体负责理论与实施指导工作。

（三）任务分工

1. 领导小组负责学习推广蓝田县“梯次循进教育”改革实践经验的组织、规划、协调等事宜。

2. 基础教育一处牵头，具体负责行政推进、成立总课题研究与实施小组、确定研究人员、制定推进措施等日常事宜。

3. 办公室、资金处、基教二处、体卫艺处、高职成处、督导室、新闻办等处室，结合自身职能做好相关学习推广工作。

4. 市教科所、市教育学会和市教育专家协会具体负责专业指导与实践研究，落实推进措施、开展检查调研、总结提炼经验等事宜。

5. 各区县教育局负责组织开展区域内的子课题研究与实施，以及学习推广工作。

（四）保障措施

1. 学习推广蓝田县“梯次循进教育”改革实践经验领导小组办公室制订工作规划和检查评估办法，定期召开工作会议，形成工作机制。

2. 市教育局把各区县学习推广工作实绩纳入年终工作考核评价内容，对推广有力、成效明显的区县进行表彰奖励。

3. 市教育局分阶段开展检查评估、经验交流和成果评审，对优秀研究成果结集交流。

4. 市教育局争取市级专项财政经费支持，用于全市学习推广“梯次循进教育”改革实践经验和专项课题研究与实施。

5. 市教育局将在全市中小学校遴选部分学校作为学习推广蓝田县“梯次循进教育”改革实践经验的实验学校。

（五）工作要求

1. 全市教育系统要深刻认识学习推广“梯次循进教育”改革实践经验的意义，各区县教育局要建立相应的学习推进“梯次循进教育”改革实践经验的组织机构和工作机制，立足自身工作实际，制定实施方案，开展不同形式、不同层面的学习推广和研究工作。

2. 市局机关各处室要结合处室工作职能，重点做好舆论宣传和支持保障工作；市教科所、市教育学会和市教育专家学会要将此项工作作为重要工作任务，纳入年度工作计划，扎实开展实验研究和学习推广的指导工作。

3. 各学校要结合学习推广蓝田县“梯次循进教育”改革实践经验工作，全面推进教育创新，不断提升学校高效管理、科学评价的水平，努力实现内涵发展。要立足课堂教学改革和基础教育课程改革，全面提高教育质量。要与推进素质教育、提高教育质量、切实减轻中小学课业负担改革试点工作结合在一起，努力推进我市基础教育均衡、协调、可持续发展。

（二）陕西省的推广

陕西省教育厅《陕西教育简报》第10期按语

蓝田县的“梯次循进教育”改革实践经验，历经近30年改革、探索、创新，从教育发展的角度看，反映了改革开放以来中国农村教育发展的基本历程和积极的探索之路，符合《国家中长期教育改革和发展规划纲要（2010—2020年）》的有关要求和基础教育改革与发展的基本方向，具备了鲜明的科学性和先导性。现将蓝田县“梯次循进教育”改革实践经验印发给你们，请各地在工作中借鉴。

附件：蓝田县教育局《蓝田梯次循进教育改革实践经验综述》（略）

2011年4月12日，《陕西教育简报》第10期专题将“梯次循进教育”经验材料报送教育部基础教育一司，抄送各市（区）教育局、石油普教管理中心、厅委各领导及有关处室。简报附件内容与本书前面反映出的内容构成重复，故略去。

（三）鸡西市的借鉴案例

链接一

黑龙江省鸡西市教育局2012年工作要点（节选）

2012年全市教育工作的总体要求是：认真落实全省教育工作会议及市第十二次党代会精神，以提升内涵为重点，以提高质量为核心，以促进学生全面发展为目标，全面实施素质教育，不断推进改革创新，努力实现全市教育均衡发展、科学发展、特色发展。

……

完善教学评价体系。树立多元化评价理念，加强对学生学习评价、教师教学评价和学校质量评价的探索、研究和实践，逐步探索并建立新课程条件下操作性强、符合市情、覆盖各个学段和学科的教学监控与评价体系。采取分层分类、梯次评价的办法，根据教学质量在原有基础上的提升幅度来评价学校，确保教育教学质量的不断提高。开展好“教学质量奖”和“教学进步奖”评选工作，激励学校围绕质量、围绕内涵办教育。

……

链接二

鸡西市虎林市教育局二〇一三年工作要点（节选）

2013年全市教育工作的指导思想是：深入学习贯彻党的十八大精神，坚持以邓小平理论、“三个代表”重要思想、科学发展观为指导，全面落实教育规划纲要，全面贯彻党的教育方针，全面推进素质教育，把立德树人作为根本任务，把教师队伍建设作为重点内容，把转变作风作为重要保证，推进教育改革创新，优化教育结构，改善办学条件，提升教育质量，保障教育公平，促进教育事业优先发展、均衡发展、科学发展，努力办好人民满意的教育。

……

加强对教育质量的监测评价。充分发挥评价对促进办学管理、提高教育教学质量的导向作用，切实开展区域和校内评价的研究、实践，科学制定和实施学校年度办学发展目标。积极探索教育质量监测和评价的科学方法，进一步加强梯次循进管理评价办法的充实、完善和研究，初步尝试对教师教学质量、学校管理质量及各个学段和学科的教学质量进行科学、客观评价。通过关注平均水平、学困生转化、教学过程、学生的学习负担等情况，促进学校提高教学质量。开展“教学质量奖”和“教学进步奖”评选活动。采用通（调）考的方式加强非毕业年级、非升学考试科目的质量监测工作，进一步充实义务教育阶段学校教学质量监控档案。

……

众多教育专家认为，梯次循进教育具有本土化、原创性、生成性的特点，为促进义务教育均衡发展、化解推进素质教育实践困难提供了借鉴样本。

三、“蓝田经验”的“蝴蝶效应”

“梯次循进教育”改革实践经验经中央和地方几十家媒体报道后，很快掀起了一场全国教育行业同仁到西安和蓝田考察、学习、交流的寻访潮，人们称之为“蝴蝶效应”。四川省成都市和邛崃市、河南省洛阳市孟津县、湖南省吉首市、甘肃省兰州市、黑龙江省黑河市瑷珲区、内蒙古乌拉特前旗、山西省临汾市洪洞县、江西省安远县和靖安县、贵州省麻江县、辽宁省喀左县等20多个省市县（区）1000多家教育行政管理部门、教科研机构、学校先后赴西安蓝田实地考察，许多地区的教育部门、学校先后引入并实行了梯次循进教育做法，“蓝田经验”产生了积极良好的社会效应。

（一）辽宁省喀左县赴蓝田考察学习

2009年3月21日至27日，喀左县教育局教育考察组一行16人，在副局长张守学的带领下，赴西安蓝田县专题学习考察素质教育梯次循进管理评价。喀左县教育局《赴陕西省蓝田县教育考察报告》中详细地记录了此行。同时，喀左县教育局将《实施办法》在《指导目标》及《管评方案》专文下发各学校推广实施。

链接一　外地借鉴案例

喀左县教育局关于借鉴实施蓝田经验的通知（节选）

为了全面推进素质教育，全面提高教育教学质量，加强教育教学过程管理，实现教育管理与教育评价有机结合，教育局组织有关人员赴陕西省蓝田县，就“素质教育梯次发展管理评价”问题进行专题参观学习考察并形成考察报告。蓝田经验值得我们学习与借鉴，在学习、消化、吸收、借鉴的基础上，结合我县实际，研究制定了《喀左县素质教育梯次发展评价实施办法》《喀左县素质教育梯次发展评价指导目标》《喀左县高中、初中、小学教育教学目标管理评价方案》征求意见稿。

链接二　成功实践案例

喀左县教育事业蓬勃发展

（摘自2011年8月12日《朝阳日报》，编辑时有删减）

几年来，喀左县教育事业以科学发展观为统领，践行“教育优先发展、适度超前发展、建设教育强县”的新理念、新目标，实现了教育的均衡、协调、可持续发展，谱写了山城小县办大教育的壮丽诗篇。

喀左县在办学条件基本满足正常教学需求的情况下，加大了教育管理力度，积极构建符合教育发展的管理体系，牢固树立了“向管理要质量，向教研要质量，向课堂要质量”的三大质量观，强化了管理意识，向管理要效益。自2005年开始实行教育督导评估工作以来，不断对评估细则加以修改和完善。2009年3月，组织人员到陕西蓝田进行考察学习，借鉴梯次管理评价体系，对评估工作重新修订，加强对学校工作的动态管理，注重过程管理，大大提高了学校教职员工的积极性和主动性。

（二）江西省靖安县专文推荐学习蓝田经验

2009年3月，江西省靖安县教育局发文《关于深入开展学习实践科学发展观活动的实施方案》（靖教党发［2009］2号），要求教职工“读一本教育发展理论专著，即《素质教育梯次发展管理评价实践研究》；写一篇推动靖安教育发展评价的心得体会文章”。

（三）台湾同胞赴蓝田考察

梯次循进教育在实践中产生的良好效应赢得了台湾同胞的认可和赏识。2010年，台湾中华基金会理事长王津平之子王正通过陕西省委统战部联络到西安市教育局时表示：“近期我们在网络上接触到陕西蓝田的梯次循进教育，感觉理论深刻、实践丰富，因此对这一经验比较感兴趣。我们这次专程赴大陆考察教育管理评价的新鲜做法，拟到西安蓝田寻访梯次循进教育理论的创始人田征先生，特别邀请田征先生为我们做报告。”随后，陕西省委统战部的负责同志就此事向西安市教育局下达了通知。达成共识后，7月18日，台湾中华基金会教师参访团专程赴蓝田考察学习，在此期间，我在西安市田家炳中学为参访团做了“梯次循进教育实践研究”的专题报告，并从学术研究和实践探索的角度回答了专家、教授们的提问。报告会后，参访团中一位大学老教授感叹道：“关于教育管理评价的一些问题，我们在工作中探寻了几十年，至今仍实证不足，目睹了蓝田的教育改革探索成果，听了田征先生的报告，真使人感到惊讶，蓝田的改革实践的确很了不起。多年以来，我们在理论建构层面的设想，你们已在实践中对许多问题给予了合理解答。”

第三节　协同发展，梯次循进教育生生不息

一个地区综合发展实力的提升，依靠的是智力支撑和人才保障。人才成长靠教育。教育工作者要有强烈的使命感、光荣感和责任感。

胸怀决定境界，创新彰显精神。

一个有精神和境界、有目标和策略、有责任和担当的创业团队，就自有力量、自有创新、自有发展。

在梯次循进教育实践探索中，不论教师设计和实施教学，还是校长设计和实施管理，都基于客观事物发展的生态性、本原性和差异性，以谋求术策合道，关注原有基础上的发展增量增值，以激励自我实现和自我超越。

实践告诉人们，善于发现人的个体特质和个性潜能，激发人的内生动力和创新能量，是最具生成性和发展性的教育实践。

教育于人，永远面对着参差不齐的发展对象，本应关注差异。

教育做法，始终表现为差异公平的个性塑造，本在因人而宜。

教育思成，始终坚持于和而不同的守正自化，本当梯次循进。

推进教育实践创新，人本生态研究是永恒课题。

追求天人合一的大乘之境，人本生态的差异发现、差异开发、差异成就着实检验着师者的智慧。

2008 年夏天，西安一间小而简朴的会议室里，我们与息县教育考察团的同仁相见，向他们介绍了蓝田梯次循进教育改革实践的创新做法。同年冬天，他们又一次来到西安，了解蓝田经验。听蓝田同志讲，息县的教育同仁先后两次赴蓝田实地考察学习，我们从内心深处被他们的精神打动了。应息县政府和教育局的邀请，我们蓝田教育局的领导、校长们一行，于同年岁末至 2009 年 1 月 2 日到该县进行走访交流。2013 年 9 月 12 日，息县教体局局长张其煌、副局长刘臻率考察团到西安，与我们共同研讨深化梯次循进教育理念的实践策略，进一步加强合作，共同推进改革创新。

我常被息县教育人那种求真、求实、求新的精神所感动，我们深信，不息之壤的教育事业发展，大有希望。

为了走出教育困境，振兴息县教育，息县教体局多次组织团队，学习借鉴西安蓝田的梯次循进教育改革做法，并采取深入学校、座谈、调查和入室交流的方式，进行了广泛而深入的教育教学调查研究，在全面分析及充分论证的基础上，结合息县教育发展的实际，找问题、拟对策、抢抓机遇、求真务实、大胆创新。自 2008 年下半年开始，息县结合本县实际，在全县范围内推广梯次循进“蓝田经验”。当年，息县教体局先后下发了四个文件（息教字［2008］38、40、41、42 号），部署改革工作。

几年来，从息县教体局寄发的材料中，不时看到改革创新的工作亮点和发展变化。我作为息县政府聘任的教育顾问，在感到欣慰的同时，更为息县教育人不甘落后、敢为人先的精神而感动。

一、息县引入梯次循进教育经验

息县实施梯次循进教育的创新实践，促进了该县教育事业又好又快发展，创立了息县教育史上新的里程碑。

关于梯次发展管理过程评价的操作办法

（信阳市息县教育体育局于 2009 年 12 月 10 日制定）

为了更好地发挥梯次发展管理评价的功能和作用，更加客观、准确地评价学校的管理水平，促进我县教育教学管理水平及教学质量的全面提升，特提出如下实施意见。

（一）评价原则

依据《息县梯次发展管理评价方案》，对学校评价分为终结性评价和过程性评价两部分。过程性评价：评价时对照细则现场采集信息数据，并分类评价、分类汇总，在梯次发展管理评价委员会的统一领导下进行，对学校过程管理的运行情况及效果实施有效的检测，是全面、公正地评价学校的有效措施。中心校的评价包括本部和村小两个方面的评价，在对村小评价时，首先由中心校对本辖区的村小进行分类，教体局抽查其中一类村小作为评价对象。九年一贯制学校按照梯次发展管理评价分为小学和初中单独评价，并按照一定的比例计算总成绩。

（二）评价的具体操作办法

1. 组织机构

教体局设立梯次发展管理评价委员会，下辖初中和小学两个评价小组。成员由基教股、督导室、教研室和其他相关股室人员组成，评价小组组长由督导室和基教股人员分别担任，评价小组成员 7 ～ 9 人。

2. 过程及时间安排

每学年度对学校评价两次，上下学期各 1 次。上学期在 12 月 20 日至次年 1 月 15 日左右，下学期在 5 月 15 日至 6 月 15 日左右。上学期评价结果为 200 分，下学期评价结果为 300 分，总体评价得分为上下学期之和。

3. 具体操作方式

（1）对照《息县梯次发展管理评价方案》，各股室制定具体的评估办法和标准。

（2）评价前各股室要对评价小组人员进行项目评价标准的培训，吃透标准，统一尺度，及时汇总，保持公平、公正。

（3）评价小组深入学校，现场采集评价信息，现场打分。评价结束后要及时向学校反馈意见，肯定成绩，指出不足，帮助学校改进提高。

（三）评价过程中的要求

1. 学校要对照标准组织自查，查找不足，不断完善。

2. 评价小组要客观公正，实事求是，作风细致深入。

3. 要体现评价与管理相互促进的原则，通过评价切实促进管理水平的提高，双方要在评价过程中充分交流、相互沟通，在体现准确性的同时，体现导向性与激励性。

4. 教体局为评价小组统一调配交通工具，不准因评价工作加重学校负担。

链接一　息县应用案例

河南省教育科学规划课题鉴定书

课题名称:“梯次发展管理评价”对促进县域教育教学均衡发展的研究

课题完成单位：河南省信阳市息县教育体育局教研室

立项时间：2009 年 8 月

成果形式：论文

鉴定形式：

组织鉴定单位：

鉴定日期：

课题主持人：司明，男，中教高级，息县教体局教研室主任

主要完成者：

李　淮，男，中教高级，息县三中

高永锋，男，中教高级，息县小茴中学

冯有升，男，中教高级，息县曹黄林中学

孙　杰，男，中教高级，息县张陶中学

易长海，男，中教高级，息县包信中学

崔国志，男，中教高级，息县杨店中学

邹培武，男，中教高级，息县岗李中学

备注：根据课题研究实际需要，原课题组成员有所调整。

课题组在科学发展观的引领下，基于梯次发展管理评价对县域义务教育均衡发展意义的分析，从县教体局对学校的管理和评价、学校内部的管理和评价、班级对学生的管理和评价三个角度进行研究，为构建适合县域义务教育均衡发展指标体系提供借鉴。

教育均衡发展是教育发展的目的，更是一种促进教育发展的途径。

我们初步制定出了我县的《中小学梯次发展管理评价方案》，从学校的类别和评价的参数等方面进行了初步的研究。以三维发展机制和梯次循进的操作模式为基本特征，旨在促进“每个人”的主动、适宜和可持续发展，为教育发展提供制度保障，把发展性评价理念实践化。这一评价体系代表

了我国区域教育管理与评价理论和实践研究的阶段性成果，对许多地区教育管理实践都有一定的借鉴意义。

“素质教育梯次发展管理评价”，其核心思想是唯物唯人、认同差异，最近组类、按类定标，立体比较、动态要求，层次推进、激励超越，关注个性、共同发展。这一评价体系“让管理对象实现在原有基础上提高，提高基础上发展，发展基础上超越”等具有生态意义的发展理念，旨在着力促进教育均衡发展，落实素质教育思想。

实践科学发展观，特别是在推进素质教育以及重大的历史发展命题面前，在素质教育处于尴尬局面的现实中，怎样推动素质教育的发展，怎样实现教育的均衡发展，怎样体现教育最终追求的目标——教育公平的问题，围绕这一目标，我们认识到教育均衡发展必须坚持区域性原则。均衡是相对的，不均衡是绝对的。推进教育均衡发展，首先要解决的是科学的教育管理评价问题。在目前的教育发展态势下，转变教育发展方式，建立科学的教育管理评价体系和质量保障体系，加强工作机制和制度建设，用素质教育的思想理念来指导引领学校、教师、学生的科学发展。

梯次发展管理评价既是评价体系，也是管理体系。利用梯次发展管理评价对学校和班级管理进行优化，对促进县域教育教学的均衡发展起到推动作用。舟大者任重，马骏者远驰。教育是发展的事业，是未来的事业，深化素质教育改革、推动教育均衡发展是一个任重而道远的工程，需要教育战线上的每一个工作者做出更持久和更全面的努力。以下为专家鉴定意见。

息县教研室司明同志主持的河南省教育科研“十五”重点课题《“梯次发展管理评价”对促进县域教育教学均衡发展的研究》已经顺利结题。审读课题研究成果，我们认为该课题有以下三个特点：

1. 选题具有地域特色，课题研究具有前瞻性

教育均衡发展必须坚持区域性原则。十七大把农村教育，特别是城乡教育差别的问题提到非常重要的位置。推进教育均衡发展，首先要解决的是科学的教育管理评价问题。课题组立足息县这个地方，针对如何进行教

育管理评价问题进行研究，初步制定出了息县的《中小学梯次发展管理评价方案》，从学校类别和评价参数等方面进行了初步研究。以三维发展机制和梯次循进的操作模式为基本特征，旨在促进“每个人”的主动、适宜和可持续发展，为教育发展提供制度保障，把发展性评价理念实践化。课题研究在我省基础教育教研工作中具有前瞻性和探索性。

2. 课题研究参与面广，内容翔实，过程规范

课题组在全县范围内的中小学开展实践研究，参与人数之多，参与面之广，前所未有，因此研究实践和理论具有开创性。研究从县教体局对学校的管理和评价、学校内部的管理和评价、班级对学生的管理和评价三个角度进行研究，为构建适合县域义务教育均衡发展指标体系提供借鉴。课题研究分工明确，阶段设计合理，材料收集处理较为恰当，整个过程符合课题研究的程序。

3. 课题研究对促进区域教育均衡发展效果显著

在目前的教育发展态势下，转变教育发展方式，建立科学的教育管理评价体系，加强工作机制和制度建设，用素质教育的思想理念来指导引领学校、教师、学生科学发展。梯次发展管理评价既是评价体系，也是管理体系，利用梯次发展管理评价对学校和班级管理进行优化，为教育发展提供制度保障，把发展性评价理念实践化，对促进县域教育教学的均衡发展起到推动作用。这一评价体系代表了区域教育管理与评价理论和实践研究的阶段性成果，对许多地区教育管理实践有一定的借鉴意义。

4. 希望与建议

该课题对不同层次的学校在梯次发展管理评价中的教师和学生梯次发展管理评价研究有待深化，同时还应加强对“创新教育”评价方面的研究。

鉴定结论：专家组认为该课题完成了预定的研究内容，达到了预期目标，取得的成果具有开创性和前瞻性特点，同意该课题通过结题。

鉴定委员会（小组）负责人（签名）：

年　月　日

链接二　息县应用案例

河南省教育科研“十一五”规划重点课题

《“梯次发展管理评价”对促进县域教育教学均衡发展的研究》结题报告

实验区：河南省信阳市息县

实验校：息县中小学

课题组成员：司明、李淮、高永锋、冯有升、孙杰、易长海、崔国志、邹培武

主持人名称：司明

（在录入《“梯次发展管理评价”对促进县域教育教学均衡发展的研究》结题报告时，删去了制式性内容。）

《“梯次发展管理评价”对促进县域教育教学均衡发展的研究》课题组

2005 年，教育部印发了《关于进一步推进义务教育均衡发展的若干意见》，要求各地以区域推进为重点，优先解决好县域内义务教育均衡发展问题，并在此基础上力争在更大范围内逐步推进。要把工作重心进一步落实到办好每一所学校和关注每一个孩子健康成长上来，把提高农村学校教育质量和改造城镇薄弱学校放在更加重要的位置，有效遏制城乡之间、地区之间和校际之间教育差距扩大的势头，逐步实现义务教育的均衡发展。

（一）课题基本情况

1. 课题名称：“梯次发展管理评价”对促进县域教育教学均衡发展的研究

2. 课题提出的背景及意义

（1）如何理解教育均衡发展的定义

教育均衡，实质上是指在教育公平思想和教育平等原则的支配下，教育机构、受教育者在教育活动中享受平等待遇的教育理想并确保其能实际操作的教育政策和法律制度。其最基本的要求是在教育机构和教育群体之间，平等地分配教育资源，达到教育需求与教育供给的相对均衡，并最终落实在人们对教育资源的分配和使用上。基础教育的均衡发展强调区域间

实现均衡发展，城乡间实现均衡发展，校际间实现均衡发展，学生间实现均衡发展，等等。

（2）教育均衡发展不能陷入的误区

第一，均衡发展不是限制发展，而是共同发展，分类发展。均衡发展不是“削峰填谷”式发展，发展是教育事业永恒的主题，均衡发展绝不是教育的平均主义。

第二，均衡发展不是划一发展，而是特色发展。均衡发展不是一种模式，不是“一刀切”，不是“齐步走”，要鼓励不同学校根据各自的实际情况，创造性地探索有自己特色的发展道路，最终实现优势互补、特色发展、整体提升。

第三，均衡发展不是短期发展、单一发展，而是持续发展、整体发展。

第四，教育均衡不只是办学水平的均衡。那种认为只要校际之间、区域之间的办学条件、教学设施、师资力量处在同一水准上就达到了教育均衡目标的想法是不科学的，忽视了学校内在发展机制的作用，忽视了学校之间、生源差异等方面的不均衡，以及办学理念、管理水平之间的不均衡。

第五，要处理好公平与效益的关系。如果只从公平角度出发去制定和实行有关政策，就必然会丧失教育效益。而丧失了效益，讲义务教育均衡发展，就没有了意义。

第六，教育均衡发展应该鼓励教育创新。因为只有在教育均衡发展的过程中引入竞争机制，才能带动高质量高水平的均衡。

第七，教育均衡发展是一种发展目标，更是一种教育发展过程。由于社会经济发展等多方面因素的影响，各个时期教育均衡有着不同的表现。教育均衡发展是一个“均衡—不均衡—均衡”螺旋式上升的循环发展的动态过程。教育均衡发展是教育发展的目的，更是一种促进教育发展的途径。

我们借鉴陕西省西安市蓝田县的梯次发展管理评价体系，已经初步制定出了我县的《中小学梯次发展管理评价方案》，从学校的类别和评价的参数等方面进行了初步的研究，但是对这一体系的管理功能研究不够，如何利用评价来进行管理，如何在管理中体现梯次特征是下一步要研究的问题。

本课题下设三个子课题：司明、李淮承担“中小学梯次发展管理评价方案的评价参数及有效运用研究”，高永锋、冯有升、邹培武承担“梯次发展管理评价促进学校内部有效管理的方式研究”，孙杰、易长海、崔国志承担“班级小组合作学习的梯次推进式模式研究”。这三个子课题是一个评价体系的三个层面，是从县教体局对学校的管理和评价、学校内部的管理和评价、班级对学生的管理和评价三个角度进行的研究。在“中小学梯次发展管理评价方案的评价参数及有效运用研究”中应用的评价参数有比幅、增幅、名次分、百分位等。比幅是横向比较参量，增幅是纵向比较参量，名次分是班级管理学生的动态变化，百分位是为了抵消试题难度对数据比较的影响。

3. 课题研究的目的和预期目标

“素质教育梯次发展管理评价”的核心思想是唯物唯人、认同差异，最近组类、按类定标，立体比较、动态要求，层次推进、激励超越，关注个性、共同发展。这一评价体系“让管理对象实现在原有基础上的提高，提高基础上的发展，发展基础上的超越”等具有生态意义的发展理念，着力促进教育均衡发展，落实素质教育思想。本课题研究着重解决如何进行教育管理，如何使穷县办出大教育，跳出县域求发展。

4. 课题研究的过程及起止时间

（1）第一阶段：2009 年 7 月至 2009 年 8 月，申请立项，组织实施

组织课题组成员学习梯次发展管理评价理论，并成立“中小学梯次发展管理评价方案的评价参数及有效运用研究”“梯次发展管理评价促进学校内部有效管理的方式研究”和“班级小组合作学习的梯次推进式模式研究”三个子课题组，三个课题同时展开研究。

（2）第二阶段：2009 年 9 月至 2009 年 12 月，深入研究，形成有效的运行机制

“梯次发展管理评价促进学校内部有效管理的方式研究”，主要是利用梯次发展管理评价思想，对学校的管理方式和制度进行调整，所以管理以激励为主要内涵，不断使不同层次的教师都有所进步，不同层次的学生在

原有基础上都有所提高。

“班级小组合作学习的梯次推进式模式研究”是在教（学）案为载体下的小组合作学习，对小组的合作方式和激励方式进行研究。

“中小学梯次发展管理评价方案的评价参数及有效运用研究”重点是对评价使用参数的科学性和使用方式进行研究，百分位、名次分、比幅、有效分等在评价时各自有何功能和作用，如何使这些参数有效地成为调整管理的依据进行研究，并形成上述三个子课题的初步研究结果。

（3）第三阶段：2010 年 1 月至 2010 年 4 月，探索总结，应用实践

把研究的初步成果进行再实践，进一步优化，形成论文和课例成果。

（4）第四阶段：2010 年 5 月至 2010 年 6 月，全面总结

对研究成果进行总结，准备结题材料。

（二）课题研究的理论依据

目前，在实践科学发展观，特别是推进素质教育以及重大的历史发展命题面前，在素质教育处于非常尴尬局面的现实中，怎样推动素质教育的发展，怎样实现教育的均衡发展，怎样体现教育最终追求的目标——教育公平的问题，是摆在广大教育工作者面前的一个重要课题。

第一，教育均衡发展必须坚持区域性原则。均衡是相对的，不均衡是永远存在的。十七大把农村教育，特别是城乡的问题、城乡的差别提到非常重要的位置。但是绝对平衡是永远不可能的，我们的教育永远处于理想的发展状态，现在关键的问题是我们在事件层面要解决认识问题，要坚定不移地推动教育的均衡发展，绝对不要认为均衡发展就是“削峰填谷”，就是平均主义。现在教育推进均衡发展要解决的问题，首先是教育自身的均衡。力量的合理调配，发展理念的更新，管理水平的提高，教育质量的提升，这是我们的本分，也是教育工作者应有的担当。

第二，推进素质教育的关键点在县级教育行政部门这一层级。从我国教育行政管理体制看，区县层级是末端，直接和党中央、教育部的教育思想和教育目标有着重大的关联，其中最关键的是行政环节，有怎样的教育理念，就有怎样的管理办法；有什么样的管理方法，我们的校长，我们的

教师，我们的学生，就有什么样的行为取向和追求。教育局管人事，管着校长的帽子，校长的管理理念直接影响着教师劳动价值的认可度。这个层面的实践问题解决不好，素质教育推进的尴尬局面永远改变不了。

第三，推进素质教育，首先要解决的是科学教育管理评价问题。因为评价，我们的行政干部，我们的局长、校长、教师，都在自觉不自觉地干着自己不愿意干的事情。教育是一个社会问题，是一个系统工程，很多问题都不一定是我们教育自身的问题。

第四，贫困县也能办好大教育。贫困是相对的，贫困也在考验我们的世界观，贫困不是教育的绝路，它在一定意义上能转化为教育发展的动力。

（三）课题研究的内容、原则和方法

1. 课题研究的内容范围

从县教体局对学校的管理和评价、学校内部的管理和评价、班级对学生的管理和评价三个角度进行研究。在“中小学梯次发展管理评价方案的评价参数及有效运用研究”中应用的评价参数有比幅、增幅、名次分、百分位等。比幅是横向比较参量，增幅是纵向比较参量，名次分是班级管理学生的动态变化，百分位是为了抵消试题难度对数据比较的影响。梯次发展管理评价既是评价体系，也是管理体系，要利用梯次发展管理评价对学校和班级管理进行优化。

2. 课题研究的原则把握

（1）科学性原则：客观的数据，查变化，找不足，促进步。

（2）需要性原则：息县教体局在全县中小学全面开展梯次发展管理评价，研究的目的在于科学、客观、公正地评判学校的发展。

（3）创新性原则：这一评价体系代表了我国区域教育管理与评价理论和实践研究的阶段性成果，对许多地区教育管理实践有一定的借鉴意义。

（4）可行性原则：教研室是教体局机关教学与研究的核心部门，且大多数时间在学校，对学校情况较为熟悉。

3. 课题研究的方法运用

调查法、个案法、实验法、行动研究法和数据对比法。

（四）研究成果和结论

政府要加强责任意识。政府要从全面建设小康社会、和谐社会的大局出发，增强责任感和使命感，大力推进我县教育的快速、均衡发展。

教育主管部门要加强管理意识。科学的管理是区域教育快速、均衡发展的前提，能给教育均衡发展注入不竭的动力。相反，非科学的管理则是教育均衡发展的绊脚石。因此，我们认为，教育主管部门应该从以下四个方面去完善管理：

1. 依据《息县教体局初中教育教学梯次发展管理评价方案》，评估促进学校发展

《中小学梯次发展管理评价方案的评价参数及有效运用研究》已在实践中得到肯定，对学校发展起着积极的推动作用。要坚决改变以高考、中考分数看质量、论发展的片面思想观念和行为，要在尊重客观基础，关注个体、个性差异的基础上，以公正、公平、能动的教育管理评价方式指导、引领、激励学校、教师、学生全面健康发展。目前实施素质教育，首先要解决好的问题是用素质教育思想理念来管理评价学校、教师和学生发展的问题。

2. 加强学校“梯次循进教育”，促使学校内涵式发展

推进教育均衡发展，不能忽略各学校内部管理的绩效、师资水平对教育的能动作用。教育主管部门应该深入实际，鼓励并促成校际间领导、教师以及制度的交流，扬长补短。科学的管理必须以人为本，这也是构建和谐社会的核心思想。我们要求做到以下几点：

学校管理不但要以学生为本，也要以教师为本，不能厚此薄彼。教师工资待遇受到整个国家经济的制约，但对教师劳动价值的评估要公正，对教师劳动的特点和自身权益要尊重，让广大教师从心里自觉地产生主人翁意识，让热爱教育事业的教师能切实享受到劳动的快乐。

以人为本，要求学校制定的各种教育教学制度，首先要遵循有利于学生成长，有利于教育发展的原则。其次要遵循有利于教师工作，有利于教师发展的原则。在学校工作中，教师虽是被管理者，但也是执行者，教育

需要他们发挥自身的主观能动作用。

以人为本，应该有原则。我们谈社会主义优越性的同时，也谈按劳分配。一个学校的考核制度，应该体现“奖勤罚懒，奖优惩劣”的功能，应该能够弘扬正气。一个科学的考核评价制度，不能让好人受委屈，更不能让好人吃亏。虽然现在可供学校考核的资金微乎其微，但一个学校正气如果不能抬头，哪来什么凝聚力。学校一盘散沙，又谈何发展。

以人为本，要求学校的管理策略有连续性。科学的管理制度，因为具有合理性，所以能够长久地指导实践。实际上也唯有持续地运用科学的管理制度，才能收到更多的管理效益。

以人为本，要加快培养骨干教师和学科带头人的步伐。要鼓励教师创新，鼓励教师脱颖而出。要通过制度，给教师发展提供机遇和空间，让教师能够享受教育的快乐，最终实现因快乐而爱岗敬业的终极管理目标。

3. 重视创新，把教育均衡发展推向高潮

推进教育的均衡发展，我们呼唤教育的创新。教育创新不仅需要高超的智慧，更需要饱满的热情。我们知道，有创新理念易，得创新方法难。这需要学校管理者不但要有鼓励的政策，更要有实践的勇气。

“梯次发展管理评价促进学校内部有效管理的方式研究”能够促进学校发展，尤其是教师和学生的发展，教师的职业倦怠得到有效缓解，个人业务水平迅速提升；学生辍学率降低，厌学情绪逐步消除，多方面才能得到发展。梯次循进教育主导管理评价要能动地激发每个人学习工作的激情。因此，管理评价的方式方法要因地而宜、因时而宜、因人而宜。“梯次循进教育”引领每一个人都得到发展，促使每一个教育主体在劳动实践中不断认识和完善自我，追求个体潜质的最大限度开发和个体生命光辉的终身亮点。

“梯次循进教育”强调要积极培植梯次和谐的教育生态，讲求原有基础上的提高和发展。管理评价实践过程在于营建合作共生、宜人适切的土壤和平台，让不同类型、不同层面、不同层次的教育管理评价对象都得到最大最好的适宜发展，让每个教职员工不仅有自己的工作空间，更要有自己的发展空间，让大家都找到在平凡的岗位上创造不平凡业绩的感觉和希望，尽享劳动创造价值和个体生命价值的喜悦和满足。

4. 注意学校各方面教育的整合，追求教育效果的共鸣

按理说，追求教育效果的一致性是教育的基本规律，但实际工作中，这方面做得还很不够。因此，我们要注意各种教育形式的整合，如各种教育环境文化的整合，各科教师对学生学习习惯要求的整合，同一种教育的不同阶段的整合。例如，对学生进行思想品德教育，教师在课堂上宣讲的，领导在校会、升旗仪式上要求的，校训、校风中规定的，校园张贴的名人名言中显示的要一致。反过来，以“名人名言”的布置为例，要求形式美观，能与教学环境搭配和谐；内容要与校训、校风一致，要有时代气息，体现学校精神。那种貌似丰富多彩的现象，往往会使教育失去重点，使学校失去灵魂。

“班级小组合作学习的梯次推进式模式研究”已基本建立了以学习小组为依托的班级管理模式，这一模式使学生的交往意识、集体荣誉感、合作能力、研究性学习能力得到有效提升。面对我国基础教育发展过程中的诸多问题和发展要求，着眼科学发展，立足教育公平，坚持从实际出发，按照教育规律办事，转变教育发展方式，改革工作机制，改进评价方式，不断创新实践，是实现这些目标要求的根本出路。

（五）思考与展望

在目前的教育发展态势下，要着力研究探索的是推进素质教育的实践难题。要转变教育发展方式，建立科学的教育管理评价体系和质量保障体系，加强工作机制和制度建设，用素质教育的思想理念来引领学校、教师、学生的科学发展。

在新的挑战和机遇面前，我县教育局不断改革、不断创新，用更科学的理念，更具前瞻性的方略来武装自己、提升自己。我们相信，在梯次发展管理评价这一科学、先进理念的指导下，在健康、积极的教育管理氛围中，我县素质教育均衡发展工作一定能“大鹏一日同风起，扶摇直上九万里”，在新的阶段取得新的成就，为历史再添辉煌，为过去再续华章，为息

县基础教育事业再谱新曲！

链接三　息县应用案例

梯次式管评使学校发展充满活力

（项店镇中心学校）

自教体局实施梯次发展管理之后，我镇中心校又重新焕发青春活力，重新步入先进学校行列。

在全县梯次发展管理评价方案下发后，经过全校上下反复学习文件精神，在教体局的指导下，我们终于达成共识，一致认为梯次发展管理是一种全新的管理思想，是一次教育管理思想的巨大变革，是向现代管理理念转变的一次质的飞跃；梯次发展管理是一种全新的管理模式，是规范学校办学行为、促进学校自主发展的有效机制。有鉴于此，我校确立了“更新观念、明确目标、立足评价、重在发展”的办学思路，让梯次发展管理的核心理念成为学校发展的动力源泉。

（一）立足实际，科学分类，校校有发展目标

梯次发展不是简单地给学校、教师和学生排队，而是尊重差异，分类实施，采取“因地而异、因时而异、因人而异”的管理方法，让每个教育管理对象各尽所能、扬长补短，实施最佳组合，合作与竞争共生，体现公正管理，追求教育公平，促进更大发展。

以前，我镇辖 7 所完全学校、4 所学点，这 11 所学校参差不齐，每年综合表彰时总是固定的几所老面孔学校，其他学校虽有进步，但总体水平仍有差距。所以，评先、晋级、职称评定时总是前几名的学校和老师占优势，后几名学校的校长缺乏主动意识，教师相对比较懈怠。反正再怎么努力也赶不上这些学校，所以想晋升职称的老师争着进先进学校，进去后工作也格外卖力。这样就造成了一种“先进的更加先进，落后的愈加落后”的恶性循环，老师们对此颇有怨言。

实施梯次管理之后，中心校立足于校际发展不均衡，学校层次多，差距大，单一评价标准极易挫伤偏远薄弱学校积极性的现状，根据学校的差

异，按照其发展趋势制定分类目标要求，以梯次评价促梯次发展。在实施过程中，根据管理评价对象所处地域、办学规模、办学条件、师资水平、教学质量等要素，将各类学校分成四个不同的评价类别，本着尊重差异、量体裁衣的原则，分类制定督导评价方案和相对独立的评价指标。中心校侧重于在全县层面争先创优，突出办学特色，提升育人水平，强化对辖区薄弱学校的帮扶；二、三类学校侧重于规章制度的健全完善和教学常规的落实，立足于现实基础上的发展提高；教学点则侧重于日常教学行为的落实和学校管理的规范。这样就为各层次学校制定了适宜的发展目标，取消了一刀切的管理要求，避免了用一把尺子衡量的做法，改变了较低发展层次学校够不着，而相对较好的学校似乎又缺乏明确的发展目标的状况。

中心校每学年组织 4 次专项督导评估，2 次综合评估，最终评价成绩由镇级督导成绩、校级综合评估成绩、日常工作考评成绩、专项督导成绩、文化素质成绩、社会满意度调查成绩和奖励惩罚成绩 7 个部分构成，增加了过程性评价和社会评价在总成绩中的比重，评价成绩作为校长职级考核的主要依据，主要在同类学校之间进行比较使用，为每一所学校搭建起相对公平的合作竞争平台。同时根据发展实际，学校可以提升层次，进入到另一类别发展，这样不同层次间发展的均衡梯度少，有利于均衡发展，更有利于在均衡发展中办出特色，促使各类别管理对象实现螺旋攀升、全面推进、整体提升。

实施梯次发展管理后，学校的目标明确了，校长的干劲足了，原先的前几名学校不努力可能就会排在倒数位置，而以前排名倒数的学校可能排在前列。年度表彰时不再是以前固定的几所学校，而是哪所学校发展快、进步多，就表彰哪所学校。实施几年来，有一位校长得到提拔，两位校长进行交流，一位校长被淘汰。

（二）动态管理，形成特色，人人有工作激情

梯次式动态管理评价给处于不同层次的学校定下不同的发展目标，这些目标是通过努力能够达到的，并且完成预定目标后有奖励、有激励，学校也就能更多地得到收获的喜悦，很好地解决了发展动力的问题。但学校

的各项工作都是由教师来完成的，为了激发教师的工作积极性，我们把梯次发展管理评价体系引入到教师的分类上。中心校把教师分成初始型、发展型、提高型三类。初始型教师只要求尽快适应教学，做好教学环节的基本工作；发展型教师要在三五年内成为骨干教师；提高型教师要向教研型、学者型转变。各类教师的教学任务和目标也不尽相同，但不管哪类教师，一年内只要有明显进步就奖励。

没有规矩，不成方圆。组织成员必须遵守组织规则，但是如果规则过于死板，就会制约人的创造性。一所学校如果过分依赖于规范，就会导致教师激情不足、呆板教条。如果这样，师生就缺少了自主发展和创造的空间，也就很难形成特色了。所以，在自评工作中，我们更关注评价是否有助于促进师生的自主发展，关注教师可以在哪一方面形成自己的特色。

学校每位教师都制订了个人发展计划，如学历提高、教学能力、学生培养能力等诸方面，学校给予相应的支持与指导，这就为教师的成长提供了必要的条件。学校组织有音乐、体育、美术、英语等特长的教师成立了学生课外兴趣小组，在学校的精心安排下，学生的参与面达到 80% 以上。学校每学期都验收活动成果，并将此项成绩纳入教师目标管理评价总成绩之中。这样不仅培养了学生的综合能力，也提高了教师的综合素质，促进了学校特色的形成。

在实行梯次式动态管理评价之前，荣誉基本上都属于中年教师，年龄大、年纪轻的教师基本上都没有机会。梯次式管理评价要求对教师分层定发展目标，分层考核，这对加快年轻教师的成长、保持年老教师的激情都很有效果。中心校在基本目标、道德标准要求、业绩评分方面，青年教师和中年教师的系数是不一样的，这就意味着老、中、青年教师可以在同一个平台上竞争了，年轻教师们等、盼的少了，主动提高、要求自主发展的多了。

在没有实施梯次发展管理评价之前，每年职称评定，教师们都是各找各的路子，校长怕麻烦就关闭手机。而现在职称评定时，学校一下子“安静”了，人事局给几个指标，就按积分从上往下数。校长的压力减轻了不少，教师干事业的积极性也得到了激发。

（三）班级分类，定期考评，学生得到适宜发展

学校按照梯次发展管理评价指标的要求，对各班级实行了目标管理评价，评价的实践证明，运用梯次发展管理手段对班集体进行评价，不但促进了学校的健康发展，促进了学生的自主发展，促进了优秀班集体的形成，而且增强了团队合作精神，从而提高了学生的综合素质。

学校根据各班级的现状和各班学生的综合素质，将全校班级划分为三个发展层次，即合格班级、标准班级和示范班级，并对这三类班级实施星级管理，即合格班级的基础星为三个星，标准班级的基础星为四个星，示范班级的基础星为五个星。各班主任根据本班的实际状况，在全班学生的共同讨论下，申报管理的基础层次，填写申报表，上报到学校，经学校自评工作领导小组审定后，确定星级等次。划分层次后，我们制定了各层次的参评指标和不同层次的差异评价指标。如将组织纪律、卫生、开展活动等作为共同指标，学业成绩、特色发展作为差异指标，等等。由于层次划分较为科学，因此不仅调动了所有班主任工作的积极性，也调动了学生的积极性。

在班集体评价中，根据评价内容，按照学校统一制定的班集体评价指标体系及细则进行评价。由德育主任及相关人员具体负责检查、评价和指导。我们把评价的内容分门别类进行梳理，针对不同内容确定了不同的评价周期，有的日评，有的周评，有的月评，有的学期评。如日评是根据指标中的班级风貌、“两操”到操率等，由督导小组成员每天上午和下午定期检查。检查时间根据作息时间而定，每次检查中同类的问题只扣分一次，不重复累计扣分，6 个督导小组成员全员参加检查，共同签字后有效。这样，每月的评价结果累计起来为一学期和一年的成绩，分别向学校的教师公示。星级目标班级管理工作切实做到日检查、日公示、周小结、月评比、期末总评。评价指标得分率在 85% 以上的班级晋一个星，得分率在 75% ～ 84% 的保持原星数，得分率在 74% 以下的降一个星。一个周期评估结束后，合格班级满 5 个星可晋升到标准班级，标准班级满 6 个星可晋升到示范班级，累计星数低于规定的基础星数的班级，降到下一个相应层次（合格班级只

减星不降等）。每学期评估一轮，每年为一个周期，评价结果及时向教师公布。

在对班级实施梯次发展目标管理的工作中，通过开展星级班集体评价，切实加强了学生的养成教育，增强了学生的集体荣誉感，形成了良好的校风、班风和学风，促进了学生健康人格的发展，大大提高了学生的综合素质，促进了学生德、体、美全面发展。

以上是我们中心校实行梯次发展管理评价的一些做法。经过几年的实践，我们对梯次发展管理评价的认识更加深刻。梯次发展管理评价是促进学校规范发展、自主发展的有效机制；梯次发展管理评价能使我们对学校的管理更加规范，做到了目标清楚、层次分明、运行有序、重点突出；梯次发展管理评价使学校学会了管理，多数学校由过去的被动管理转变到主动管理，由过去的经验管理转变到规范管理；梯次发展管理评价使教师的业务素质有了较大提高，教育教学质量有了较大提升，师生精神面貌焕然一新；更重要的是，梯次发展管理评价使不同层次的村小得到了均衡发展，各村小之间的差距逐步缩小，全镇形成了先进校有压力、后进校有动力、整体上有活力的良好态势。

梯次发展管理评价使我镇各小学逐步走上了学校管理科学化、教师队伍专业化、教学效果最优化的健康发展轨道。在今后的工作中，我们将以高度的事业心、强烈的责任感，以真抓实干、锐意进取的拼搏精神，以与时俱进的创新意识，结合本镇实际，为创造性地运行梯次发展管理评价做出更大的贡献。

2013 年 8 月 11 日

河南息县教育实践取得的跨越式发展，赢得了当地社会各界的普遍关注。河南《教育时报》《信阳日报》对息县的实践成果进行了专题报道。国务院发展研究中心刊物《决策与参考》以《这里在平凡中创造了传奇》为题，全面报道了该县教育推进梯次循进管理的做法和实效，引起了强烈的社会反响。河南党建网 2009 年 8 月 3 日刊载《“梯次管理”注活力，科学发展正当时》、息县县政府网站2009年9月11日以《息县教育事业三年实现梯次发展》、河南教育报刊社《教育时报》2010年5月28日刊载的《教育课变的息县行动》等文章，相继报道了息县学习引入蓝田梯次循进教育体系后进行的教育改革和成效。

链接四　息县应用案例

“梯次管理”注活力　科学发展正当时

——河南息县推进教育事业科学发展纪略

（河南党建网2009年8月3日，录入时删去了部分内容）

2009年，该县高考本科上线人数首次突破2000人大关，达2016人，比上年增长25.7%；中招500分以上的学生达2147人，超额完成既定目标。短短两年时间，作为一个教育基础十分薄弱、教育事业发展一度滞后的省级贫困县，能在今年高考中取得历史性突破，实属不易。这成绩，饱含着该县教育工作者辛勤的汗水，得益于该县县委、县政府的高度重视与关心。

引入“梯次管理”　注入发展活力

2008年秋季开始，该县认真探索教育发展的新路子，大胆借鉴陕西省西安市蓝田县梯次循进管理经验，结合实际，在广泛征求意见的基础上，研究出台了《息县中小学梯次发展管理评价体系》，并很快在全县中小学校全面推行。

所谓“梯次管理”，就是实事求是地把各类学校分类排队，按梯次明确质量标准，提出目标要求，好学校如果不进步，或者教学质量下滑，校长会被淘汰；差学校只要有大的进步，照样可以得到奖励。一年来的实践，不同基础的学校、不同起点的教师，无一例外地迸发出干事业的激情……

创新“梯次管理”　实施职教攻坚

该县解放思想，与时俱进，结合实际，推进梯次管理。特别是针对职业教育，他们紧紧抓住省、市职教攻坚年的战略机遇，强力推进职教攻坚计划，引资8000万元兴建占地200亩、可容纳8000至10000名学生的息县职教中心，有望于今年秋季正式招生。该县职教中心的兴建，不仅成为引领全县职业教育发展的龙头，也是该县教育事业在新一轮跨越式发展中抢得先机、实现教育腾飞的重要战略突破口。

这两年，该县加快推进办学体制改革，鼓励社会各界以及外商投资兴办教育，息县职教中心、息都实验学校、英才实验学校、关店理想学校和县中心幼儿园等一批民办学校相继建成，成为该县民办教育的窗口，满足了广大人民群众对优质教育资源的需求。今年5月，信阳市县域经济工作会议期间，作为三个参观点之一的息县职教中心，备受市级领导的好评。

用活“梯次管理”　深化教育改革（略）

做实“梯次管理”　提高教育质量（略）

丰富“梯次管理”　优化发展环境

为了让梯次管理更好地发挥作用，推动教育事业跨越式发展，该县倾全县之力，为教育发展创造宽松环境。

县委书记张富治、县长余运德等县领导多次听取教育工作汇报，专题研究解决实际问题，从而极大地促进了教育事业的科学发展。

两年来，该县不断推进梯次管理，实现教育跨越发展的历程，处处闪烁着解放思想的光芒，体现了科学发展的内涵。面对纵向取得的成绩，该县教育工作者并没有陶醉，而是以更加饱满的精神状态，倾尽智慧和力量，同心同德，锐意进取，共同谱写着息县教育发展的新篇章，为建设和谐、文明、美丽、富饶的新息县而努力奋斗。

链接五　息县应用案例

息县教育事业三年实现梯次发展

为推动教育事业跨越式发展，息县县委、县政府倾全县之力，为教育发展创造宽松环境，多措并举，强力推进教育事业三年内实现梯次发展。

三年来，该县在全县中小学校全面推行《息县中小学梯次发展管理评价体系》，特别是针对职业教育，紧紧抓住省、市职教攻坚年的战略机遇，强力推进职教攻坚计划。息县职教中心的兴建，不仅成为引领全县职业教育发展的龙头，也是该县教育事业在新一轮跨越式发展中抢得先机、实现教育腾飞的重要战略突破口。

为建立健全师资补充长效机制，该县在2006年9月至2009年9月连续公开招聘1049名农村中小学教师和130名特岗教师，充实了全县教师队伍，改善了人员结构，为全县教育事业的可持续发展奠定了坚实基础。在全县开展“名牌学校”“名牌教师”评选活动的基础上，县委、县政府大力实施“温暖工程”，以实际行动为教育办实事，为广大教师解忧济困，让人民教师安居、安心、乐业。

2009年，全县高考本科上线人数比上年增长25.7%，全县中招超额完成既定目标。短短两年时间，作为一个教育基础十分薄弱、教育事业发展一度滞后的省级贫困县，在今年高考中取得了历史性突破，受到了市领导的肯定。

今年5月，市委书记王铁、市长郭瑞民等，饶有兴致地参观考察了息县职教中心，高度评价了该县加快推进办学体制改革，鼓励社会各界以及外商投资兴办教育，多方满足广大人民群众对优质教育资源需求的一系列举措。

信阳市息县政府网站

2009年9月11日

链接六　息县应用案例

教育谋变的息县行动

（代修鹏，本文录入时删去了部分内容）

息县，素有“不息之壤”之称，1835平方千米的土地上生活着103万人口。然而，多年来，教育的发展却让息县成了“息声之县”，在信阳市垫了底：老师走了，学生大面积去邻县甚至邻市借读，给干部群众带来了难以抹去的羞辱感。

“要实现人口大县到人力资源强县的跨越式转变，必须把教育摆在优先发展的位置。我们不要纠结于一时的政绩，把其他工作暂时放一放，全力办好教育！”息县县委书记张富治说。

整顿：直面旧弊全县一起行动

2006 年以前，息县教育基础差、质量低，优秀教师和学生外流现象十分严重，百姓对本县教育失去信任，教师找不到职业价值所在，领导每次到省市开会都不敢坐头几排。

为找到全县教育的症结和医治良策，县委书记张富治、县长余运德、县委副书记杨德付、县委宣传部部长裴军、副县长吴昊等领导，多次听取教育工作汇报，进行专题研究，和广大师生座谈，把脉教育，谋求区域教育变革良方。

尤为可贵的是，县委、县政府把教育工作纳入县各级领导干部任期目标和政绩考核。县建设局局长郑继保曾代表相关部门承诺：“我们要把教育上的事当成自己的事，为教育办实事、办好事，只要是教育上的事，无条件办理！”

2007 年秋，县政府办公室主任何枫被县委常委会一致推举出任县教体局局长。到位后，他马上在全县开展建言献策活动，征求了近万份意见和建议，查找存在的突出问题，分析原因，力求理清全县教育“抓质量、带队伍、强管理”的工作思路。

直面问题，合理整顿。教体局在调研的基础上理顺了职能分离、工作交叉的股室，理顺了中心学校人事管理关系，顺利撤并全县 20 个乡镇中心校本部，实现了乡镇小学的统一管理，清理了在编不在岗、在岗不在职、顶岗教师 400 余人。此外，教体局还以支教等形式，将 200 余名超编教师充实到农村学校，对校长也提出了要亲自任课且每学期听课不少于 40 节的硬性要求。

“只要有利于扩大和优化息县教育资源，有利于办学水平和教育质量的提高，有利于激发学校活力和调动广大教职工的积极性，所有改革都可以大胆尝试。”余运德表示。

改革：融合教育资源全面发力

改革，必须先找到目标和抓手。为探索息县教育发展的新路子，息县教体局先后4次组织人员，学习借鉴西安市蓝田县的梯次发展改革做法。在全面分析、充分论证的前提下，结合自身发展的实际，自2008年秋季起，县教体局在全县中小学稳步推行“梯次发展管理评价”。

为推进该项工作，县教体局多次召开梯次管理评价现场会和经验交流会，并邀请梯次发展管理创始人田征做经验介绍和现场指导工作。实践中，把各类学校认真分类，按梯次明确具体标准，提出目标：基础好的学校不进步，同样会被淘汰；薄弱学校有大的进步，照样可以得到奖励。

息县东街小学是百年老校，校长裴长虹说：“梯次管理‘一抓就灵’，各学校进步都很大，发展也很快。我感到担子很重，我校该怎样继续向前发展才能保住优势，我不得不动脑筋。”息县第三中学教师魏凯说：“梯次管理，教师个人的积极性被充分调动起来。去年我被评为息县名牌教师，在息县所有媒体上亮相，得到了社会各界的尊重，我没有理由不好好去教书。”

“有社会各界重视的大环境，有梯次管理的制度保障，有教案等教改抓手，我们有信心做好息县教育变革。”何枫说。

发展：扎实推进稳步提升质量

梯次发展管理，多元化评价带来全县教育质量和管理水平的提升。教师队伍建设和硬件建设的跟进，为息县教育持续发展奠定了坚实的基础。连续4年，息县面向社会公开招聘了1049名中小学教师，他们和130名特岗教师一起，全部充实到农村教学第一线。同时，该县与华中师范大学共建改革实验区，采取多种方式，全面提高中小学教师素质。

河南教育报刊社《教育时报》

2010年5月28日

2008年12月，“西安梯次循进教育报告团”赴息县实地调研考察。在息县的所见所闻，让我们充分感受到了息县教育人锐意进取的改革意识、积极向上的工作作风以及奋进求取的精神风貌，这些都使我们备受鼓舞。

在息县调研考察期间，我们与时任中共息县县委书记张富治、县长余运德进行了深入交流，他们对促进息县教育科学发展的一些构想，让我们真切感受到了息县县委、县政府对教育的高度重视和大力支持。同时，时任息县教体局局长的何枫对改变息县教育发展的许多思考使我们很受感染。息县教体局举办了“素质教育梯次发展管理评价报告会”，全县各乡镇中心校、中学、局直属各学校校长参加了报告会。会议期间，我做了“让每个人可能、可为、可发展”的主题报告，报告团成员也都从不同的角度做了专题报告，全面介绍了蓝田教育改革创新的实践探索。座谈会上，与息县各中小学负责人交流了蓝田教育改革的实践做法和经验，并进行现场答疑解惑，帮助他们了解梯次循进教育的模式、内涵和实践方法，共同探讨促进教育科学发展的思路和途径。

其间，息县县委、县政府聘请我为“息县教育顾问”。我认为，这不只是一个荣誉称号，更是一份新的责任，我自当为息县教育改革创新尽可能多地做一些服务工作。

2009 年 3 月，息县教体局同志来西安向我们介绍了息县教育改革的一些动态和所取得的显著成效，特别谈到梯次循进教育对促进息县教育发展的积极影响，令我们感到非常欣慰。我时刻关注着息县教育的改革发展，感动于息县教育人的进取精神和高远追求，于是，欣然撰写了《看蓬勃发展的息县教育》一文，该文被《信阳日报》于 2009 年 6 月 5 日登载，刊发题目为《一位教育管理专家眼中的“息县教育”》。

梯次循进教育在息县多层面、多角度深入推广应用的实践探索效果，验证了它的实践价值和生命力，同时也启示人们：要提升教育内涵发展水平，推进教育创新，提高教育质量，促进县域教育均衡发展，县级党委、县政府对教育的决策力和执行力是前提，区县教育行政部门提升教育理念、回归教育科学是关键，中小学校长、教师和学生的自主创新与自我超越是基础，各部门与社会各界的积极协同和大力支持是保障。

社会化的大教育，需要全社会提供支持教育发展的大环境，如此，才会开创区域教育又好又快发展的新格局。

二、虎林市借鉴梯次循进教育经验

2015年5月22日，应虎林市教育局的邀请，我和西安市田家炳中学校长王小战一行在虎林市高级中学报告大厅进行了以“梯次循进教育”为主题的学术报告。时任虎林市副市长唐春正、教育局副局长汪新军参加了报告会开幕式。来自全市城乡学校的管理干部、一线教师、教师进修学校教研员、教育局视导人员五百余人参加了报告会，认真聆听了经验介绍。

报告会上，副市长唐春正代表市政府向我颁发聘书，特聘我为“虎林市教育顾问”。随后，我就梯次循进教育理论，特别是素质教育和梯次循进教育的关系及内涵做了介绍。我认为，“素质教育梯次循进管理评价”理论主导现代教育管理评价是以改革创新推进素质教育，以梯次管评促进均衡发展，以教育内涵发展提高教育质量。梯次循进教育的核心反映的是科学教育管理评价文化体系建设，其本质体现为遵循教育教学规律、教育管理规律、质量形成规律和人的发展成长规律，确立合乎规律性与合乎目的性相统一的教育实践哲学观。其基本内涵和做法主要体现为“唯一宗旨、主体目标、三维评价、循环控制、主要内涵、六大系统、七环教学”。

在报告中，我明确阐述了“梯次循进教育”是充分让每个人可能、可为、可发展。“梯次循进教育”是引领每一个人都得到发展，促使每一个教育主体在劳动实践中不断认识和完善自我，追求个体潜质最大限度的开发，个体生命光辉的终生点亮。“梯次循进教育”强调要积极培植梯次和谐的教育生态，讲求原有基础上的提高和发展。管理评价实践过程在于营建合作共生、宜利创新的土壤和平台，让不同类型、不同层面、不同层次的教育管理评价对象都得到适宜发展，尽享个体生命价值的喜悦和满足。

西安市田家炳中学校长王小战就本学校推行“梯次循进教育”实践探究过程中的感悟和取得的成就在报告会上同大家进行了分享。他说，近年来田家炳中学将“梯次循进教育”理论应用到教育教学实践中，产生了积极的管理效益和社会效应，教学质量大幅提高，学校呈现出崭新的发展局面和极具生命力的前景。学校确立了“让每个人体验发展的快乐”这一新的办学理念，坚持“面向人人，人人发展”的管理思想，尊重人的个性差异，使每个教师、每个学生都能正确地认识自我、悦纳自我、发展自我、完善自我，促使每个人努力实现原有基础上的提高，提高基础上的发展，发展基础上的超越。目前，田家炳中学实施“梯次循进教育”已经硕果累累，这所高质量、现代化、有特色、示范性的区域名校正在三秦大地悄然崛起。

可以说，梯次循进教育理论为虎林市提供了多角度的思维与行为模式，对其教育评价体系建设和教育教学管理工作起到了积极的推动作用。

随后，虎林市教育局颁发了《关于全面深化教育教学梯次循进管理评价的实施意见》，同时也制定了《虎林市小学教育梯次动态目标管理评价方案》，实施后，教育教学获得了良好的效果。

链接一

虎林市教育局

《关于全面深化教育教学梯次循进管理评价的实施意见》

教育管理和评价是教育活动的重要组成部分。在推进素质教育的进程中，科学的教育管理与评价是贯彻落实党的教育方针的重要保证，是深化课程改革、全面提高教育质量的有效手段。为全面贯彻教育方针，全面实施素质教育，构建适合虎林教育发展的教育教学管理评价新体系，市教育局决定，在教育系统全面深化教育教学梯次循进管理评价（以下简称“梯次循进管理评价”）。现就具体事项提出如下实施意见：

一、深刻认识创新教育管理评价的重要性

（一）创新教育管理评价是实施素质教育的必然要求

教育是民族振兴、社会进步的基石，是提高国民素质、促进人全面发展的根本途径，承担着神圣的历史责任，寄托着每个家庭的美好期盼。强市必先强教。市委、市政府历来高度重视教育，充分发挥教育在新农村建设和构建和谐社会中的基础性、先导性和全局性作用，大力实施“科教兴市”“人才强市”战略，教育事业实现了跨越式发展，取得了历史性成就。虽然我市教育发展态势良好，但还不能完全适应新农村建设和构建和谐社会对人才的需求，还不能满足人民群众对接受良好教育的强烈期盼。教育观念落后，内容方法比较陈旧，中小学课业负担过重；城乡、学校之间发展不平衡，教师队伍整体素质有待提高；教育教学质量有待进一步提高；教育体制机制不够完善，办学活力亟待增强；现行的教育管理评价模式滞后于素质教育思想；等等。这些问题必然制约基础教育课程改革，阻碍实施素质教育。

面对新的形势、任务、机遇和挑战，全市上下必须深入落实科学发展观，把“为每个人的终身发展奠基，为全面建设小康社会服务”作为教育改革与发展的核心理念。

构建创新管理评价模式就是要破解在深化课程改革、实施素质教育、提高教育教学质量过程中面临的困难和问题。

创新教育管理评价模式不仅需要改变过去那种只关注学生学业成绩的单一总结性评价方式，而且必须着眼于发现和发展学生的创新精神和实践能力，关注学生在原有基础上的发展，关注学生在发展中的个性差异。

创新管理评价体系和模式，要让学生成为评价主体，成为他们认识自己和教育自己的一种教育方式，成为教师改进教学、实现教育目的的反馈方式。

（二）创新教育管理评价是提高教育质量的有效手段

《国家中长期教育改革和发展规划纲要（2010—2020年）》中指出：把提高质量作为教育改革和发展的核心任务。树立科学的质量观，把促进人的全面发展、适应社会需要作为衡量教育质量的根本标准。树立以提高质量为核心的教育发展观、质量观、学生观、教师观和评价观。注重内涵发展，鼓励学校办出特色、办出水平。建立以提高质量为核心的管理制度和管理评价体系，把教育资源和学校工作重点集中到强化教学环节、提高教育质量上来。执行教育质量国家标准，建立健全教育质量保障体系。加强教师队伍建设，提高教师整体素质。

（三）创新教育管理评价是实践科学发展观的具体行动

认真落实科学发展观，是教育改革与发展必须坚持和贯彻的战略思想。

创新管理评价模式，提高管理质量效益，构建适合虎林教育发展的管理评价新体系，是促进虎林教育又好又快发展的重要途径，是深入学习践行科学发展观的具体行动。

（四）创新教育管理评价是促进教育均衡发展的强大动力

促进教育均衡发展，要以标准化学校建设为抓手，以提高质量为根本，以创新教育管理评价为动力，加大投入力度，改善办学条件，增强教学设备设施，优化教育环境，缩小城乡之间、校际之间的差距，推动教育公平发展，彻底解决目前教育教学方面存在的管理思想片面、管理模式低效、教育质量偏低等问题。

促进教育均衡发展，要坚持德育为先、能力为重、全面发展的方针，要注重教育的内涵发展，要全面贯彻党的教育方针，推进素质教育，树立健康第一的思想，促进德智体美全面发展。深化教学内容、课程和教学方法的改革，切实减轻学生过重的课业负担，让学生从应试教育的重压下解放出来，生动活泼学习，健康快乐成长。

二、正确理解梯次循进管理评价的精神实质

（一）梯次循进管理评价的指导思想

以邓小平理论和“三个代表”重要思想为指导，以科学发展观统领教育工作全局，全面贯彻党的教育方针，全面实施素质教育，全面提高教育教学质量，全面推进教育创新，充分发挥教育管理评价的激励导向作用，促进我市基础教育均衡和谐发展，努力办好让人民满意的教育。

（二）梯次循进管理评价的目的

通过实施梯次循进管理评价，实现教育管理与教育评价的有效整合，促使每一所学校、每一位教师、每一个学生都得到主动、适宜和可持续发展，“让每个人都奋发有为”，“让每个人可能、可为、可发展”，促使每一个管理评价对象实现“原有基础上的提高，提高基础上的发展，发展基础上的超越”，从而全面实施素质教育，促进基础教育均衡发展，努力实现教育的全面、协调、可持续发展。

（三）梯次循进管理评价的内涵

梯次循进管理评价的基本内涵可概括为：唯物唯人、认同差异，最近组类、按类定标，立体比较、动态要求，层次推进、激励超越，关注个性、共性发展。

唯物唯人、认同差异：要承认管理评价对象之间存在着个体差异，管理评价实践必须实事求是，一切从实际出发。

最近组类、按类定标：在认同差异的基础上，组建发展基础相对接近的合作竞争类队，逐类制定“跳一下够得着”的发展目标。

立体比较、动态要求：要运用纵向、横向、目标向三维立体评价方式，全方位判识管理评价对象的发展变化增量，并按时段或周期适时组建新的管理评价类队，提出新的发展要求。

层次推进、激励超越：要通过激励机制和一系列能动有效的奖励措施，使管理评价对象不断提高发展速度，不断冲刺新的发展目标，努力实现自我提高、自我完善、自我超越。

关注个性、共性发展：通过促使管理评价对象个体的“内涵发展”，实现管理评价群体普遍意义上的主动、适宜、持续、和谐发展。

（四）梯次循进管理评价的原则

梯次循进管理评价应坚持方向性、科学性、全面性、发展性、公平性、公正性、可行性、实效性、激励性原则。

方向性原则：管理评价要顺应社会和时代发展对教育的要求，以科学发展观为指导，全面贯彻党的教育方针，全面实施素质教育。

科学性原则：依据教育和教育管理评价的客观发展规律，坚持一切从实际出发，力求管理评价合理、内容全面、方法灵活、结论准确。

全面性原则：坚持全面的管理观、评价观、质量观和人才观，力求管理评价内容涵盖教育工作和人本发展的方方面面，对管理评价对象实施全方位多指标的发展价值综合评判。

发展性原则：关注管理评价对象的未来发展，为管理评价对象创设可能、可为、可发展的发展性指导目标，促进个体发展与社会发展的和谐统一。

公平性原则：尊重管理评价对象的个体差异，使人的权利公平，人的尊严平等，为管理评价对象搭建相对公平的合作竞争平台。

公正性原则：在实施管理评价过程中，严格执行管理评价标准和操作程序，尽量避免主观及人为因素的影响，全面、客观、准确地评判管理评价对象。

可行性原则：根据管理评价对象的发展基础，制定切合发展实际和适应时势要求的发展性质量指导目标，实施客观发展与理想发展相结合的动态目标管理评价。

实效性原则：加强管理评价主客体相互沟通，及时反馈管理评价信息，针对实际问题，研究探求解决实际问题的途径，促进管理评价主客体的共同完善与提高。

激励性原则：充分发挥管理评价的激励导向功能，促使管理评价对象树立成功的信心，形成内在的、持久的、积极向上的发展动力。

三、科学把握梯次循进管理评价的运用

（一）梯次循进管理评价的对象

梯次循进管理评价的对象分宏观（市教育局对学校的宏观管理评价）、中观（学校对教师的中观管理评价）和微观（教师对学生的微观管理评价）三个层面。

市教育局的宏观管理评价对象包括全市小学、初中、普通高中。学校的中观管理评价对象包括全市中小学教师。教师的微观管理评价对象包括全市中小学生。

动态管理与静态管理相结合，定性分析与定量分析相结合，过程管理评价与终结管理评价相结合，促使每一个管理评价对象都得到持续发展。

1. 管理评价模式——梯次循进

管理评价的基本程序是梯次循进，它包括四个环节：评基、定标、施管、论质。

评基就是依据管理评价对象的各种差异，科学全面地评定其发展基础。

定标就是依据管理评价对象的现实发展基础，分层逐类研定其发展目标。

施管就是围绕教育管理评价的策略和目标，实施能动有效的过程管理。

论质就是运用三维立体管理评价方式，对管理评价对象的发展结果进行客观公正、全面综合的终结评判。

梯次循进四个环节紧密相连，相辅相成，评基是前提，定标是措施，施管是保障，论质是关键。管理评价沿着“评基—定标—施管—论质”的方向运行，周而复始，不断循环，每运行一个周期，管理评价对象向新的更高的水平迈进一步，不断实现量变到质变的飞跃。梯次循进的过程，就是促使每一个管理评价对象不断实现“原有基础上的提高，提高基础上的发展，发展基础上的超越”的过程。

2. 管理评价方式——“三维机制”

梯次循进管理评价的基本方式是“三维机制”，其结构包括三个维度：纵向管理评价、横向管理评价和目标向管理评价。

纵向管理评价——将管理评价对象置于原有发展基础之上实施管理与评价，讲求“原有基础上的提高”，解决“是否提高”的问题。

横向管理评价——将管理评价对象置于较大范围同层次管理评价对象之中实施管理与评价，讲求“提高基础上的发展”，解决“是否发展”的问题。

目标向管理评价——将管理评价对象置于预设的发展性指导目标之下实施管理与评价，讲求“发展基础上的超越”，解决“是否符合发展要求”的问题。

这种三维立体网络结构体系，意在全方位多角度综合评判管理评价对象的发展轨迹——纵向评判绝对发展增量，横向评判相对发展增量，目标向评判“最近发展区”发展增量。

3. 管理评价主体——多元评价

建立教育主管部门、教科研部门、学校、教师、学生、家长、社会等共同参与、交互作用的多元化管理评价机制，积极开展自评、互评、他评活动，促使管理评价对象融为管理评价主体，促进管理评价主客体间的互动，使管理评价过程逐步科学化、民主化、人文化、社会化。

4. 管理评价过程——过程管理评价与终结管理评价相结合

教育管理评价过程要将过程管理评价与终结管理评价相结合。在过程管理评价中，要定期不定期检查管理评价对象的工作学习进展，通过听汇报、查阅资料、听课、座谈、问卷等方法，对管理评价对象进行分类检查、指导和评价，及时发现和解决学校、教师、学生工作学习中遇到的问题，总结并推广成功的经验和做法，为终结管理评价积累资料。在终结管理评价时，要依据所制定的管理评价方案，参照过程管理评价结果、自评结果、互评结果和他评结果等，对管理评价对象进行全面系统的评价。

5. 管理评价目标——共性目标与个性目标相结合

教育教学管理评价目标是管理评价工作的重要依据和中心环节。在制定管理评价目标时，要将共性目标与个性目标相结合。在制定共性目标时，要严格按照国家的教育方针、政策、法规的规定，遵照教育规律、素质教育及课程改革的要求，设置每个管理评价对象都应达到的基本目标，保持目标的稳定性和延续性。在制定个性目标时，要依据管理评价对象的个体差异、基础变化设置动态目标。个性目标分为基本目标、提高目标和发展目标。基本目标是管理评价对象应该完成的基础目标，提高目标是管理评价对象可以达到的较高目标，发展目标是管理评价对象经过努力“跳一下”方可实现的理想目标。

6. 管理评价结果——量化评价与质性评价相结合

管理评价结果坚持定性与定量相结合，既以量化评价的形式呈现，又以质性评价的形式呈现，力求客观、公正、准确地评价每一个管理评价对象的发展。量化评价结果以分数的形式呈现，包括管理评价指标体系得分及自评、互评、他评分等。质性评价结果以综合性评语的形式呈现，对管理评价对象的工作学习情况进行全面的概述，肯定取得的成绩，指出存在的不足和问题，提出加快发展的建议和要求。

（二）梯次循进管理评价的内容

1. 市教育局对学校的宏观管理评价。其内容包括两个方面：教育教学综合管理评价和教学质量目标管理评价，具体内容见各学段《梯次循进管理评价方案》和《梯次循进管理评价三年质量指导目标》。

2. 学校对教师的中观管理评价。依据本实施意见的精神，由各中小学校制定本校的《教育教学梯次循进教师管理评价方案》。

3. 教师对学生的微观管理评价。依据实施意见的精神，由各中小学校、教师制定本校（班）的《教育教学梯次循进学生管理评价方案》。

四、梯次循进管理评价应注意的几个问题

（一）更新管理评价理念问题

在梯次循进管理评价实施过程中，要更新教育理念，改变“向后看”的以鉴定、评判优劣为目的的传统管理评价模式，树立“向前看”的以促进发展为目的的新的管理观和评价观。管理评价的方法、技术、内容、过程等都要为学校、教师、学生的发展服务，促使每个人都能正确地认识自我、发展自我、完善自我。

（二）拓展管理评价视野问题

面对教育终身化、社会化、国际化的发展趋势，教育管理评价不能闭门造车，故步自封，要将学校、教师、学生融入全乡（镇）、全市（县）、全地区范围之中，树立发展观、教育观、管理观和质量观，为每个管理评价对象提供全方位多角度的发展信息，使其明确发展定位，端正发展方向，提高发展速度。

（三）搭建管理评价平台问题

受地域、历史、经济、教育、文化、资源等诸多因素的影响，学校、教师、学生普遍存在个体间的差异。这就要求教育管理评价必须认识差异，尊重差异，从差异出发，为不同层次、不同类别的管理评价对象创设人人“可为”的发展环境，搭建人人“可发展”的合作竞争平台。

（四）正确运用“分类推进”问题

分类在管理评价中既可以起到积极的作用，也容易出现消极的作用。分类推进是为了更好地促进发展，能促进发展的分类推进是我们所追求的，不利于发展的分类推进是不可取的。坚决杜绝那些脱离实际的、缺乏人文性的分类，避免因分类不当造成的挫伤管理评价对象积极性的现象发生。作为管理评价者，要掌握“类”的应用艺术，承认类、认识类、研究类、发展类，充分发挥教育管理评价的“分类推进”和积极效能。

（五）“以人为本”管理思想问题

教育的对象是具有生命和能动性的“人”，这就要求管理评价要“以人为本”，不能像工厂制造机器、制造零件一样，不能用一种机械的模式去管理和评价。要将制度管理与人文管理相结合，力争做到人尽其才，各尽其能，最大限度地调动教师、学生工作学习的积极性、主动性和创造性，着力培养和打造卓越的团队精神，不断提高教育队伍的亲和力、凝聚力和战斗力。

（六）深化教育综合改革问题

教育改革是一项复杂的系统工程，这就要求在创新管理评价过程中要注重完善“以县为主”的办学体制，深化教育综合改革。要充分利用标准化学校建设这一大好历史机遇，积极推行梯次循进管理评价，着力做好“四个校园”（和谐校园、文化校园、绿色校园、平安校园）的创建工作。以标准化学校建设促进教育均衡发展，以师资队伍建设提高教育教学质量，以教育体制机制改革提高教育管理效益，以学校文化建设提升教育品位。

链接二

虎林市小学教育教学梯次动态目标管理评价方案

一、管理评价的指导思想

倡导并实践生态本真发展理念，全面贯彻党和国家的教育路线、方针政策，以《国家中长期教育改革和发展规划纲要（2010—2020年）》为指导，全面实施素质教育，全面推进教育创新，全面提高教育质量，充分发挥管理评价的激励导向作用，促进我市小学教育和谐发展，努力办好人民满意的教育。

二、管理评价的宗旨目标

以促进学校、教师、学生的发展为目的，通过实施教育教学梯次动态目标管理评价，促进教育逐步向素质教育的方向发展，向提高义务教育普及水平的方向发展，向义务教育均衡发展的方向发展，向人民需求的优质教育的方向发展，努力实现教育的全面、协调、可持续发展。

三、管理评价的范围对象

全市城乡小学。

四、管理评价的工作原则

坚持方向性、全面性、科学性、可行性、激励性、公平性、公正性、发展性原则，认同差异、相近组类，按类定标、立体比较，动态要求、激励超前，整体推进、均衡发展，做到管理与评价相结合、动态管理与静态管理相结合、定性考评和定量考评相结合、过程管理评价与终结管理评价相结合，促进每一个管理评价对象都得到和谐发展，努力实现在原有基础上的提高，提高基础上的发展，发展基础上的跨越。

五、管理评价的内容

从学校管理、学生发展、教师发展、教育科研、教育创新等方面全方位考核评价学校的教育教学质量，全面落实素质教育，促进学生全面发展。具体评价内容见《虎林市小学教育教学质量考核评价表》。

六、管理评价的运行程序

1. 教育局成立教育发展与管理评价委员会，委员会成员由教育局领导、督导室、视导室、人事、财务、安全、教师进修学校等人员组成，管理评价的主要业务工作由视导室负责。

2. 管理评价以过程评价和终结评价相结合的方法进行。

过程管理评价：市教育局依据评价指标体系的要求，结合教育局年度工作计划，每月以抽查、检查、听汇报、查阅资料、听课、座谈、问卷等方法，对学校工作有计划、有目的地进行分类检查、指导和评价，及时发现学校管理、教育教学中存在的问题，总结并推广成功的经验和做法，并对每月学校工作目标完成情况及评价情况通报，为终结评价积累资料。

终结管理评价：每学年结束，市教育局教育发展与管理评价委员会依据每月评价的结果，以及教师、学生、社会评价结果，教学成绩、新课程改革、教科研工作、校园文化建设等情况，对学校教育教学工作进行全面系统的考核评价。

链接三

良好的评价机制是团队和谐的关键

——学校管理评价的实践和探索

（黑龙江省虎林市第一小学　王晓华）

梯次循进教育理论创立者田征说：“教育就是要让每个人可能可为可发展。学校教育，科学正确的评价是助推创新发展的先前要素。在学校管理评价过程中，科学的评价思想、能动的评价机制、灵活的评价放大，是激发学生和教师的发展活力，引领教育生态和美发展的实践动力源。”我们在学校管理评价探索中，积极进行实证研究，让实践说服力印证教育评价。

一、教师管理评价

辩证唯物主义的和谐观认为，“和谐”是不同事物之间相同相成、相辅相成、相反相成、互助合作、互利互惠、互促互补、共同发展的关系。怎样让每个老师感受到被认可、在发展、可能、可为呢？我认为学校对教师的管理评价，就是以促进团队和谐为目标，评价的过程就是不断地设立一个个阶梯，以促进教师专业成长。

（一）转变评价的着眼点是教师管理评价的基础

在教师管理评价的过程中，我们首先要解决的是“管人”和以评价带动管理的思想上的转变。

过去我们对老师的评价主要是“挑毛病”，检查教师的工作，找到教师工作中的不足和缺点，进而批评指正。对教师肯定得少，批评得多。认为做不好不行，不做不行，做好的都是应该的。这样的观点下，学校的管理者和教师成了检查者和被检查者，校长总是用挑剔的眼光看老师，觉得老师身上都是缺点和毛病，老师在被审视的过程中，也是诚惶诚恐、惴惴不安、躲躲闪闪、遮遮掩掩，甚至在校长的无死角监视下，感觉到无处藏身。

这样不仅拉大了校长和老师之间的距离，在评价的过程中，无论是校长还是老师，都觉得心情不好。没有良好的心态，自然就相互抵触，让校长觉得评价是一个很艰难的过程，导致管理是管理，评价是评价，把管理和评价割裂开来。学期末看谁的证书多，谁就优秀，感觉谁表现好，谁就优秀，实在不行就采取票决的方式决定谁优秀，在管理过程中没有评价，最终造成“干与不干一个样，干好干不好一个样，干得好不如人缘好”，使得管理和评价脱节，失去了评价的意义。

评价是为管理服务的，通过评价形成一个积极向上的工作氛围，激发教师的工作热情，引导教师做好工作，形成良好的行为规范。那么我认为评价要贯穿管理的全过程，评价的着眼点不再是“挑毛病”，而是“找优点”。例如，我们要求教师每学期听课不少于 20 节，很少有老师主动完成，很多老师是被动地被安排听课，有时候同事不好意思去同事班级听课，听了没有建议，不听课也没什么问题，针对这一现象，我们在考核办法中规定，每听一节课得 1 分，没有规定完不成的扣几分，因为每一连周都会公布考核成绩，专门设有听课一栏，有的老师因为听课少而落后，下一次有公开课就会主动去听。我们学校的抽签课，每节课都有五六位甚至十几位老师主动去听课，甚至不同学科的老师也去听课，教师专业成长手册中 20 节课的听课笔记经常不够用，这一状况使得讲课教师和听课教师都受益，校本教研逐步落到了实处。

又如，有的老师经常讲公开课，自然得分就多（抽签课 3 分、校级教研课 5 分、县市级公开课 10 分、地市级公开课 15 分、省级 20 分）。有些综合素质和能力相对较弱的老师，就没有机会或者少有机会讲公开课，这些老师可以来听课，多听课，也一样能得到很高的分数。

所以，我们评价的目的就是要让优秀的人更优秀，让能力相对较弱的老师设置一个“跳一跳能够得着”的目标，使他们也感受到成长和发展的快乐。我认为通过“找优点”的管理评价过程，让教师感觉到校长看到了他的工作，及时地进行了评价和记录，觉得工作没白干，从而有效地调动了教师工作的积极性。

（二）丰富的评价内容使教师管理评价更贴近教师

评价是一个非常复杂的过程，本质上是一个判断的处理过程。它是一个运用标准，对事物的准确性、实效性、经济性以及满意度等方面进行评估的过程。综合多方面的因素，评价就是指评价者根据评价标准对评价对象的各个方面进行量化和非量化的测量过程，最终得出一个可靠的并且合逻辑的结论。

学校管理是通过各项管理制度来规范教师的教学行为，所以，在评价的过程中，学校的各项管理制度对教师的要求就是评价标准。根据这个标准，对评价的方式和内容制定细致的评价办法，对教师所有工作的“质”和“量”进行量化，最终得到一个评价的结果。真正做到干和不干不一样，干好和干不好不一样。

例如，备课制度中规定，每周集体备课一次，教师按照备课组参加集体备课，每次集体备课有一个中心发言人。根据这一制度，我们在考核办法中规定：“带班领导在集体备课时间，会同教导处对教师集体备课情况进行检查，教师每周参加集体备课，参加得 5 分，不参加不得分，中心发言加 5 分。”

（三）灵活的评价方法使教师管理评价更有效

《虎林市第一小学教师考核办法》规定，每两周为一连周，代班领导要会同教导处和少先队，对教师常规工作进行过程评价，以检查、抽查为主要方式，做好记录。

这样的评价，有几个好处，第一，评价结果相对公平；第二，有时效性的过程评价，对教师的监督和督促起到了一个很好的作用；第三，评价的结果更有说服力；第四，有效的评价，统领了学校常规管理，各项制度也在一定程度上落到了实处；第五，良好的评价形成了一个良性循环，有效地改善了教师和学校管理者之间的关系，对管理者也是很好的约束。

良好的评价体系给我们学校带来了很多好处，教师们愿意在常规管理的各项活动中展示自己，积极主动地完成学校交办的各项工作，每个人都找到了自己存在的价值，有效地调动了教师的积极性。

二、学生管理评价

（一）积极转变教育观念是学生评价的关键

我们认为，在学生管理评价中，关键是教师教育观念和教育视角的转变，只有这样才能形成良好的教育心态，评价才能触及学生的心灵。

我们学校的办学理念是“寻找每个孩子身上的闪光点，让每个孩子都能抬起头来走路”，这就要求教师在教育的过程中转变教育视角，改过去“挑毛病”的教育为“找优点”的教育，以优点的发扬促进缺点的改进，让每个孩子都能不断地体会成长的快乐，在不断的进步中形成良好的习惯和兴趣，塑造健全的人格。

我们要求教师在教育工作中，要有回归原始、回归自然的心态，就是要以一种“教孩子学说话、学走路的心态”来对待自己的学生。有了这样的心态，有了一双发现美的眼睛，教师就会不断地发现孩子的点滴进步，得到鼓励和表扬的孩子会更加自信。

（二）开展主题活动，使学生管理评价更生动

自 2006 年以来，我们坚持开展两项主题活动，一是“拇指行动表扬计划”。我们要求班主任每天表扬一名学生，科任老师每节课表扬一名学生，每周有一个表扬日，大家都来表扬自己的同学，让这名同学找自己的缺点，这样就可以让孩子们学会欣赏别人，也学会了自我反思。班主任和科任老师还给有进步的孩子发放表扬卡。一个赞赏的眼神，让孩子的心情舒畅；一句鼓励的话语，让孩子的信心倍增；一个竖起的大拇指，让孩子感到进步的快乐；一张小小的表扬卡，记录了孩子成长的点滴进步，写下了老师对孩子的认可和鼓励。我们实验小学的孩子们都以集表扬卡多为荣，孩子们像收藏宝贝一样把表扬卡收集起来，这小小的卡片，承载的是孩子成长的欢乐。

二是“星星对我笑，规范伴我行”。即每日行一善，每周讲一点，每月评一星。让同学们在追星、找星、想星的过程中不断规范自己的行为，成为规范示范星，从而促进学生行为习惯的养成。搭建各种活动平台，评选出学习星、勤奋星、劳动星、体育星、艺术星，让孩子们在展示的过程中，

特长和优点得到发挥，从而更加自信，更加阳光。教育的视角变了，教育的着眼点变了，这样的评价让孩子体验到被赏识的快乐。

（三）搭建展示的平台，使学生管理评价更有活力

为进一步增强学生管理评价的实效性，使学生管理评价更有活力，我们开展了丰富多彩的活动，为孩子们更好地展示自己搭建平台，清明节祭扫烈士墓，校园艺术节文艺演出，“感动校园十佳学生”的评选让孩子们记忆犹新，“同唱一首歌”合唱比赛，同学们合唱队歌、校歌很好地展示了团队精神。“爱中华，诵恩情”班集体诗歌朗诵比赛，朗诵的诗歌都是原创，素材来自师生对生活的感悟，朗诵情真意切。

五四环城赛、全市运动会上我们的运动员勇拔头筹；全省乒乓球赛上，我们的孩子取得了团体第二名的好成绩；校园艺术节，孩子们精彩的演出赢得了与会领导、家长的阵阵喝彩。队列大课间，孩子们整齐划一的步伐、嘹亮的口号，振奋人心，充分展示了虎林一小师生良好的精神面貌。

我们还精心打造了一个个师生参与的平台，从升降国旗到文明班集体创建，从放学排队到良好的课间秩序，从别开生面的入队仪式到庄严神圣的毕业典礼。努力创设“以人为本、人人参与、温馨和谐”的教育氛围，使其成为学生学会做人、学会求知、学会健体、学会合作的富含激情与个性的健康土壤。

系列教育活动的开展，为学生管理评价搭建了很好的平台，使学生的特长得到更好的张扬，优点得到极大的发挥，有效地促进了学生的成长，孩子们安静了，教师们心静了，呈现在师生面容上的是自豪和满足，是和谐与奋进。

科学规范的学生管理评价体系和教师管理评价体系的建立，形成了虎林一小特有的学生文化和教师文化，日渐完善的各项管理制度，形成了虎林一小的制度文化，德育校本必修课、艺术类校本选修课，合唱团、舞蹈队、民乐团等社团的组建，形成了良好的课程文化，再加上丰富多彩的校园文化活动，逐渐形成了以管理评价为统领的校园文化特色。我们将坚持学校办学理念，坚持以评价机制带动学校的管理，转变教育观念，更好地

促进师生和谐、亲子和谐、团队和谐。

长期推进教育实践改革创新探索形成的梯次循进教育实践经验为全国众多市县和学校的教育同仁所认同，业内积极借鉴引进应用，效果明显，成果转化的社会效应不断展现。

全国范围的一批梯次循进教育示范学校、实验学校，如陕西蓝田县白村初级中学、西安市田家炳中学、蓝田县三里镇中心小学、西安市高新一中（初中部）、西安理工大学附属学校、户县惠安中学、西安曲江第三小学，河南省信阳市息县实验小学、信阳市息县一中（初中）、信阳市息县第一高级中学，黑龙江省鸡西市虎林市实验小学、虎林市第一小学等，在共享资源、协同发展的实践过程中，共同丰富和延展着梯次循进教育发展的实践内涵。

梯次循进教育样本，以其原创性、本土化、实用性的特征和全国范围产生了积极的社会效应。2009 年，专著《素质教育梯次发展管理评价实践研究》，获西安市第六届社会科学优秀成果一等奖，受到市委、市政府表彰奖励；2014 年，“梯次式教育教学综合管理评价改革研究与实践”教科研课题，获教育部首届基础教育国家级教学成果奖。

梯次循进教育在实践创新中彰显着无穷的发展魅力。

教育本源，自然自在。观事物发展正视千差万别，行梯次循进取道生态和美。

梯次循进，她心境以之应本源，行向以之顺自然，永远面向着未来，始终追求着必然。

结　语

拥抱未来

教育自在，无处不在。

在身边、在家庭、在学校、在社会、在自然、在未来……

教育即生活，生活改变一切。

教育即文化，文化影响灵魂。

教育有形又无形，在有形之中守正自化，在无形之中潜移默化。

教育在实践创新中彰显发展智慧。

德国哲学家雅思贝尔斯说:“教育就是一棵树摇动另一棵树，一朵云推动另一朵云，一个灵魂唤醒另一个灵魂。”是的，“老师，是用生命影响生命的人”，教育的根本追求和最大意义，显然在于帮助每个学生建构积极的自我概念，唤醒主体的意识，充分激发主体主动地发现和能动的实践，以实现自身的生命价值。

梯次循进教育理念与实践，历经三十多个春秋，经历了“白村现象”“蓝田经验”“多地引用”的研发过程，呈现出生生不息的发展态势。梯次循进教育在这个长线时空过程中，经过多层级、多层次、多点面、多阶段、多学校、多地域，一个际遇接一个际遇的实践延展，持续精进，不断完善，理性升华，终结成果，形成了一种具有原创性、本土化、普适性意义的典型样本。

正如我们一直坚持和倡导的，梯次循进教育讲求让每个人可能、可为、可发展，引领每一个人都得到发展，促使每一个个体、群体、群落在劳动实践中不断认识和完善自我，追求个体潜质和个性潜能的最大限度开发，个体生命光辉的终生闪耀。强调要积极培植梯次和谐的教育生态，实现原有基础上的提高和发展。于教育管理评价实践过程中极力改良营建合作共生、宜利创新的土壤和平台，让不同类型、不同层面、不同层次的教育发展对象都得到适宜发展，尽享个体生命价值显现的喜悦和满足。

时至今日，梯次循进教育日益成熟，充分展示着教育哲学的世界观和方法论。

因为这一理念，白村中学以生态管评为引领，驱动并激励人的内生动力，30多年教育质量位居蓝田县教育质量综合考评的榜首，被誉为“白鹿原上的一颗明珠”、蓝田教育的“一面旗帜”。因为这一理念，发源于蓝田，发展于国内各地，成熟于我国改革开放时代的“梯次循进教育”——“西安·蓝田经验”，在全国范围产生了“蝴蝶效应”，其教育科研成果应用转化于国内多地和台湾地区。河南省信阳市息县2008年开始借鉴“蓝田经验”，六年两个管理周期，实现了“三年大变、六年巨变”的目标，教育发展由过去的信阳市倒数位次，跻身于全市先进行列。黑龙江省虎林市在全市范围推广“梯次循进教育管理评价”的做法和经验，教育发展充满活力……

梯次循进的教育实践告诉我们：生命意义一定是主体性的，所以教化于人的真谛一定在于爱人、惠人、成人和渡人。

教育之爱人，就是视生命为宝，尊重生命，关爱生命，光彩生命。教育之惠人，一定是基于人发展品养、学养和素养的养成，是适应社会发展和终身发展需要的精神与物质能量的施展和助添。教育之成人，就是要造就服务人类社会的可用之才，让每一个个体生命展现无限可能的本真发展。更重要的是教育之渡人，本在教化于人的信仰道德、从善如登的自觉修养，让立德树人化为一种境界，自我感受生命、生活、生存的幸福和快乐。从本质上讲，一个人从他律到自律的社会化过程即教育。教育的目的是提升主体的意识，主体的意识是人的生命存在、成长的精神支柱。一个人的言行最终是受其自我概念支配的。激发人的自主学习动力，创设自由学习环境，让每个人的学习力持续用功，学习获得感不断增强，在自我实现、自我超越中，充分感受生活的美好，感悟智慧人生的发展意义。

基础教育发展至今天，暂不论所谓的应试教育与素质教育，我们说，每一个人都为时代而生，人人皆具生命价值。让每一个人都各得其所地适宜发展，才是教育科学发展。“一切为了人，为了一切人，为了人的一切”，才是教育的本心、本源、本位、本质、本真和本境。教育与人共发展、同成长。梯次循进是教育科学发展的必要前提、充要条件和必然要求，唯如此而为，才是还原教育生态本真，彰显个体生命价值，追求教育和美发展。

深化教育改革，发展素质教育，推进教育公平，正确地认识人、平等地对待人、公平地服务人、诚信地成全人、科学地完美人，永远是教育工作者的应有情怀、应持态度和应取价值，也是教育文化的本源根基、发展命脉和创新业态。

我们以为，科学的教育知行理念，一旦上升为文化精神层面，那么，它不仅具备普适性，而且具有普惠性。我们在教育实践中坚定地选择了梯次循进的路径和方法，是因为它反映着科学的世界观和方法论，揭示出事物发展的本真规律性。

昨天，我们努力做了，尽见超出意想的收获；

今天，我们正在做着，欣喜地看着收获；

明天，我们将会持续做，期待更大的收获。

做真实的教育，让教育实践智慧在发展中生辉！

参考文献

程晋宽,《当代西方教育管理研究新思潮论析》,《比较教育研究》, 2004 年第 1 期。

〔美〕杜威,《民主主义与教育》, 王承绪译, 北京: 人民教育出版社, 1990 年。

冯生尧,《CIPP 评价模式的理论进展及其启示》,《课程研究》, 2006 年第 9 期。

冯友兰,《中国哲学史》, 上海: 华东师范大学出版社, 2000 年。

高伟,《回归生存本体的教育》,《华东师范大学学报》(教育科学版), 2006 年第 1 期。

顾明远、石中英主编,《国家中长期教育改革和发展规划纲要(2010—2020 年)解读》, 北京: 北京师范大学出版社, 2010 年。

〔美〕加德纳,《多元智能》, 沈致隆译, 北京: 新华出版社, 1999 年。

老子,《道德经》, 北京: 文物出版社, 1976 年。

联合国教科文组织国际教育发展委员会编著,《学会生存》, 华东师范大学比较教育研究所译, 北京: 教育科学出版社, 1996 年。

〔英〕罗素,《教育与美好生活》, 杨汉麟译, 石家庄: 河北人民出版社, 1999 年。

麻彦坤,《维果茨基与西方现代心理学》, 哈尔滨: 黑龙江人民出版社, 2005 年。

孔子,《论语》, 北京: 文物出版社, 1976 年。

〔捷克〕夸美纽斯,《大教学论》, 傅任敢译, 北京: 人民教育出版社, 1999 年。

素质教育的理论、政策研究课题组,《素质教育的理论政策研究报告》,《基础教育改革动态》, 2007 年第 14 期。

孙绵涛,《教育管理学》,北京:人民教育出版社,2000 年。
陶行知,《陶行知文集》,南京:江苏教育出版社,2001 年。
严加红,《现代教育管理引论》,南昌:江西高校出版社,2002 年。
杨伯峻,《论语译注》,北京:中华书局,2013 年。
杨韶刚,《人本主义心理学与教育》,哈尔滨:黑龙江教育出版社,2003 年。
叶圣陶,《叶圣陶教育文集》,北京:人民教育出版社,1994 年。
中国科学技术情报研究所编,《日本的质量管理》,北京:科学技术文献出版社,1979 年。
中央教育科学研究所编,《陶行知教育文选》,北京:教育科学出版社,1981 年。
《中国教育现代化 2035》,《中国教育报》,2019 年 2 月 24 日。